樊树志作品系列

樊树志

人世事 几完缺
——啊，晚明

中 华 书 局

图书在版编目(CIP)数据

人世事，几完缺:啊,晚明/樊树志著. —北京:中华书局,
2024.8.—(樊树志作品系列).—ISBN 978-7-101-16728-3

Ⅰ.K248.307

中国国家版本馆 CIP 数据核字第 2024G6W379 号

书　　名	人世事,几完缺——啊,晚明
著　　者	樊树志
丛 书 名	樊树志作品系列
选题策划	贾雪飞
责任编辑	阎海文
装帧设计	刘　丽
责任印制	陈丽娜
出版发行	中华书局
	(北京市丰台区太平桥西里 38 号　100073)
	http://www.zhbc.com.cn
	E-mail:zhbc@ zhbc.com.cn
印　　刷	天津裕同印刷有限公司
版　　次	2024 年 8 月第 1 版
	2024 年 8 月第 1 次印刷
规　　格	开本/920×1250 毫米　1/32
	印张 14　插页 3　字数 270 千字
印　　数	1-6000 册
国际书号	ISBN 978-7-101-16728-3
定　　价	98.00 元

樊树志

复旦大学教授。代表著作有：《江南市镇的早期城市化》（2023）、《明史十二讲》（2021）、《图文中国史》（2020）、《重写晚明史：王朝的末路》（2019）、《重写晚明史：内忧与外患》（2019）、《重写晚明史：新政与盛世》（2018）、《重写晚明史：朝廷与党争》（2018）、《晚明大变局》（2015）、《明代文人的命运》（2013）、《明史讲稿》（2012）、《张居正与万历皇帝》（2008，2022）、《大明王朝的最后十七年》（2007）、《国史十六讲》（2006）、《江南市镇：传统的变革》（2005）、《权与血：明帝国官场政治》（2004）、《晚明史（1573—1644年）》（2003）、《国史概要》（1998）、《崇祯传》（1997,2021）、《万历传》（1993，2020）、《明清江南市镇探微》（1990）、《中国封建土地关系发展史》（1988）等。其中，《晚明史（1573—1644年）》获第十四届"中国图书奖"；《晚明大变局》入选《人民日报》、《光明日报》、《中华读书报》、新华网、新浪网等二十余家媒体 2015 年度好书。

目　录

王阳明与晚明思想解放潮流

　　所谓解放思想就是要冲破束缚思想的牢笼，挣脱枷锁，内容与形式因时而异。晚明思想解放的潮流，特点就是要冲破僵化的经学思想的束缚。此事说来话长。

　　汉武帝"罢黜百家，独尊儒术"以后，儒学成为进入官场的敲门砖，于是乎形成了研究儒家经典的学问——经学，以研究经学为生的人群称为经师。经师们专注于经典的一字一句的注释，搞所谓章句之学。汉朝的经学就已弊端百出，正如已故历史学家吕思勉所说：经学大师郑玄遍注群经，号称博学，其实支离灭裂，于理决不可通，自相矛盾之处不知凡几。此等风气既盛，经学家大多变为没有脑筋的人，虽有耳目心思，都用在琐屑无关大体之处。

　　经学逐渐成为束缚人们思想的枷锁，一言以蔽之，经学的弊端可以概括为六个字：拘泥、僵化、教条。宋明理学把这种弊端放大到极点。

　　明朝前期的思想界沉闷而僵化，科举取士都以宋朝经学家朱熹的《四书集注》等，作为考试课本和标准答案。考生们为了跃登龙门，一味死记硬背，写毫无自己思想的八股文。人人都以孔子的思想为思想，以朱子的思想为思想，而没有自己的自觉思想、自由思想。正如美籍华裔学者杜维明所说：

> 结果，朱熹的宋代儒学版本成了科举考试不可分割的一部分……不幸的是，这种融合"往好处说是鼓励人们去关心只言片语、孤立的细节、无关紧要的东西；往坏处说则导致死记硬背、照本宣科而不追求意义和价值的习惯"。一旦朱熹广博的道德形而上学被转变成纯经院形式，"批判精神、创造性思想、道德目的和活力就逐渐消失了"。

一二千年前的经典，后人奉为不可更改的至理名言，供上神坛，顶礼膜拜，不敢批判，不敢怀疑，思想界死水一潭。有独立思想的知识人对于这种状况是不满意的。首先出来打破僵化沉闷空气的是陈献章，他强调怀疑精神，提倡"小疑则小进，大疑则大进"。意思是，有了怀疑精神，敢于怀疑圣贤，敢于怀疑经典，才会有觉悟，才会有进步。王阳明继承并发扬陈献章的怀疑精神，开创了一场轰轰烈烈的思想解放运动。

在中国历史上，王阳明一直是一个被否定的人物。他活着的时候，他的思想学说被嘉靖皇帝斥责为"伪

▶ 王阳明肖像
（明）蔡世新绘
上海博物馆藏

学""邪说"。后来虽然平反昭雪，从祀孔庙，依然是一个有争议的人物。20世纪50年代以来，又被贬为"主观唯心主义"，予以批判。

其实王阳明的事功和学术都令人刮目相看，他既是一位思想家，也是一位政治家、军事家。他官至南赣巡抚、两广总督，在平定宁王宸濠叛乱，平定赣南叛乱，平定广西叛乱中，战功卓著，无人可与之比肩。当然，他对于后世的影响，毫无疑问是思想家角色，中国近代杰出政治家都推崇他的思想；他所建立的"阳明学"流传日本、朝鲜等国，至今依然熠熠生辉。不过，对于阳明学，人们各取所需，有的关注"致良知"，有的关注"知行合一"，我的切入点是解放思想。

我认为王阳明最大的贡献就在于解放思想，有两点应该细细琢磨。一点是：

——夫道，天下之公道也；学，天下之公学也，非朱子可得而私也，非孔子可得而私也。

另一点是：

　　——夫学贵得之心。求之于心而非也，虽其言之
出于孔子，不敢以为是也，而况其未及孔子者乎！求
之于心而是也，虽其言之出于庸常，不敢以为非也，
而况其出于孔子者乎！

这两段话，气魄宏伟而又逻辑严密，极具震撼力与
说服力。以我的读史所得，在王阳明的前辈或同辈中，难
以看到如此锋芒犀利的言辞，如此深刻大胆的思想。其可
贵之处在于，敢于向孔子、朱子大声说不。在朱熹思想成
为钦定的主流意识形态的时代，敢于发出不同的声音，挣
脱无形的网罗，强调无论求道还是求学，都应该出于自己
的心得，独立思考，不要以朱子的是非为是非，也不要以
孔子的是非为是非。他写的《大学古本》与《朱子晚年定
论》，都是向朱熹发出质疑，他认为被当作科举考试课本，
以及标准答案的《四书集注》，是朱熹中年未定之说，有不
少谬误；而且朱熹自己也觉今是而昨非。目的是引起人们
的反思，不要盲目崇拜朱熹。扩而大之，他对传统经学给
予猛烈批判，他说经学不明于世，非一朝一夕之故，有的
崇尚功利、邪说，这是"乱经"；有的专注于训诂、背诵，
沉溺于浅闻小见，涂抹天下之耳目，这是"侮经"。所以他

强调"学贵得之心"，不为经典词句所束缚："凡看经书，要在致吾之良知，取其有益于学而已，则千经万典，颠倒纵横，皆为我之所用。一涉拘执比拟，则反为所束缚……"

王阳明的大弟子王畿、王艮把这种思想推向极致，王畿思想的精彩之处在于，始终坚信"学须自证自悟，不从人脚跟转"，如果不能自证自悟，一味跟随前贤的脚跟转，重复前贤的语录，是没有出息的；如果执着于师门权法，不敢超越，那就没有发展，没有创新，思想岂不成为一潭死水！自从宋代把《论语》等四书奉为"经"以来，四书的地位节节攀升，大有凌驾于五经之势。知识人对它们顶礼膜拜，只敢亦步亦趋地注释，少有批评。王畿反其道而行之，直率地指出："《论语》有病"，并非"传神手笔"，"只记得孔子皮肤影像"。因此王畿被朝廷斥责为"伪学小人"。《明史》与《四库全书》都对他持否定的评价。从长时段的历史眼光看来，"掀翻天地""打破牢笼"，恰恰是他的最大贡献。李贽称赞这位前辈："圣代儒宗，人天法眼；白玉无瑕，黄金百炼。"

王门弟子中王艮是最为奇特的一个，出生于卑微的灶丁之家，文化程度不高。所以他主张"以悟释经"，耿定向把它解释为"六经皆注脚"，可谓切中要害。坚持朱熹正统思想的人，对王阳明及王门弟子非议最多的也正是这一点。东林书院的顾宪成是一位正直的学者，主张回归朱子学，非议阳明学。他对王阳明倡言"求诸心而不得，虽其言之出于孔子者，不敢以为是也"，给予这样的评价："阳明得力处在此，而其未尽处亦在此"，"其势必至自专自用，凭恃聪明，轻侮先圣，注脚六经，高谈阔论，无复忌惮"。顾宪成所说"注脚六经"，又具体化为"六经注我，我注六经"，他说："一则曰'六经注我，我注六经'。即孔子大圣一腔苦心，程朱大儒穷年毕力，都付诸东流已耳。"站在儒家经学正统立场，"六经注我，我注六经"显然有悖于经学的本义，或者说有离经叛道之嫌。其实，这是一种"原教旨主义"，势必导致抱残守缺，思想僵化。要想打破牢笼，自由思想，"六经注我，我注六经"是必然的选择。经典的生命力在于与时俱进，随着时代的前进，不断赋予新的解释，也就是王阳明所说，应当为我所用，不至于成为束缚思想的文字桎梏。

▼ 王艮碑刻像

　　放宽历史视野，便不难理解。汉朝经学弊端丛生，经生们沉迷于烦琐的传注，只知墨守家法。不满于这种状况的士人，跳出原有的圈子，用道家思想阐释儒家经典，形成耳目一新的魏晋玄学。何晏、王弼用老庄学说解释《易经》《论语》，嵇康"不涉经学"，只读老庄，敢于"非汤武而薄周孔"，指出"六经未必是太阳"。这样的魏晋风度，推动了思想解放，谱写了中国文化史上炫烂多彩的一页。旅美作家木心在《哥伦比亚的倒影》中赞美道：

> 滔滔泛泛间，"魏晋风度"宁是最令人三唱九叹的了；所谓雄汉盛唐，不免臭脏之讥；六朝旧事，但寒烟衰草凝绿而已；韩愈、李白，何足与竹林中人论气节。宋元以还，艺文人士大抵骨头都软了，软之又软，虽具须眉，个个柔若无骨，是故一部华夏文化史，唯魏晋高士列传至今掷地犹作金石声……

晚明的思想解放浪潮，无论深度还是广度，远远超过了魏晋。距离魏晋一千多年的晚明，出现"六经注我，我注六经"，不但不应该讥刺，反倒应该大声为之叫好。

晚明思想解放的潮流，到了李贽那里，推向了高峰。李贽虽然不是王阳明的及门弟子，也可以归入"掀翻天地"的王门弟子行

▶ 李贽像

列。他是王艮之子王襞的门生，可以算是王阳明的三传弟子。他认为，千百年来无是非可言，原因就在于，"咸以孔子之是非为是非，故未尝有是非"，因此，不必把孔子的是非作为衡量是非的标准。他还说："天生一人，自有一人之用，不待取给于孔子而后足也。若必待取足于孔子，则千古以前无孔子，终不得为人乎？"他把王艮的"六经皆注脚"发展为"六经皆史"。六经原本就是史书，被后人尊奉为"经"，披上了神圣的外衣，李贽主张应该还它的本来面目——"经史一物"。言简意赅，在理论深度上，丝毫不逊色于章学诚。当时的假道学打着周、程、张、朱的幌子，贩卖私货，嘴巴上讲仁义道德，心里面却想升官发财，他极为反感，口诛笔伐，言词之尖刻令人惊骇："今之讲周、程、张、朱者可诛也！"朝廷因他"敢倡乱道，惑世诬民"，把他逮捕。他在狱中自刎而死，用坚毅的死表达对于当权派的最后抗议。明末清初的名士张岱说，李贽"不死于人，死于口；不死于法，死于笔"。也就是说，他并没有犯法，仅仅是他的"口"与"笔"闯了祸，成为专制体制所不容的思想犯。他的著作在万历、天启年间多次被禁，但是始终在民间流传。顾炎武对李贽并无好感，却在《日知录》中如实地说："士大夫多喜其书，往往收藏……"反映了民间舆论的取向，并不以朝廷的旨意为转移，要喜则喜，要藏则藏，有思想活力的书是禁不了的。

五四新文化运动中，高喊"打倒孔家店"的吴虞，对李贽推崇备至，把他看作自己的前辈，写了洋洋万言的

《明李卓吾别传》。他认为，李贽的学说与理想极其高妙，不肯依傍他人，他的文章对孔子屡有微词。自从王充《问孔》以后，二千年来，直斥孔子，他是唯一的人。吴虞"打倒孔家店"，显然受到李贽思想的影响。由此看来，晚明思想解放潮流，一直影响到五四新文化运动。现在有些人企图否定五四新文化运动"打倒孔家店"的历史意义，他们混淆了孔子与"孔家店"的区别。孔子的思想，经过从董仲舒到朱熹的改造，已经面目全非，"孔家店"贩卖的货色，并非孔子思想的本来面目。不打倒"孔家店"，如何建立新思想、新文化？如何迎接"德先生""赛先生"？

高处不胜寒
——内阁倾轧中的徐阶

　　政治是复杂的，政治家也是复杂的。明朝嘉靖、隆庆之际的内阁首辅（首相）徐阶，秉政以后，拨乱反正，被当时人誉为"杨廷和再世"，天下翕然想望风采。如此身居高位的政治人物，大多性格复杂，具有两面性。张廷玉奉敕编纂的《明史》为他立传，一方面说他"善容止，性颖敏，有权略，而阴重不泄"，另一方面说他"立朝有相度，保全善类。嘉、隆之政，多所匡救。间有委蛇，亦不失大节"。何谓权略？何谓阴重？何谓虚与委蛇？何谓不失大节？请听在下娓娓道来，剖析政治与政治家不为人知的另一面。

一、从夏言"弃市"说起

　　嘉靖时期内阁倾轧最为惊心动魄的一幕，是内阁首辅夏言被绑赴西市斩首示众，令大臣们无不倒吸一口冷气，

▶ 夏文愍（夏言）像

惊诧莫名。堂堂一品阁老竟然落得个"弃市"的下场，无疑是明朝历史上罕见的悲剧。促成悲剧的原因，一是他忽视了朝廷的政治规矩，失宠于皇帝；二是他与内阁次辅严嵩矛盾激化，严嵩利用皇帝的怨气，乘机进谗言，置之死地。

夏言于正德十二年（1517）进士及第，在兵科给事中任上，遵照内阁首辅杨廷和的指示，清查北直隶皇亲国戚霸占民田，为舆论界传为美谈。嘉靖十五年（1536），他以礼部尚书兼翰林院掌院学士的身份进入内阁，协助首辅李时主持内阁事务。嘉靖十七年十二月李时逝世，次年正月，夏言升任内阁首辅。仕途一帆风顺，又深得皇帝信任，使他逐渐得意忘形，甚至无所顾忌，对虎视眈眈的严嵩疏于防范。

严嵩是一个厉害的角色。他虽然比夏言晚六年进入内阁，却比夏言早十二年得中进士，资格比夏言老。严嵩进入内阁后，毫无城府的夏言把严嵩视为下属，不屑一顾。严嵩善于韬光养晦，甘愿放下身段，以下级对待上级的姿态，恭恭敬敬，阿谀逢迎，唯唯诺诺。沈德符《万历野获编》形容为"如子之奉严君"——如同儿子尊奉严父一般。夏言经常在公开场合对严嵩冷嘲热讽，严嵩不但不生气，反而更加恭敬如仪。他丝毫没有察觉严嵩的阴谋，安之若素。王世贞《大学士夏公言传》写道："而(夏)言愈骄直，凌之出其上。凡有所拟旨，行意而已，不复顾问(严)嵩。嵩亦默然不能吐一语，而心恨之甚。"

夏言自视甚高，对皇帝宠信的太监，鄙夷如奴才。太监在皇帝面前是奴才，在大臣面前颐指气使，时常向皇帝打小报告，大臣们对他们都畏惧三分。严嵩深知其中奥妙，对太监尊敬有加，施以小恩小惠。因此，皇帝从太监那里听到的，多是关于夏言的坏话，严嵩的好话。

嘉靖皇帝朱厚熜痴迷于道教玄修，嫌宫廷大内人多眼杂，搬往西苑斋宫，和道士一起炼制丹药，求长生不老。为了方便大臣谒见，破例允许他们可以骑马行走。唯独夏言乘坐自制小轿前来，皇帝得知，很不高兴。朱厚熜喜欢道士打扮，置皇帝尊严于不顾，脱下龙袍皇冠，身穿道袍，头戴香叶冠(香冠)。甚而至于，要求大臣们学他的样子，头戴香叶冠，身穿道袍，脚蹬道靴。善于阿谀逢迎的严嵩与皇帝保持高度一致，一副道士打扮。耿直而迂执的夏言以为此举有失朝廷体统，"非人臣法服，不敢当"，始终身穿一品大臣朝服。刚愎自用的皇帝十分不满，认为夏言对他"欺谤"，心生厌恶。

平心而论，夏言拒绝道士打扮，敢于说出"非人臣法服，不敢当"这样铿锵有力的话，是他政治生涯中最值得赞誉的言行。用现代的眼光看来，夏言没有错，他的特立独行是正确的。错的是皇帝以及那些随声附和的大臣，如严嵩之流。遗憾的是，在当时的政治生态中，夏言此举带有极大的政治风险，会招来杀身之祸。几年后，皇帝亲自下旨处死夏言时，依然对于夏言不肯带香叶冠之事耿耿于怀，在他心目中这是该死之罪，其他的罪状不过是借口而已。尹守衡《明史窃》特别提及这一点："上怒，疏下法司，（曾）铣与（夏）言俱论死。刑部尚书喻茂坚请以议贵议能原（夏）言。上怒（喻）茂坚阿附，语犹及前不戴香冠之事也。"张廷玉《明史》所说大同小异："狱成，刑部尚书喻茂坚、左都御史屠侨等当（夏）言死，援议贵议能条以上。帝不从，切责（喻）茂坚等，夺其俸，犹及（夏）言前不戴香冠事。"因此可以说，夏言的悲剧，不能归咎于他的特立独行，而应追究皇帝的刚愎自用。

这些当然是后话，当时的形势对夏言非常不利。皇帝从此转而宠信严嵩，正如史家所说："（严）嵩无他才略，惟一意媚上，窃权罔利。"而夏言疏忽了这个潜在的对手，对之蔑如也。为官清廉的他，获悉严嵩之子严世蕃贪赃枉法，为所欲为，准备上报皇帝。严嵩恐惧大祸临头，带领严世蕃登门拜见夏言，长跪榻下，请求恕罪，直至夏言松口，才敢起身。尹守衡《明史窃》点评道："（严）嵩于是益大恨，旦夕欲甘心之矣。"

"甘心"的时机终于被严嵩抓住了。

锦衣卫都督陆炳手握特务机构大权，又受皇帝信赖，权势不可一世，夏言竟敢指示言官弹劾他，陆记恨在心，和严嵩一拍即合。正如谷应泰《明史纪事本末》所说："（严）嵩既忌（夏）言，都督陆炳亦怨（夏）言持己，阴比（严）嵩图之。"公然诬陷陕西三边总督曾铣掩盖败绩，克扣军饷，贿赂首席大臣夏言为之掩饰，是一丘之貉。对于无端的诬陷，夏言极为愤怒，写了奏疏为自己辩护：臣与严嵩多次议论此事，并无异议，如今突然嫁祸于臣。臣不足惜，破坏国体值得忧虑。皇帝本来就对夏言心生厌恶，接到奏疏勃然大怒，下旨削夺夏言的官职。嘉靖二十七年(1548)正月，夏言罢官而去。

此时紫禁城中流言蜚语，说夏言"心怀怨望"，一向不戴香叶冠是"为朝廷计"，不是为自家计。这是严嵩指使亲信散布的政治谣言，企图置夏言于死地。为此他还写了秘密奏疏，用汉朝皇帝杀翟方进的故事，影射现实，激怒皇帝。又指使曾铣的死对头仇鸾，诬陷夏言收受贿赂，包庇曾铣，以至于"目今全陕嗷嗷，祸机叵测"。皇帝大怒，指示三法司，将夏言与曾铣一并论死。

三月，曾铣被处死，抄家，妻子发配远方。当时夏言正在赶回江西贵溪途中，料知大事不妙。见到奉旨赶来的锦衣卫官兵，惊慌失措，从车上跌下，长叹一声："噫，吾死矣！"

四月初，夏言被关入锦衣卫镇抚司诏狱，不甘心冤屈而死，向皇帝申诉。一则说："臣之罪衅，起自仇家，恐一旦死于斧钺之下，不能自明。"二则说："(仇家)肆意诋诬，茫无证据。天威在上，仇口在旁……"三则说："(严嵩)父子弄权似司马懿。在内诸臣受其牢笼，在外诸臣受其钳制，皆知有(严)嵩，不知有陛下。"四则说："臣生死系(严)嵩掌握，惟归命圣慈，曲赐保全。"都察院都御史和刑部尚书等大臣都向皇帝求情，看在多年效劳的份上，从宽发落。皇帝拒不接受，他对不戴香叶冠之事耿耿于怀，亲自做出决定："论斩，系狱待决。"严嵩火上浇油，指责夏言的申辩奏疏，"怨望讪上"——对皇上有怨恨诽谤之意，促使皇帝新账老账一起算，终于下达"弃市"的圣旨。夏言的妻子苏氏向皇帝请求，愿意以女代父，以妻代夫。皇帝断然拒绝："妻亦流人，安得代！"

十月初，六十七岁的夏言被绑赴西市斩首，妻子苏氏流放广西。

毫无疑问，夏言之死是一大冤案。义愤填膺的吴瑞登，在《两朝宪章录》中感叹道："夏言虽更张，然犹所持者正也。其所以主复（河）套之议者，盖以曾铣才干足以堪之耳。曾不思严嵩之奸诡，日夜攘臂，而仇鸾之纳贿足以中其欲而动其心。盖亦不智之甚矣……奈何令首辅能臣一旦就戮，而失天下心也。卒之虏因无忌，而京师震惊，即有谋勇之士，其不鉴曾铣而甘败亡者几希。噫，使仇鸾终不伏辜，而（严）嵩终不斩首，其何以谢夏言！"真是痛快淋漓！

然而"弃市"是皇帝圣旨，只要嘉靖皇帝活着，没有人敢于非议。直到隆庆皇帝上台，朝廷才为夏言平反昭雪，恢复官衔，赠予"文愍"谥号，高规格举行祭葬礼仪，妻子苏氏也得以回归故里。隆庆四年（1570）颁布的诰命，如此宣称："臣子殚忠谋国，虽蒙祸于生前；国家需恤劝忠，宁靳施于殁后。沉冤既昭于白日，显褒宜焕于丹书。"这自然是马后炮。对于嘉靖年间的大小官员而言，夏言之死惊悚无比，其寒蝉效应令人不寒而栗。尹守衡认为，夏言死于皇帝的圣旨，但真正的凶手是严嵩，他在《明史窃》中说："（夏言、曾铣）二臣骈首就戮，（严）嵩之罪上通于天矣！"

这一事件，对于受夏言一手提拔推荐的徐阶而言，震惊，惶恐，非他人可以比拟，成为日后政治生涯的梦魇，时时提醒自己，谨事严嵩，虚与委蛇。

二、谨事严嵩，虚与委蛇

徐阶，字子升，号少湖，一号存斋，松江府华亭县（今上海松江区）人。嘉靖二年（1523）进士及第。内阁首辅杨廷和见到他，十分惊讶，对同僚说："此少年名位不在我辈下。"他确实当得起这样的美誉。在同时代人王世贞眼中，徐阶是一个学者型官僚，他写的《大学士徐公阶传》有这样的评论："（徐）阶性颖敏，读书为古文辞，倾身以事豪贤长者。时故新建伯王守仁，以讲学倾东南，（徐）阶与其门人欧阳德，同年而善之，遂为王氏学。诸豪贤长者，交口称誉（徐）阶，故尽得缙绅间声。"徐阶升任内阁首辅后，为蒙受不白之冤的阳明心学平反昭雪，绝非偶然。

曾经风靡一时的阳明心学，在嘉靖七年（1528）王守仁逝世后，竟然被别有用心的政客诬蔑为伪学邪说，嘉靖皇帝信以为真，下令禁止传播、学习。这种状况延续了几十年，直到徐阶挺身而出，形势才有所变化。嘉靖四十三年，内阁首辅徐阶写了《阳明先生画像记》，力挽狂澜。他说："（阳明）先生在正德间，以都御史巡抚南赣，督兵败宸濠，平定大乱，拜南京兵部尚书，封新建伯。其后以论学为世所忌，竟夺爵……呜呼！此其功，岂可谓幸成？而其心事，岂不皎然如日月哉？忌者不与其功足矣，又举其心事诬之，甚矣，小人之不乐成人善也。自古君子为小人所诬者多矣，要其终必自暴白。"徐阶观点鲜明的表态，对阳明先生的事功与学问的褒扬，可以看作昭雪之路的转折点。由于徐阶的努力，隆庆元年 (1567) 皇帝下令六部、六科以及都察院讨论此事，与会官员一致论定："王守仁学术纯正，勋名燀烈，此正合封册所云'推诚宣力守正文臣'者。况世爵定典，论功有六：一曰开国，二曰靖难，三曰擒反，四曰平番，五曰御胡，六曰征蛮。守仁有三焉。"皇帝接受了他们的意见——学术纯正，事功显赫，不仅恢复新建伯的封爵，而且赠予新建侯的荣誉，赐给文成公谥号，派遣行人 (职掌传旨册封的官员) 前往余姚，为王守仁赐造陵墓，宣读诰词，平反昭雪。此举彰显了徐阶非同一般的学识与魄力。

以这样的学识进入官场，他的早期工作是充当皇帝经筵的展书官，参与编撰《大明会典》与《祀仪成典》。不久晋升为礼部侍郎、吏部侍郎。嘉靖二十五年 (1546)，四十三岁的他，颇有别开生面的大志，在办公室张贴戒语，用以自警。据《松江府志》记载，戒语写道："咄，汝阶二十一而及第，四十三而佐天官 (吏部尚书)。所不竭忠殚劳，而或植党摈贤，或徇贿而鬻法，或背公行媚，或持禄自营，神之殛之，及于子孙。"当时的吏部大僚，官僚主义作风严重，接见庶官，三言两语敷衍了事，以示严冷。徐阶颇为不满，说道："若尔，何以能尽人才也！"他折节下士，和颜悦色，娓娓而谈。

他的特立独行作风，很快发生了变化，更加注意"权略""阴重"。这种转变与夏言"弃市"有很大的关系。徐阶的晋升，得力于夏言的器重与推荐，两人的行事风格也有些相似。夏言因得罪皇帝和严嵩，惨遭杀害，对徐阶的震慑难以形容。

另一位对他有影响的人物，是他的顶头上司——吏部尚书熊浃。当时皇帝痴迷于道教玄修，众多大臣随声附和，只有大学士张治和吏部尚书熊浃敢于表示不同意见。吴瑞登《两朝宪章录》嘉靖二十九年 (1550) 十月条，记载大学士张治之死，写道："是时，上崇焚修，辅臣悉供玄撰(写青词)，(张) 治殊不自得，遂悒悒疾。及卒，上颇不悦，诏加以中谥，谥文隐。"吴瑞登在后面加了一段按语："臣按：世宗好玄，大臣之逢迎附和者多矣，其中流底柱者，不过熊浃、张治。浃谏止仙箕，终于忤旨而押回原籍当差。(张) 治不自得，悒悒而卒，上颇不悦，谥以文隐。此非当时正直之臣乎？"吴瑞登把熊浃、张治赞誉为中流砥柱，但是中流砥柱却招来皇帝忌恨，没有好下场。

徐阶不想当中流砥柱，只能随大流。他和严嵩一样，都是撰写青词 (写给上天的贺表) 的高手，得到皇帝青睐，晋升为礼部尚书，专门在皇帝身边侍奉玄修。万斯同《明史》写道："(徐) 阶长礼部，颇振刷。帝知其勤慎，且应制文多称旨者，乃召入直无逸殿庐，与大学士张治、李本俱撰斋词。"此处所谓应制文、斋词，都是青词的别称。徐阶的青词得到皇帝赏识，即所谓"多称旨"，得益于他的文学功底。关于这一情节，王世贞的《大学士徐公阶传》写得更为详细："上察 (徐) 阶勤，又所委应制文独多称旨，召入直无逸殿庐，与大学士张治、李本俱撰斋词。赐飞鱼服及尚方珍馔，上尊无虚日。吏部缺尚书，廷推（徐）阶为首，上不悦曰：'（徐）阶方侍朕左右，何外拟也？'"看来皇帝非常喜欢徐阶在身边侍候，朝廷推举徐阶出任吏部尚书，他大为光火。

徐阶被皇帝视作心腹之臣，频繁讨论玄修之事。陈继儒《眉公见闻录》说，皇帝与徐阶之间经常有"密谕"和"密奏"往还。其中一份"密谕"，皇帝抱怨道士无能。徐阶写了密奏回应："今之道士，其有名无实如此。"又说："臣适以修炼之士不肯轻用神气上奏，伏蒙密谕，臣恭捧读，仰惟皇上于修仙之道，已深造其精微，如臣臆说不足论也。"陈继儒评论道："右皆肃皇帝手札，下徐文贞（徐阶）。公亦密对，不刻文集中。味语意，肃皇帝志在长生，半为房中之术所误。文贞委曲条答，雅寓规讽，世以为文贞赞玄，不知公之苦心如此。"看来陈继儒这位同乡，对徐阶虚与委蛇的苦心颇有理解之同情。

徐阶得到皇帝青睐，引起严嵩嫉恨。万斯同提供了这样一个细节："先是，严嵩为帝所眷，至是乃移于（徐）阶，凡所咨，无不当意。阶尝为夏言所荐，嵩颇忌之，至是忌益甚。"严嵩在皇帝面前百端中伤，徐阶以更加精心撰写青词，巴结皇帝，来化解自己的危险。王世贞提供的细节更加生动："严嵩遂谓：'（徐）阶可撵也！'所以中伤（徐）阶者百方。一日，独召对，上与屈指论群臣孰优，至阶，而（严）嵩徐曰：'（徐）阶所乏不在才，乃才胜耳，是多二心。'

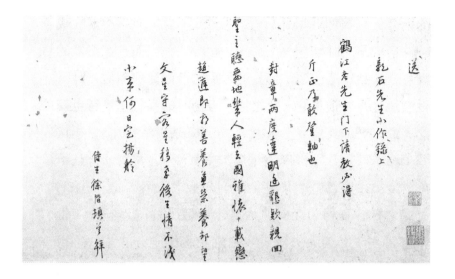

送
乾石先生小作錄上

鶴江吾先生门下请教少海

斤正乃歇登軸也

封章兩度達明逐懇歇親回

聖主聽窗地華人輕去國雅懷十載戀

趙進郎孜善養重榮養邦望

文星字窓些移孝後生情不淺

小圣何日宅揚齡

侍生徐阶頂空拜

盖以其尝请立太子也。（徐）阶危甚，不知所为，唯益精心斋词，以冀上怜而宽之。而左右亦多为道地者，上怒始解。"

　　徐阶在巴结皇帝的同时，还得提防严嵩，处处讨好他，成为站稳脚跟的秘诀。人们说他"有权略，而阴重不泄"，并非毫无道理。嘉靖三十一年（1552），他以礼部尚书兼文渊阁大学士的身份，进入内阁，参与机务，与首辅严嵩在朝房面对面处理公务，更加小心翼翼，虚与委蛇。他不想成为第二个夏言，与严嵩较量。来日方长，必须保全自己，寻找时机，才能一举击倒对手，这是他的权略。

　　张岱《石匮书》说："（徐）阶为人阴重，有权略，其始事（严）嵩甚谨，与缔交联姻，治第分宜，曰谢政后且居分宜就公。"为了消除严嵩的戒心，不惜与之联姻（把女儿许配给严世蕃的儿子），而且在严嵩的家乡分宜县建造住宅，打算退休后和严嵩比邻而居，时时讨教。这并非张岱的一家之言，万历时的高官于慎行也有此一说，更加具体："分宜相（严）嵩既杀贵溪（夏言），逐诸城（翟銮），专任二十年，独华亭（徐阶）与之左右，势且不免。会吴中有岛寇，华亭（徐阶）即卜宅豫章（江西），佯为避寇之计。有司为之树坊治第，附籍江右，又与（严）世蕃结亲。江右士大夫皆讲乡曲之谊，于是分宜（严嵩）坦然，不复介意。"又说："分宜（严嵩）在位，权宠震世，华亭（徐阶）屈己事之，凡可以结欢求免者，无所不用。附籍、结姻以固其好，分宜（严嵩）不喻也。其后分宜（严嵩）宠衰，华亭（徐阶）即挤而去之。"严嵩罢官，严世蕃处死之后，徐阶立即把江西的宅邸出售，取消了江西户籍。可见他的讨好严嵩，不过是权宜之计，巧施权术而已。

严嵩专擅朝政，纵容其子严世蕃以他的名义处理政务。京城内外民众把严氏父子讥讽为"大丞相、小丞相"，"父子两阁老"。两人配合默契，一手把持朝政，公然卖官鬻爵，明码标价。官场贪风愈演愈烈，政治腐败达于极点。当时人一言以蔽之曰："嵩好谀，天下皆尚媚；嵩好贿，天下皆尚贪。"忠臣义士愤懑而死者不知凡几，没有一人敢于奋起抨击。

嘉靖三十二年（1553），兵部员外郎杨继盛挺身而出，揭发严嵩误国十大罪状，该当死罪。他说：方今外贼则胡虏，内贼则严嵩，请诛贼嵩，当在剿虏之先。他批评皇帝"甘受嵩欺"，"堕于术中而不觉"，要求皇帝让三子裕王、四子景王揭露严嵩的罪恶。皇帝大怒，命令锦衣卫把杨继盛关进镇抚司诏狱，"好生打着究问明白来说"。严嵩叮嘱锦衣卫都督陆炳："穷治二王语"，"必有交关其间者"，意欲追查幕后指使者。徐阶告诫陆炳："慎之，一及皇子，如国本何？"严嵩怀疑徐阶与杨继盛有牵连，却抓不到把柄。万斯同《明史》写道："是时，先后（弹）劾（严）嵩者御史王宗茂、赵锦等，（徐）阶调旨薄罚。（严）嵩益疑（徐）阶为（杨）继盛地，然无如之何。"

嘉靖三十七年（1558），刑科给事中吴时来，刑部主事张翀、董传策，交章弹劾严嵩。吴时来说：严嵩辅政二十年，文武官员升迁罢黜，由他一手包办；纵容儿子严世蕃出入禁地，代行首辅职权。严世蕃擅作威福，对高官颐指气使，视将帅如奴仆。如不除去严氏父子，陛下虽宵旰忧劳，必将于事无补。张翀、董传策说：臣每每经过长安街，见到严府门前充斥着边镇将帅的使者，在谒见严嵩之前，必须先向严世蕃馈赠厚礼，在谒见严世蕃之前，必须先贿赂他的管家。管家严年的私产已经超过数十万两银子，严氏父子聚敛财富之多可想而知。

巧合的是，吴时来、张翀是徐阶的门生，董传策是徐阶的同乡。这一下给严嵩捞到了稻草，大兴问罪之师。万斯同写道："居顷之，给事中吴时来，刑部主事张翀、董传策，交章劾（严）嵩。传策，（徐）阶同郡人；时来、翀，

（徐）阶门生也。（严）嵩奏辩，直指（徐）阶为主使者。帝下（吴）时来等诏狱戍之。（徐）阶知（严）嵩必不相容，惟益谨，自持以奉帝。"严嵩指责徐阶是幕后主使者，徐阶有口难辩，更加谨慎小心，只有讨好皇帝来化解危机。

这一招颇有效果。有两件事情博得了皇帝的好感。

其一是，徐阶巧妙地解决了北方边防的粮食问题，皇帝大悦。万斯同说："由是（帝）益亲（徐）阶，有所密询，皆舍（严）嵩而之（徐）阶。"

其二是，嘉靖四十年（1561）十一月二十五日夜里，西苑永寿宫火灾，皇帝暂时移居潮湿狭小的玉熙殿。一些大臣主张乘此机会劝皇帝迁回大内。皇帝征求严嵩意见，严嵩既不主张重建，又不主张迁回大内，别出心裁地建议迁往南苑重华宫。这下触犯了禁忌——南苑是个不祥之地，当年被蒙古军队俘虏的英宗皇帝被释放回京，已经登上宝座的景帝，把他幽禁在南苑重华宫。嘉靖皇帝颇为猜疑：严嵩为什么要我去那个倒霉的地方？他很不高兴，想听听徐阶的意见。徐阶摸准皇帝的内心，顺着他的心思说道：如今陛下居住在玉熙殿，犹如露宿，臣何忍安枕！臣与工部尚书策划原地重建，倘若从湖广、四川调运木材，太耗费时间。不如把现在营建三大殿多余的木材，用来修建永寿宫。请工部尚书雷礼主持其事，不日便可完工。皇帝大喜，立即下旨重建，委任徐阶的长子徐璠以尚宝丞兼工部主事，督办这一工程。一个月后，新宫落成，皇帝迁入新居，命名为万寿宫。徐阶因功，进光禄大夫、柱国、少师，改为建极殿大学士，其子徐璠越级晋升为太常寺少卿，次子徐琨赐予中书舍人官职。

对于徐阶而言，这是一个转折点。正如万斯同所说："自是（严）嵩势日屈，而帝惟（徐）阶言是听"；"于是中外知帝意所向，谓（徐）阶必能去（严）嵩矣。"

三、潜移帝意，扳倒严嵩

专擅朝政二十年的严嵩，一向无所顾忌，此时感觉到失宠于皇帝，危机感隐约袭来，不免有点担忧。特地在家中设宴，向徐阶求饶。他命儿子严世蕃向徐阶跪拜，自己举起酒杯说道："嵩旦夕死矣，此曹（指严世蕃）唯公哺乳。"徐阶佯装惊讶，连声说："不敢当。"

此时的徐阶，正在密谋策划，如何潜移帝意，扳倒严嵩。为此，他使出两个绝招。

第一招是，利用皇帝笃信道教的弱点，收买他身边的道士蓝道行，在扶乩时，假借神仙之口，攻击严嵩，取得出奇制胜的效果，促使皇帝"幡然悔悟"。唐鹤徵《皇明辅世编》描述这一情节，很是生动有趣。

某一天，皇帝向蓝道行提问，蓝道行扶乩，请神仙回答。人神之间的对话如下：

皇帝问：今日天下为何不能治理？

神仙答：原因在于，贤能者不能进用，不肖者不能屏退。

皇帝问：谁是贤能者，谁是不肖者？

神仙回答：贤能者是内阁辅臣徐阶、吏部尚书杨博，不肖者是严嵩父子。

皇帝说：我也知道严嵩父子贪赃枉法，念及他们奉承玄修多年，姑且容忍。他们果真是不肖之徒，上天真君为何不震怒，予以惩罚？

神仙回答：严世蕃恶贯满盈，应该迅速严惩，因为他在京城，上天恐怕震惊皇帝。如果把他发配到外地，便可以让他粉身碎骨。

听了神仙的点拨，皇帝幡然悔悟，决心抛弃宠信了二十年的奸臣。扶乩完毕后，蓝道行马上把这一机密情报告诉徐阶。徐阶唯恐皇帝反悔，立即采取第二招，指示御史邹应龙弹劾严嵩父子。

关于邹应龙弹劾严氏父子之事，史家有另一种说法。话说嘉靖四十一年 (1562) 五月的某一天，御史邹应龙下朝时，在太监房间里躲雨。太监透露了道士蓝道行扶乩的信息，邹应龙得知"帝眷已移"，以为奇货可居，唯恐别人抢了头功，连夜起草弹劾严嵩父子的奏疏，次日上朝时，递了上去，果然导致严嵩罢官。于是乎有人把邹应龙赞誉为扳倒严嵩的英雄。

此言差矣！从邹应龙上疏以后，畏首畏尾的表现来看，如果没有强有力的后台支撑，他绝对不敢冒险行事。其实，他是受徐阶指使，才弹劾严氏父子的。万斯同的说法比较符合事实："（徐）阶为人阴重，有权略，初事（严）

嵩甚恭谨。及是，知帝闻嵩贪，及世蕃奸恣状，乃授意御史邹应龙劾之。"明确指出，邹应龙弹劾严嵩父子是徐阶授意的。不过邹应龙的这篇《贪横荫臣欺君蠹国疏》，写得相当出色。

一则说："工部侍郎严世蕃凭借父势，专利无厌，私擅爵赏，广致赂遗。每一开选，则某官银若干，某官银若干。至于升迁也亦然，某缺银若干，某缺银若干。以致选法大坏，市道公行，群丑竞趋，索价转巨。"

再则说："不特此也，每遇岁时及父子生日，中外各官俱有馈赠。遂为定例，略不见疑。然则世蕃父子所蓄，可胜计哉？"

三则说："今天下水旱频仍，南北多警，民穷财尽，莫可措手者，正由世蕃父子贪婪无度，掊克日棘，政以贿成，官以赂授。凡四方大小之吏，莫不竭民脂膏，剥民皮骨……如此则民安得不贫，国安得不竭，天人灾警安得不迭至也？"

结论是："臣请斩世蕃首，悬之高竿，以为人臣凶横不忠之戒。其父嵩受国厚恩，不思图报，而溺爱恶子，播弄利权，植党蔽贤，黩货败法，亦宜亟令休退，以清政本。"

皇帝把这份奏疏与蓝道行的扶乩联系起来，下达圣旨，谴责严嵩"纵爱悖逆丑子，全不管教，言是听，计是行"，勒令致仕（退休），严世蕃及其亲信罗龙文等人，流放边远地区。

不久，皇帝有些反悔，多年积累的感情一时难以割舍，每每想起严嵩"赞修之功"，若有所失，闷闷不乐。写了一道手谕给继任首辅徐阶："嵩已退，其子已伏辜，敢再言者，并（邹）应龙斩之。"吓得邹应龙不敢去出任新职——通政司参议，还是徐阶多方转圜以后，才惴惴不安地前去赴任。

严嵩走了以后，皇帝的态度发生了微妙的变化，那些严党们也希冀他复出。正如王世贞《大学士徐公阶传》所说："上虽以御史言去嵩，然念其供奉久，怜之。而左右入其间者从容言：'非严嵩谁为上奉玄？'上忽忽不乐。"形势是严峻的，严嵩虽然退休，并未伤筋动骨；严世蕃流放海南岛雷州的判决，

明严嵩《钤山堂集》书影
明嘉靖二十四年（1545）刻增修本

成了虚应故事的官样文章，行至半途就返回江西老家，威风依旧。他的党羽罗龙文也从流放地逃回江西分宜县，与严世蕃策划如何翻盘。

管辖分宜县的袁州知府了解到这一动向，添油加醋地夸张严府"聚众练兵谋反"，通报给巡江御史林润。林润先前曾经弹劾严氏父子的党羽鄢懋卿，担心严世蕃如果东山再起，可能遭到报复，立即把这一情况上报朝廷。揭发罗龙文，"卜筑山中，乘轩衣蟒，有负险不臣之志"；揭发严世蕃，"自罪谪之后，愈肆凶顽，日夜与龙文诽谤时政，动摇人心。近者假治第，而聚众至四千余人，道路汹汹，咸谓变且不测"。所谓"负险不臣""变且不测"云云，就是谋反的委婉表达。林润与邹应龙的切入点截然不同，邹强调的是贪赃，林强调的是谋反，必欲置严世蕃于死地。

皇帝对于严氏父子本来就不想继续追究，严世蕃流放途中擅自逃回，也就睁一眼闭一眼。作为一国之君，可以容忍贪赃，绝对不能容忍谋反，接到林润的报告，马上下旨，逮捕严世蕃、罗龙文来京审问。

林润趁热打铁，写了长篇奏疏——《申逆罪正典刑以彰天讨疏》，揭发严世蕃、罗龙文图谋犯上作乱的罪状。这篇奏疏收入陈子龙《皇明经世文编》、张岱《石匮书》，很值得一看。

劈头就说："（严）世蕃罪恶滔天，积非一日。近时不法之事又非一端，任彭孔为主谋，罗龙文为羽翼，恶男严绍等为爪牙，穷凶极恶，无所不至。"

又说严府在袁州俨然独立王国,一派帝王气象:"廊房回绕万间,店舍环亘数里。招四方之亡命为护卫之壮丁,森然分封之仪度也";"闾阎膏脂剥削殆尽,民穷盗起,职此之由。而夸曰:朝廷无如我富";"朝歌夜弦,右斟左舞,荒淫无度,诬蔑纲常,而夸曰:朝廷无如我乐养"。

继而又说:严世蕃谋反之心已经暴露无遗,正德年间宸濠之乱就是前车之鉴:"丁壮已二千,纳亡叛更倍其数,精悍皆在其中,妖妄尽藏于内。旦则伐鼓而聚,暮则鸣金而散";"窃思宸濠逆谋之初,亦不过结纳贼首,诱致人受献田土。今世蕃不法与逆(宸)濠无异,且包藏祸心已著"。

最后指出,严世蕃的滔天罪行,严嵩也脱不了干系:"严嵩宠冠百僚,公然欺主。世蕃问发雷州,并未赴伍,仅居南雄三月而返。(严)嵩乃朦胧近乡,既奉明旨,复留在家,以王言为不足恤,以国法为不足尊,惟知私恩,不知公议,兹非(严)嵩之欺陛下乎!"

严世蕃却有恃无恐。他听说言官想通过治他的罪,为先前弹劾严氏父子而惨遭杀害的沈炼、杨继盛平反,便和京中的严党分子密谋策划如何翻盘,洋洋得意地拍掌说:"任他燎原火,自有倒海水。"

什么是"倒海水"?据他自己说:"贿之一字自不可掩,然非皇上所深恶必杀,惟杨椒山(杨继盛)、沈青霞(沈炼)之狱,皇上最内忌,填入必激圣怒。至于聚众、通倭之说,直以言官谩语,讽使削去,便可脱身。"于是党羽们立即放出风声，扬言如此如此，一则杨继盛、沈炼之冤可以昭雪，一则抚慰士大夫愤懑，不平之情可以得名。倘若牵扯所无之事，人臣既不信，皇上亦生疑。与此同时，他们四出活动，贿赂三法司官员，在定案文书上写明为沈炼、杨继盛平反昭雪的字句。

这是一个很难觉察的阴谋，目的是"激圣怒"。因为对于沈炼、杨继盛的惩处，是皇帝亲自决定的，为沈、杨翻案，就等于要皇帝承认错误，肯定会激怒刚愎自用的皇帝，严世蕃预想的"脱身"目的就达到了。

审理此案的刑部尚书黄光昇、都察院左都御史张永明、大理寺卿张守直，或许是接受了贿赂，或许以为抚慰士大夫愤懑之情很有必要，在定案文书中写入了为沈炼、杨继盛平反昭雪的字句，请内阁首辅徐阶定夺。

精明过人的徐阶一眼就看出问题，识破了严世蕃的阴谋，要害是"彰上过"（彰显皇上的过错）。一面说"法家断案良佳"，一面把黄光昇、张永明、张守直引入内室，屏退左右随从，轻声密谈。据《石匮书·林润列传》记载，密谈实况如下：

> 徐阶问："诸君子谓严公子当生乎死乎？"
> 黄光昇等回答："死不足赎罪。"
> 徐阶又问："此案将杀之乎生之乎？"
> 黄光昇等回答："用杨（继盛）、沈（炼），正欲抵死。"
> 徐阶笑道："别自有说。杨、沈事诚出其谋，诚犯

天下万世公恶。然杨（继盛）以计中上所讳，取特旨；沈（炼）暗入招中，取泛旨。上英明，岂肯自引为己过？一入览，疑法司借严氏归过于上，必震怒，在事者皆不免，严公子平平打发出国门矣。赦出固善，抑法司不能辞责，我亦何以自解？我不足惜，诸公方负物望，擢居要地，旦夕冢宰。此举又众所瞻仰，如斯而已乎？"

黄光昇等人听了愕然，请求拿回文书另议。

徐阶说："离此一步，迟此一刻，泄此一语，从中搅扰者必多，事且有变。今当以原疏为主，而阐发聚众本谋，以试上意。依次须大司寇（刑部尚书）执笔。"

黄光昇赶紧推辞："谢不敢当。天下事惟相公能测。"

徐阶也不谦让，从袖中拿出早已写好的文书，说："拟议久矣，诸公以为如何？"

众人看了唯唯诺诺。

徐阶草拟的定案文书，基调是严世蕃与罗龙文通倭通虏，聚众谋反。其中最重要的一段写道："陛下曲赦其死，谪充雷州卫军，不思引咎感恩，乃快怀怨望，安居分宜，足迹不一至戍所。龙文亦自浔州卫逃归，相与谤言诅咒，构煽狂谋，招集四方亡命奸盗，及一切妖言幻术天文左道之徒，至四千余人，以治宅为名，阴延谙晓兵法之人，训习操练。厚结刺客十余人，专令报仇杀人，慑制众口。至于蓄养奸人细作无虑数百，出入京城，往来通路，络绎不绝。龙文亦招集汪直通倭余党五百余人，谋与世蕃外投日本。其先所发遣世蕃班头牛信，径自山海卫弃伍北走，拟诱致北虏，南北响应。"既然三法司首长没有异议，立即叫书吏誊写，加盖三法司印章密封，呈送皇帝。

严世蕃罪大恶极，不杀不足以平民愤。平心而论，把"谋反""通倭""通虏"的罪状强加于他，是用诬陷不实之词掩盖真正的罪状。原本应该用专擅朝政、贪赃枉法、卖官鬻爵、中饱私囊来定罪，那样的话，必然导致"彰上过"，激怒皇帝。用捏造的罪状来定案，显然是在要弄阴谋诡计，但是避开了"彰上过"的风险，皇帝平静地接受了，立即批示：此逆情非常，仅凭林润奏疏，何以昭示天下后世！刑部、都察院、大理寺，会同锦衣卫，从公审讯，具实以闻。

徐阶和三法司首长再度要弄手段，根本没有核实，径直由徐阶代替三法司起草核实奏疏，用肯定的语气回答皇帝：事已勘实，其交通倭虏，潜谋叛逆，具有显证。请亟正典刑，以泄神人之愤。

嘉靖四十四年 (1565) 三月二十四日，皇帝下达圣旨：既会同得实，严世蕃、罗龙文即特处斩。

严、罗二人得到消息，大失所望，抱头痛哭。家人要他们写遗书，竟然不能成一字。

京城百姓大快人心，各自相约前往西市观看行刑，饮酒庆祝，一时间西市热闹得如同节日。随之而来的是查抄严府，据说有黄金三万余两，白银三百余万两，珍宝古玩

家產著各該巡按御史嚴拘的親兄男藍敷追沒入
官送部不許親識人等侵匿受寄違者即便拿問嚴
嵩畏子欺君大負恩眷幷伊孫見任文武職官的都
削職為民有司拘管嘗差餘黨逃邪盡行逐治毋致
貽患其餘俱依擬行奏內不言逆本是何法制且不
查究所云逆本者指嵩賊也積歘所及死灰餘燼猶
能焚灼臺察之吻況當炎炎手之時乎有其君無
其臣古人痛惜良不誣也巡按御史林潤等抄沒江
西家產略載其大綱嘉靖四十四年八月也

誥勅翰墨等項共二百二十四件　金共一萬三千

【留青日札　卷三十五】　五

一百七十一兩六錢五分　純金罷皿共三千一百
八十五件共重一萬一千零三十三兩三錢一分內有
金海水龍壺五金龍耳圓杯二金龍盤三　金厢珠
寶罷皿共三百六十七件共重一千八百六十七兩
錢二分內有龍盤鳳杯龍空　塊金罷皿共二百五十
三件內有金甁十二面金人三箇共重四百零三兩
九錢二分　金盃十二　連前各項金罷三千八百五件共重三千
萬三十二百三十九兩九錢五分　金厢珠玉首飾
共二十三副計二百八十四件共重四百四十八兩
五錢一分內有貓睛六顆祖母綠二件　金厢珠寶

【留青日札　卷三十五】　六

首飾共一百五十九副計一千八百零三件共重二
千七百九十二兩二錢六分內有貓睛二十顆有天
上長庚人間壽域慶無窮壽永喜心字等名件　金
玉珠寶頭箍圍髻等共二十一條共重九十兩六錢　金
玉珠寶等耳環耳墜共一百四十九兩二百六十七
三分　金玉珠寶等耳塞共二百六十二
雙內有貓睛二顆共重一百四十九兩八錢三分
金厢珠玉寶石等墜領墜胸禁步事件共六十二
件共重一百七十九兩二錢六分　金厢珠玉寶簪
共三百零九件共重九十二兩八錢四分　金玉厢
嵌珠寶等鐲釧共一百零五件共重四百二十一
錢　雜色金玉首飾內有美人夜遊玲瓏挖耳共七
百七十六件共重九百四十九兩七錢六分　金厢
珠玉寶石帽頂共三十五箇共重七十七兩一錢七
分　金厢玉寶絛環二百八件共重一千一百一十
三兩零九分內有海內英雄五龍玩月福壽康寧等
名色貓睛二十顆內墨貓睛一顆貢月大珠不計
金厢嵌珠寶絛銅六十八件共重二百三十五兩七
錢五分內貓睛二顆　連前首飾等項共三千九百
三十八件共重六千五百五十八兩二錢　通共淨
金淨罷皿首飾等項共重三萬一千九百六十九兩

▼《留青日札》卷三十五"严嵩"条所载查抄清单（局部）

价值白银数百万两，此外还有惊人的房产、地产。《留青日札》《天水冰山录》记录的抄家清单，可以写成一本书。已经退休的严嵩，黜革为民，孙子充军。曾经不可一世的严嵩，精神彻底崩溃，寄食于墓舍，一年之后命归黄泉。

严嵩、严世蕃父子恶贯满盈，罪有应得，留给人们深思的是，以往多年义正词严的弹劾，为何始终不能奏效，而充满阴谋和权术的做法却取得了成功？扳倒严嵩父子，毫无疑问是正义的，但是手段与程序并不正义。几年后，史官在编纂《明世宗实录》时，对此表示了异议：严世蕃凭借父亲的威势，盗弄威福，浊乱朝政，完全可以用"奸党"罪处死，偏偏要说"谋逆"，显然"悉非正法"。所谓"悉非正法"，就是没有以事实为依据，以法律为准绳。

对于嘉靖皇帝而言，严氏父子的下场，有损于他的英明。徐阶曲为开脱，维护皇上的威权。李绍文《皇明世说新语》写道："世庙（嘉靖皇帝）谕徐文贞（徐阶）曰：'君知人惟尧舜与我太祖耳。若（严）嵩者朕所自简，不才若此！'（徐）阶曰：'尧用四凶，后加放殛。太祖用胡惟庸，后以罪诛。皇上始知嵩之才而用之，后因听子贪纵而斥谴，皆无损于明。'"徐阶既扳倒了严氏父子，又无损于皇帝的颜面，这种两面光的手腕，显示了他的"权略"与"阴重"。

四、天下翕然想望风采

徐阶升任内阁首辅，在直庐朝房（内阁办公室）的墙壁上挂了条幅，写了三句话：

> 以威福还主上
> 以政务还诸司
> 以用舍刑赏还公论

这是他的施政纲领，宣示拨乱反正的决心，竭力把紊乱的朝政引入正轨。把威权和福祉归还皇帝，把政务归还政府各部门，把官员的任免和奖惩归还公众舆论。意图是很明显的，向朝廷上下表明，决不成为严嵩第二，一定要反其道而行之，改变严氏父子专擅朝政的局面。同时代人唐鹤徵对此给予高度评价："（徐）阶尽反（严）嵩政，务收人心，用物望严杜筐筐，天下翕然想望风采。"唐鹤徵从几个方面来论证他的观点。

其一，徐阶与严嵩共事，下级官员馈赠贿赂，虽然没有严嵩那么多，数量也不少，他都照单全收。他向别人解释其中原委：如果拒绝，恐怕以自己的高洁反衬出严嵩的污秽。日子一长，人们也就不再非议了。

其二，当他成为内阁首辅以后，改变严嵩的专断独裁，邀请内阁次辅袁炜一起办公，共同为皇帝票拟谕旨。皇帝知道了，以为不妥，只须首辅一人票拟即可。徐阶解释道：事情出于众人合议比较公正，而公正是所有美德的基础；独断专行就是自私，而自私会导致百弊丛生。

其三，言官极力抨击勾结严氏父子的大臣，皇帝对此很反感。徐阶委婉地讲明道理，缓解了他的怨气，保护了言官。

其四，皇帝和徐阶谈起人才难得，徐阶侃侃而谈：自古以来常言道，"大奸似忠，大诈似信"（最大的奸佞貌似忠诚，最大的欺诈貌似诚信），能够知人善任，便是哲人。因此当皇帝最困难，要想把困难转化为容易，只有广泛听取意见一个途径。广泛听取意见，就等于有人为我化解穷凶极恶，为我揭发隐匿的实情。

可见徐阶对于治国、用人，是很有想法的。但是皇帝依然痴迷于玄修，局面难以改变。正如黄仁宇《万历十五年》所说："严嵩去职虽已三年，但人们对嘉靖的批评依然是'心惑''苛断'和'情偏'。然而他对这些意见置若罔闻，明明是为谀臣所蒙蔽，他还自以为圣明如同尧舜。"

嘉靖四十五年（1566），刚直不阿的海瑞，向皇帝上《治安疏》，以无所顾忌的姿态，锋芒毕露的文字，批评皇帝清虚学道，潜心修醮，以至于二十多年不上朝理政，导致纲纪废弛，吏治败坏，民不聊生。"天下因陛下改元之号，而臆之曰：'嘉靖者，言家家皆尽而无财用也。'"他指出：臣民不对陛下讲真话已经很久了，官员们"愧心馁气以从陛下"，"昧没本心以歌颂陛下"。陛下一意玄修导致"心惑"，过于苛断导致"情偏"。大臣为了俸禄而阿谀奉承，小臣由于畏罪而唯唯诺诺。为此，冒死进谏，希望陛下"幡然悔悟"，洗刷"君道之误"。

如此不留情面的批评，自视甚高的皇帝无法接受，此公自比尧舜，书斋也以"尧"命名。海瑞却说他连汉文帝都不如，气得他浑身发抖，狠狠地把奏疏摔到地上。过了一会儿，又把它捡起来，要看看后面还写些什么。阅毕，勃然震怒，命令身边的太监黄锦：把他抓起来，不要让他跑了！黄锦告诉他：海瑞自知触怒皇上必死无疑，诀别妻子，抬了棺材来上朝，不会逃跑的。还说：看他的为人，刚直有声，为官不取一丝一粟。听了这话，皇帝平静下来，再三阅读奏疏，叹息道：真是忠臣，可以和比干相媲美，但朕并非殷纣王。随即给内阁首辅徐阶写了密谕："今人心恨不新其政，此物可见也，他说的都是。"一向听不得批评的此公，居然破例承认海瑞"说的都是"。这不过是私底下的坦言，只有一个人知道，为了维护皇帝的威望，他不能承认错误，一定要处死海瑞。

徐阶赞成海瑞对皇帝的批评，这从他不久以后代替皇帝起草的遗诏，可以看得很清楚。如果直白地说出来，局面反而不好收拾。摸透皇帝脾性的徐阶劝解说：海瑞这样的草野小臣，无非是沽名钓誉，陛下如果杀了他，恰恰成就了他，在青史上留下英名。不如留他一命，使他无法沽名钓誉，也显得皇恩浩荡。但是皇帝依然要徐阶拟旨，处死海瑞。徐阶再次直言劝谏："臣岂敢成陛下杀谏臣之名。"终于打消了皇帝欲杀海瑞的念头。吴履震《五茸志逸》记载此事，有一段生动的文字："海忠介（海瑞）之批鳞也，世庙震怒，绕殿行竟夕，拔面上肉刺都尽。照华亭（徐阶）议斩之。华亭请其疏下，迟数日不拟。上督促至再，华亭俯伏泣曰：'臣岂敢成陛下杀谏臣之名。'上怒始解。"这是徐阶可敬之处，他有"保全善类"的秉性，是一个方面；另一方面是由于他赞成海瑞的政见。

嘉靖四十五年 (1566) 十二月十四日，皇帝朱厚熜逝世，他的遗诏，并非生前口授的，而是徐阶和张居正起草的，反映了徐阶的政见，也反映了海瑞批评皇帝清虚学道的意见。遗诏的基调是让已故皇帝做自我检讨，对痴迷道教的错误有深刻的反省，为那些反对清虚学道而遭到惩处的官员恢复名誉和官职，严厉惩处帮助皇帝玄修的道士，停止一切斋醮活动。这些话，一看便知不是朱厚熜愿意讲的话，而是徐阶假借"遗诏"的名义发布自己的政见。

十二月二十六日，隆庆皇帝朱载垕即位，他的登极诏书，也是由徐阶与张居正起草的，基调和遗诏完全一致，主要倾向依然是拨乱反正：起用反对玄修而遭到惩处的官员，严惩参与玄修的道士，停止斋醮，破格提拔人才，裁减冗员。

嘉靖、隆庆之际的政治交接，徐阶处理得巧妙、妥帖，既拨乱反正，又避免了"改祖宗之法"的非难。徐阶确实配得上"杨廷和再世"的美誉。

五、新郑鱼肉华亭

隆庆元年 (1567) 的内阁，可谓人才济济：徐阶、李春芳、郭朴、高拱、陈以勤、张居正。如果各位辅臣同舟共济，协助徐阶拨乱反正，必定大有可为。但是内阁一向是个是非之地，倾轧不断，此时也不例外。资格最老的李春芳温良恭俭让，折节好士，虽然位居第二，却对首辅恭敬有加，见到徐阶，侧身佝偻，如同属吏一般。陈以勤是忠厚长者，遇事不置可否。张居正资历最浅，是徐阶的门生，得力助手。位居第四的高拱最不安分，不把徐阶放在眼里，对他瞒过

同僚，引用门生张居正起草遗诏，耿耿于怀，到处散布流言蜚语。郭朴与之一唱一和，因为高拱先前是裕王朱载垕的老师，颇受器重，郭朴通过高拱，博得已经即位的朱载垕的好感，因此两人相与甚欢。

高拱首先挑起事端，攻击徐阶起草的遗诏，诽谤先帝，有不可饶恕之罪。万斯同写道："帝崩，（徐）阶草遗诏，夜召门生学士张居正谋之，不以语同列……（徐）阶以世宗素英主，而晚年斋醮，土木珠宝织作不已，民力小困……而同列高拱、郭朴皆不乐，曰：

'徐公谤先帝，可斩也。'"调子升高到"可斩"的地步，已经不是一般政见分歧了。

《石匮书·高拱列传》提供了两人正面交锋的细节，高拱揭露徐阶在先帝身边写青词求媚的老底，徐阶被动辩解，以子之矛攻子之盾，甚是有趣，引录于下：

> 一日，方会食。(高) 拱忽谓 (徐) 阶曰："拱尝中夜不寝，按剑而起者数四矣。公在先帝时，导之为斋词以求媚。宫车晏驾，而一旦即倍之。今又结言路，必逐其藩邸腹心之臣，何也？"
>
> (徐) 阶愕窒良久，曰："公误矣！夫言路口故多，我安能一一结之，又安能使之攻公！且我能结之，公独不能结之耶？我非倍先帝，欲为先帝收人心，使恩自先帝出耳。公言我导先帝为斋词，固我罪。独不记在礼部时，先帝以密札问我：'(高) 拱有疏，愿得效力于醮事，可许否？'此札今尚在。"
>
> (高) 拱乃颊赤语塞。

两人不欢而散，还是老好人李春芳打圆场，邀请高拱到徐阶办公室谢罪。高拱虽然引罪道歉，内心怀恨，收集徐阶的儿子在乡里横行事迹，指使门生御史齐康，公开弹劾徐阶"专权蠹国"，李春芳与之"声势相倚"。齐康自以为有高拱为后台，无所顾忌，弹劾奏疏的题目就十分吓人：《为险邪贪秽辅臣欺主背恩，专权蠹国，十分不忠，乞赐罢黜究治，以隆初政事》。徐阶立即写了《被论自陈》，非常自信地说："(齐康) 劾臣过恶，并及臣男徐璠、徐琨、徐瑛，臣细读一遍，除描写造作之词，暧昧无稽之事，天地鬼神所共照察，臣俱不须辩。"为了表明自己问心无愧，特地向皇帝请辞。隆庆元年 (1567) 五月十八日，皇帝降旨："览奏，卿素效忠恳，朕已久悉，兹当初政，方切倚毗，岂可遽因浮言求退！宜遵前谕，即出供职，不允辞。"

首辅请辞，非同小可，正直官员纷纷谴责齐康，直指齐康是高拱门生，听其指授，应置之法办。刚从监狱释放，出任大理寺丞的海瑞秉公直言："(徐) 阶自执政以来，忧勤国事，休休有容，有足多者，而 (齐) 康乃甘心鹰犬，搏噬善类，其罪又浮于 (高) 拱。"隆庆皇帝降旨：齐康降二级调外任，平息了一场纠纷。高拱自讨没趣，以身体有病为由，辞官而去。支持高拱的郭朴遭到弹劾，被迫辞职。

高拱虽然离去，倾轧并未消停。受他影响的言官张齐于隆庆二年 (1568) 六月再次弹劾徐阶，揪住三点不放：撰写青词、起草遗诏、讨好严嵩。不过题目变换了一下：《边事重大，元辅不堪，恳乞圣明大奋乾断，亟赐议处》。徐阶有点被动，写了长篇奏疏答辩。

关于青词，他写道："修撰玄文，虽前后同事不止臣一人，然臣既不能独辞，何所逃责！"

关于遗诏，他写道："辅臣草诏，是谓代言。前岁先帝所颁遗诏，草虽具于臣手，然实代先帝言也……实非敢彰先帝之失也。当遗诏开读也，百官万民莫不感动号哭，颂先帝之圣，增遗躬之思，此皇上可访而知也。然则臣于先帝，为毁欤，为忠欤？"

关于严嵩，他写道："臣昔与严嵩同官，其序在先，其齿又长，彼所行事，臣安能尽与相违？然中间劝谕调维固亦多矣。其后事败，御史邹应龙、林润等据公论以劾于下，三法司、锦衣卫按公法以议拟于中，先帝秉公道以主张于上，或亲洒翰谕，或亲批奏章，明日月而威雷霆于时。嵩父子之获罪，盖有不待臣之攻者。"

张齐的攻讦别有用心，却点到了要害。徐阶振振有词的辩解，毕竟有点心虚，只得向皇上乞休。皇帝礼貌地下旨挽留。隔了一天，他再次乞休，皇帝立即照准："卿既屡辞，特准致仕，着驰驿去。"看来皇帝已经对他另眼相看了，徐阶的政治生涯以这样一种方式结束，有点遗憾。当时的吏部尚书杨博一针见血地指出："朝廷有朋党之疑。"沈国元《皇明从信录》写到此事，颇为徐阶鸣不平："徐阶为国之时，辅佐世宗英明，一扫前相严嵩萎弊，遏绝中外奔竞秽习，仕阶复清，纪纲复振，一时世道修明之。会士君子姑深原其枉直委曲之诚，无庸过论可也……则夫朝廷朋党之疑，理势必然也。"

不久，高拱复出。顶替内阁首辅的李春芳感叹道，徐阶都不是他的对手，何况是我！随即请辞而去。高拱顺理成章地成为内阁首辅，大权在握，报复随之而来，对退休在家的徐阶落井下石。沈越《皇明嘉隆两朝闻见纪》一语道破:"高拱执政，小人昔附徐阶者，皆反而献谀，下石于(徐)阶。"

高拱为人狠毒，必欲置徐阶家破人亡而后已。他起用蔡国熙为苏松兵备道，专门查办徐阶家族横行乡里案件。蔡国熙秉承高拱意指，煽动松江民众告发虚假罪状。《松江府志》说:"于是刁风特炽，告讦无虚日。"蔡国熙乘机逮捕徐阶的长子徐璠、次子徐琨、少子徐瑛，以及家人(管家奴仆)十余人，没收徐家田产六万余亩。据说，高拱的谋士出主意，

▼明高拱《高文襄公集》书影
明万历刻本

徐阶很可能出巨资收买司礼监太监，谋求东山再起；防止他复出的最好办法，就是使其倾家荡产。蔡国熙的做法，目的就在于此。

出任苏松等十府巡抚的海瑞，不明白蔡国熙的背景，与之配合，大兴告状之风，审查徐阶家族以"投献"名义霸占民田之事。刁民蜂拥而至，状纸堆积如山，社会秩序一塌糊涂，士大夫深感不满，纷纷为徐阶鸣不平。《五茸志逸》提供了一条重要史料："(海) 忠介深德华亭 (徐阶)，后开府江南，为华亭处分田宅，实君子爱人以德也。第奉行稍过，遂致华亭不堪。四郡士夫咸为华亭解纷，谓忠介曰：'圣人不为已甚。'忠介曰：'诸公亦知海瑞非圣人耶！'缙绅悉股栗而退。"海瑞非常幽默地回应士大夫，自己并非圣人，随即把那些刁民告恶状的状纸，统统付之一炬。《松江府志》写道："海忠介瑞抚吴，意在搏击豪强，而兵备蔡国熙承高新郑 (拱) 意指，首难于徐文贞 (阶)。于是刁风日炽，告讦无虚日。或投柳跖牒讽之。海公殊自悔，乃尽焚讼牒。"

一向高高在上的徐阶，面临家破人亡的困境，不得不低下高贵的头颅，写了一封低声下气的求饶信，请高拱手下留情。他的文集没有收录此信，写些什么已经不得而知，高拱的回信倒是有记载的。陈继儒《眉公见闻录》写道："新郑高公修吾乡文贞 (徐阶) 之怨，其下遂有承望风旨者，徐氏之族几碎。文贞作书，达之新郑 (高拱)，书不传，新郑书则有录者。"陈继儒记录了高拱的回信，《五茸志逸》也收录了这封信件。高拱在信中冠冕堂皇地说："仆实无纤介之怀,明示天下以不敢报复之意。"又说:"今以后,愿与公分弃前恶,复修旧好,毋使藉口者再得鼓弄其间,则不惟彼此之幸,缙绅大夫之幸也。"这些当然是漂亮话,他正在谋划,如何报复得不露痕迹。

不久,隆庆皇帝逝世,小皇帝朱翊钧即位(年号万历),张居正联手司礼监掌印太监冯保,利用高拱扬言十岁小皇帝如何治天下,激怒太后和小皇帝,导致高拱下台。徐阶的危机,在张居正的主持下得以解除,田产归还,儿子官复原职。有人向徐阶问起高拱的报复,徐阶笑道:"老而善忘,忘之久矣。"

张岱对这段往事十分感慨:"新郑(高拱)狠躁自用,屡中奇祸,亦是其性气使然。而华亭(徐阶)以一言不协,用成仇隙。两虎相争,遂无已时。乃新郑再正揆席,鱼肉华亭,政用自快,而又岂知江陵(张居正)在议其后乎!"

徐阶在内阁倾轧中,幸运地得以善终。万历十一年(1583),他在家中病逝,享年八十一岁。内阁首辅申时行为他写墓志铭,对他主政时期的政绩赞扬备至:"自公秉政,始倡廉节,惩贪冒,奖恬退,抑躁竞,一洗苞苴干谒之习。而尤锐身扶植公论,搜引才望,公卿百执事各任其职,凛凛至治也。"所以,张廷玉《明史》要说他:"间有委蛇,亦不失大节。"

"好申韩法"的张居正

一、"经术"与"法术"

中国历史上的两大改革家，王安石与张居正，各自留下了浓墨重彩的政治遗产，后人对此有赞有弹，众说纷纭。如果深入追究，两人的治国理念和改革思想截然不同，是不容忽视的缘由。

王安石用儒家经术来处理世务，着眼点始终不离儒家经典，不离经术。他对儒家经典《周礼》特别重视，说："一部《周礼》，理财居其半。"他的改革举措，即所谓"新法"，都从《周礼》寻找理论根据。变法期间，他撰写《三经新义》，对《周礼》《诗经》《尚书》三部儒家经典做出新的解释，为变法造势，寻找理论根据，这与他以经济管理手段处理国事的尝试，不免自相矛盾。日本东洋史学先驱内藤湖南，在京都大学的讲义中写道："自古以来中国的历史学家，都认为实行《周礼》毫无价值，而最近读了一些社会主义书籍的人，则对其实施的一些社会政策的做法表示欣赏。但这两者都不符合事实。《周礼》中的政治，是根据当时的理想而制定的，大致是根据汉初学者的理想而制定的。但它不是在长期的中国历史上毫无影响。应用《周礼》第一个失败者是王莽，第二个失败者是王安石。"王莽的改革不是向前看而是向后看，史家称为"托古改制"，他的一切根据就是《周礼》，言必称三代，事必据《周礼》。他企图按照儒家经典重建"大同"世界，一劳永逸地解决所有社会问题。然而，要解决社会问题，倒退是没有出路的。倒行逆施的结果，反而激化社会危机，王莽的"新朝"迅即土崩瓦解。王安石虽然没有王莽那么迂腐，但在顶礼膜拜《周礼》这点上，并无二致，所以内藤湖南说他是继王莽之后的"第二个失败者"。

张居正则不然。他是法家思想的信奉者，主张用申不害、韩非的法术，来推行改革。与他同时代的王世贞在《嘉靖以来首辅传》中说："居正天资刻薄，好申韩法，以智术驭下……"清初的张岱在《石匮书》中说他"生平学申韩，而内多欲"，"务为苛刻聚敛"。此后的万斯同在《明史》中说他"天性峭刻，好言申商韩非之学，多杀而寡恩，专以苛察综核为能，而其精强敏悍之才足以济之"。看来张居正用申韩法术进行改革，是后世史家的一致见解。他的风格与儒家的温良恭俭让，格格不入，自诩为"非常磊落奇伟之士"，"非常理所能拘"，行事无所顾忌，时常说，"又何暇顾旁人之非议，徇匹夫之小节"。

▸ 张居正像

"嫌怨有所弗避，劳瘁有所弗辞"，是他的口头禅。因此对他持批评态度的史家，也赞誉有加，张岱说他"慨然以天下为己任"；王世贞说他雷厉风行，"万里之外，朝下夕行，如疾雷迅风，无所不披靡"。这是典型的法家风格。

他在隆庆二年（1568）向皇帝呈进的《陈六事疏》中，论述治国理念与改革思想，流露出强烈的法家色彩。比如说，他强调"省议论"——少发议论，多干实事。核心理念是两句话，一句是"虑之贵详，行之贵力"——考虑贵在周详，行动贵在得力；另一句是"谋在于众，断在于独"——谋划要靠众人，决断必须独裁。他强调"振纪纲"——加强法纪，统一号令。核心理念是法家的名言："综核名实，信赏必罚。"具体化为两大方针：其一是"法所当加，虽贵近不宥；事有所枉，虽疏贱必申"；其二是"强公室，杜私门"。为了贯彻"综核名实"方针，必须不拘一格选拔人才："用舍进退，一以功实为准，毋徒眩于声名，毋尽拘于资格，毋摇之以毁誉，毋杂之以爱憎，毋以一事概其平生，毋以一眚掩其大节。"思想深刻，文采斐然。意思是说，官员的任用或罢免，提升或降职，应该用事功与实绩作为唯一衡量标准，不要被他的名声所迷惑，不要完全拘泥于资格，不要摇摆于对他的赞誉或诋毁之词，不要掺杂个人喜爱或厌恶的感情，不要用一件事情来概括那个人的一生，不要用一点过失来否定那个人的大节。

这样的眼光，不独当时人望尘莫及，也令现代人叹为观止。至于他自己是否做到，则另当别论。

万历元年（1573）到万历十年，张居正大刀阔斧厉行改革，推行新政，准则就是依法治国。为此，他要求有关部门对历年颁布的律例条法进行清理，修明旧典，刊定章程，确立统一的法律准绳，以期达到"法以划一而可守，令以坚信而不移"。万历六七年之间编订的《嘉隆新例附万历新例》一书，与整顿吏治与财政的改革密切相关，为推行新政扫除障碍。

太祖高皇帝朱元璋倡导"以重典驭臣下"，张居正深得其中三昧，在和高官议论法律时，一再强调"治乱国用重典"，切中时弊。嘉靖晚期，由于严嵩、严世蕃父子专擅朝政，腐败之风席卷朝野，所谓"嵩好谀，天下皆尚媚；嵩好贿，天下皆尚贪"。吏治败坏，朝政紊乱达于极点，必须力挽狂澜，才能改变困局，"治乱国用重典"是唯一有效的对策。万历五年（1577）他在给福建巡抚庞尚鹏的信中，充分阐述了这种理念："诸葛孔明云'法行而后知恩'，正此之谓。今人不达于治理，动以姑息疏纵为德，及罹于辟，然后从而罪之，是罔民也。仆秉政之初，人亦有以为严急少恩者。然今数年之间，吏斤斤奉法循职，庶务修举，贤者得以效其功能，不肖者亦免于暴戾，不蹈刑辟。其所成就者几何？安全者几何？故曰：'小仁，大仁之贼也。'子产铸刑书，制田里，政尚威猛，而孔子称之曰：'惠人也。'则圣贤之意断可知矣。"

张居正主张"治乱国用重典"，他逝世后，人们苛责他过于"操切"。都察院左都御史赵锦为他讲了几句公道话："居正生平操切，垄断富贵，决裂名教，故四方归怨，实无异志。且受先皇顾命，辅上冲龄，夙夜勤劳，中外宁谧，功安可泯！"侍讲官于慎行希望前往荆州查抄张府的刑部右侍郎丘橓，手下留情。他说："生行（于慎行自称）滥竽词林，阅有年岁，江陵（张居正）始末皆所目睹。其殚精毕智，勤劳于国家，与其阴祸深机，结怨于上下者，皆颇能窥其大概，而未易更仆数也。当其秉政之时，举朝争颂其功，而不敢知其过；至于今日既败，举朝争索其罪，不敢举其功，皆非情实也。"

一言以蔽之，苛责他过于"操切"，大多是本着儒家的温良恭俭让立场，对于秉持申韩法术的偏激之词。不"操切"何以拨乱反正，不"操切"怎能力挽狂澜？

二、"中外淬砺，莫敢有偷心"

张居正为了拨乱反正，首先从政治改革着手，运用"法术"来整顿吏治，推行考成法，清除官场的颓靡腐败风气。他对当时官场风气评价极低："人心陷溺已久，宿垢未能尽除。"官员们沉溺于安逸，官场污泥浊水日积月累，问题相当严重。例如：官员习气日趋刻薄，削尖脑袋钻空子，窥探缝隙，不择手段猎取名利。又如：结党营私，公然施展排挤手段，诋毁老成廉洁官员为无用之辈，赞扬献媚溜须善于走捷径的官员是人才。于是乎，朝廷上下，官场内外，爱恶横生，恩仇交错，使得朝廷的威福权柄，成为互相酬谢报答的资本。倘若不对此痛加针砭，新政根本无从谈起。

万历元年 (1573) 六月，张居正正式提出整顿吏治的考成法，针对性极强。请看他对以往积弊的分析：

——言官提出一项整肃措施，朝廷批准以后，通过驿站送到各级地方政府。六部大臣以为大功告成，至于成效如何，根本不在他们考虑之内。

——官员犯罪，应当提审判决，由于私人请托，有关部门故意拖延不办，结果不了了之。

——政府事务经过多次议论，有的赞成，有的反对，议来议去，议而不决，只好挂起来。

——朝廷交办的事情，虽然有时间限定，但是几乎没有一件准时办成，故意拖延时间，上司的催查督促，成为一纸空文。结果是，上级部门言之谆谆，下级部门听之藐藐。

面对积重难返的官僚主义、文牍主义，张居正忍无可忍，制定严厉的考成法，以期拨乱反正。考成法规定：凡是都察院、六部等中央部门，把皇帝谕旨及各类公文转发地方政府，事先酌量路程远近，规定处理程序与期限。发文与收文部门必须设置收发文登记簿，每月的月底都要办理注销手续。至于重要公文，例如朝廷要求复勘、提问、议处、催督、查核的事项，必须另外编造处理文册，注明公文内容提要和规定处理程限，一式两份，一份送六科，一份送内阁。六科收到处理文册后，必须逐一核查，如果查明耽搁拖延，立即上报内阁，同时责令地方政府讲明原因。下一年还得通查，直至注销为止。在这个流程中，如有不按照规定执行的官员，必须追究责任。巡抚、巡按拖延耽搁，由六部举报；六部、都察院弄虚作假，隐瞒欺骗，由六科举报；六科如有隐瞒欺骗，由内阁举报。这样一环扣一环，每个月有考核，每一年有稽查，以前敷衍塞责的现象，就有可能杜绝。

对于受命执法的官员，也根据考成法，做出严格规定："各审录官量地远近，严立程限，分为四等：出京之后，北直隶限三个月；山东、山西、陕西、河南，限四个月；江南、江北、浙江、江西、福建、湖广，限五个月；四川、两广、云、贵，限六个月。入境以辞朝日为始，复命以出境日为始。俱先具不违揭帖送部查考。如违前限，从重参究。"

总的说来，改革成效是显著的，当时人反映，推行考成法之后，造成雷厉风行的气氛——"大小臣工，鳃鳃奉职"，"中外淬砺，莫敢有偷心"。说明在强大的政治压力下，任何根深蒂固的积弊都是可以改变的。万历六年(1578)户科给事中石应岳等人报告，考成法一经推出，长期的制度废弛、积弊丛生的局面，有所改观，出现了新面貌。稽查一百三十七件，其中七十六件超过了期限，逾期的原因比较复杂，有的是新旧官员交替，接管有先后；有的是任期太短，来不及处理。由此可见，考成法的实施是认真的，没有流于形式。

"大小臣工，鳃鳃奉职"，"中外淬砺，莫敢有偷心"，举国上下政治风气为之一变，确保了其他改革措施的顺利推行。因为改革成绩如何，就是考成的重要依据，所以官员们都不敢敷衍了事。正如张居正自己所说："自考成法一立，数十年废弛丛积之政，渐次修举。"

张居正死后，在重重压力之下的官员纷纷反弹，主张废除考成法。内阁首辅申时行极力坚持——"祖宗成法不可废"。几年之后，迫于压力，申时行妥协，废除了考成法，美其名曰："肃清吏治，不过欲事治民安而已。事苟治，不必苛责；民苟安，不必过求。"结果是，事不治，民不安。万历后期担任内阁辅臣的沈鲤对此颇有微词："但畏多口，遂尽反其所为，以取悦一时，卒使纪纲陵迟，浸淫以至今日，几无法矣。"后世史家亦作如是观："事事因循，苟且岁月，远近无任事之能吏，而万历之政衰矣。"从反面印证了考成法不可或缺，一旦废除，局面就变得不可收拾，先前的改革成果，逐渐化为泡影。

三、"今之从政者大抵皆然，又不独学校一事而已"

政治改革的另一方面，是学校和考试制度的改革。学校培养人才，通过科举考试进入官场，学风与士风的好坏，直接影响官场风气。因此，改革学校与考试制度，本质就是改革政治。

万历三年 (1575) 五月，张居正向皇帝提出学校和考试制度的改革方案十八条，意在整顿士风，振兴人才。他认为，负责学校和考试的大臣（即所谓学官），应该"执法持宪""正己肃下"，近年以来情况大不一样，学官地位下降，自己又不自重，"既无卓行实学以压服多士之心，则务为虚谭贾誉，卖法养交，甚者公开幸门，明招请托……以故士习日敝，民伪日滋，以驰骛奔趋为良图，以剽窃渔猎为捷径。居常则德业无称，从仕则功能鲜效"。这几句话表面上是在指责学官堕落，实际上是对整个官场的素描，虚谭贾誉，卖法养交，公开幸门，明招请托，驰骛奔趋，剽窃渔猎，其中任何一条都是官场政治腐败的投影。他说，去年就要吏部整顿学官，一年过去，毫无成效，原因在于整个官场风气没有改变。他感慨道："良以积习日久，振蛊为艰，冷面难施，浮言可畏。"因此，官员"宁抗朝廷之明诏，而不敢挂流俗之谤议；宁坏公家之法纪，而不敢违私门之请托"。他的结论是："今之从政者大抵皆然，又不独学校一事而已。"

有鉴于此，他提出十八条改革措施，针对积弊，大刀阔斧。按照明朝的祖制，学校的生员（秀才）可以享受优免差役的特权，举人、进士的优免特权更大。学习和考试是为了猎取功名，而功名是获得特权的手段，于是乎各种弊端层出不穷，十八条措施就是为了制止这些腐败行为。

——已经开除的生员（秀才），通过关系而复学，立即问罪；如果官员渎职包庇，巡按御史应该实名弹劾。

——各地生员（秀才）名额有限定，地方政府如果违反规定擅自增加名额，属于滥冒，必须开除。

——奸徒利用某些地方生源较少，假冒籍贯，投充入学，一经查实，应予问罪；如果官员纳贿包庇，一体治罪。

如果说以上这些改革，仅仅涉及士风、政风的表象，那么深层次的改革，必将是前所未有的扫荡。首当其冲的便是泛滥于官场的"议论之病"——"今或一事未建，而论者盈庭；一利未兴，而议者踵至"，流风所及的结果，"任事者多却顾之虞，而善宦者工遁藏之术"。张居正对此深恶痛绝，"语曰：'多指乱视，多言乱听。'此最当今大患也"。为了扭转这种风气，他的方针是"省议论"，"扫无用之虚词，求躬行之实效"。他强调令行禁止，朝下令，夕奉行，说一不二。为了达到目的，他近乎不择手段。一方面，宣布不许各级学校的学生议论"天下利病"，不许对朝政说三道四。另一方面，宣布不许"别标门户""聚党空谭"，不许"别创书院"。

十八条的第一条明确规定："圣贤以经术垂训，国家以经术作人，若能体认经书，便是讲明学问，何必别标门户，聚党空谭？今后各提学官督率教官、生儒，务将平日所习经书义理，着实讲求，躬行实践，以需他日之用。不许别创书院，群聚徒党，即号召他方游食无行之徒，空谭废业，因而启奔竞之门，开请托之路。"

第三条规定："我祖宗设立卧碑，天下利病，诸人皆许直言，惟生员不许。今后生员务遵明禁……其事不甘己，辄便出入衙门，陈说民情，议论官员贤否者，许该管有司申呈提学官，以行止有亏革退。"

第四条规定："国家明经取士，说书者以宋儒传注为宗，行文者以典实纯正为尚。今后务将颁降《四书五经》《性理大全》《资治通鉴纲目》《大学衍义》《历代名臣奏议》《文章正宗》，及当代诰律典制等书，课令生员诵习讲解，俾其通晓古今，适于世用。其有剽窃异端邪说，炫奇立异者，文虽工弗录。"

张居正的风格雷厉风行，令行禁止，"不许别创书院，群聚徒党"的规定，决不仅仅停留于书面文件之上，而是立即不折不扣地付诸实施。万历七年（1579）正月，由皇帝发布诏令——"毁天下书院"，抓住的把柄是常州知府施观民"私创书院，赃私狼藉"，不仅将施观民私创的书院捣毁，而且宣布各地书院一律取缔，改为公廨，书院田产充公。从

▼ 明胡广等编《性理大全书》书影
韩国奎章阁藏永乐刊本

皇帝批示"姑依议""俱依议"的字面看来，皇帝诏令都是依据张居正的提议发出的，体现的是张居正的治国理念。正如夏燮《明通鉴》所说："是时士大夫竞讲学，张居正特恶之，尽改各省书院为公廨，凡先后毁应天等府书院六十四处。"

书院是民办学校，是所谓"私学"（相对于"官学"而言）。宋代以来蔚然成风的书院讲学活动，繁荣了学术，培养了人才，居然在"空谭废业"的幌子下，全国六十四所书院被扫荡一空，弦歌之声戛然而止。

这样的改革显然矫枉过正，激起儒生反感，何心隐事件最为典型。何心隐本名梁汝元，江西永丰人，以聚徒讲学而闻名。当时王阳明弟子王艮的泰州学派风靡天下，何心隐与之遥相呼应，到处聚徒讲学。这就触犯了当局"不许别创书院，群聚徒党"的禁令，何况他率性而行，在讲学时讽议朝政，违反生员不许议论天下利病的规定。张居正对于何心隐"鸠聚徒众，讥切时政"极为反感，示意地方官严加惩处。地方官员迎合内阁首辅的旨意，把何心隐击毙于监狱之中。

如何理解这些现象？立场和视角不同，结论也不同。张居正服膺法家思想，意在统一思想，钳制舆论。运用政权力量来统一思想，钳制舆论，是法家惯用的手段。他们的主张获得秦始皇采纳，认为搞"私学"的人"不师今而学古"，"道古以害今"，因而焚烧私人所藏《诗》《书》等典籍。韩非、李斯主张"以法为教""以吏为师"，用法律作为教材，用官吏作为教师，就是为了统一思想，钳制舆论。张居正继承了这一点，他在十八条的第四条特别指出："当代诰律典制等书，课令生员诵习讲解，俾其通晓古今，适于世用。"所谓"当代诰律典制"，就是大明的法律，诸如《大诰》《大明律》《皇明制书》《大明会典》之类，"课令生员诵习讲解"，颇有"以法为教""以吏为师"的味道。不许学生议论"天下利病"，取缔书院，由此或许可以获得索解。

张居正死后，学者型官员邹元标在万历十一年 (1583) 向皇帝进言，批评"毁天下书院"的举措，实质是"假伪学以钳天下之口"。他说："聚徒讲诵自古已然，未闻概以伪学斥之也。"他主张修复书院，提倡崇儒重道风气。皇帝采纳了他的建议，书院陆续复兴，自由讲学风气再度重现。

四、"不加赋而上用足"

以考成法为核心的政治改革，加大整顿吏治的力度，取得了意想不到的效果——"数十年废弛丛积之政，渐次修举"，为财政经济领域的改革，开辟了通道，保驾护航。

"国匮民穷"的局面由来已久，正如海瑞在嘉靖四十五年 (1566) 所说："嘉靖者，言家家皆净而无财用也。"嘉靖、隆庆的几十年，年年出现财政赤字，专家的研究表明，从嘉靖七年到隆庆五年 (1571)，太仓银库每年收入银两与支出银两比较，没有一年是有盈余的，全是亏空。隆庆三年，皇帝向户部索取银两，张居正如实报告皇帝：每年收入银子不过二百五十万两，而支出达到四百万两，亏空一百五十万两。张居正出任内阁首辅后，力挽狂澜，力图扭转"国匮民穷"的局面。要扭转财政困局谈何容易，必须有非常的手段，开源节流。他很欣赏汉武帝时代理财家桑弘羊的理财方针——"民不益赋而天下用饶"，这是带有法家色彩的口号。张居正师其意而略加改动，提出自己的方针——"不加赋而上用足"。他的本意是，要摆脱"国匮民穷"的局面，必须在理财上下功夫，而不是乞灵于增加赋税。当然这并不是一句漂亮的门面语，而是有切实的措施保证的，那就是极其强硬的两手："惩贪污以足民"和"理逋负以足国"。

贪污就是化公为私，把国家财政收入据为己有，是一个永无底止的大漏洞。不堵塞这个漏洞，企图扭转入不敷出的局面，是不切实际的空话。在惩治贪污方面，张居正运用严刑峻法，毫不手软，明确告诫吏部："奏报贪吏毋诿纵。"接连几年严惩贪污的高官，包括黔国公沐朝弼、吏部左侍郎魏学曾、湖广总兵陈王谟、大同巡抚刘应箕等，构筑严惩贪污的高压线。

逋负就是逃税漏税，在那个权大于法的时代，官僚豪绅凭借权势，买通衙门书吏，逃税漏税屡见不鲜，愈演愈烈。国家本应该收上来的赋税，有相当大的部分被他们"逃"了"漏"了。这个巨大的漏洞如果不堵塞，要想改变财政亏空，岂非空话！张居正从户部查明，从隆庆元年 (1567) 到万历七年 (1579)，各省偷逃的赋税达一百余万两银子，其中最为富庶的苏州府和松江府偷逃七十余万两银子。把这些本该收缴而没有收缴上来的赋税，如数收缴，足可垫补亏空的漏洞。因为有考成法的保障，张居正对此很有信心，他说："考成一事，行之数年，自可不加赋而上用足。"

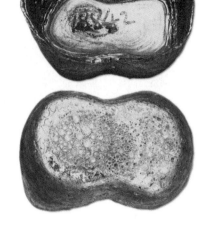

▼ 明代"税"五两银锭
晋商博物院藏

理逋负，最为有力的措施是全国性的清丈田粮——丈量耕地与清理赋税。偷逃赋税的常见手段就是隐瞒耕地面积，对全国所有的耕地进行一次普查，一块一块地重新丈量，目的是清查出隐瞒的耕地与偷逃的赋税。小农经济的基础是土地私有，可以自由买卖，它的每一步发展必然伴随着土地兼并。张居正认为，土地兼并不仅带来了土地集中，还带来赋税偷逃的问题。简单地说，豪绅们兼并大量耕地，想尽办法规避赋税，买了别人的耕地，却不承担这块耕地应有的赋税。因为他们有权有势，可以买通衙门书吏，营私舞弊。所以他说：田赋弊端百出，比如飞诡、影射、养号、挂虚、过都、受献。这些当时流行的术语，今天的人们已经难以理解，它们的本质可以概括为一句话："豪民有田无粮，而穷民无田有粮。"也就是说，豪民拥有田地，却不承担赋税，仍旧挂在穷民户上，穷民无力负担，只有逃亡。于是乎赋税虚悬，豪民逃避了应该缴纳的赋税。因此，田地非清丈不可，赋税非清理不可，当时叫作"清丈田粮"（田指田地，粮指赋税）。

张居正在给应天巡抚宋仪望的信中说，来信提到苏州府、松江府田赋负担不均，隐瞒拖欠现象严重，读了使人扼腕叹息。不乘此改革之机，剔刷宿弊，为国家建立长治久安的对策，更待何时？更待何人？

他原本考虑在苏州、松江等地进行"清丈田粮"的试点，考虑到这一地区情况过于复杂，便把试点选在福建省。写信给福建巡抚耿定向，提醒道，清丈田粮的阻力很大，意义也很大："丈地亩，清浮粮，为闽人立经久之计。"万历六年（1578）十一月，张居正用皇帝谕旨的形式统令全国清丈田粮，目的在于改变"田粮不均，偏累小民"的状况。具体做法是：由地方官派人到乡村，对每一块耕地的面积重新丈量，与政府账册登记的情况进行核对，有无虚假，有无隐漏？把以前逃避、拖欠的田赋清查出来，落实到土地真正所有者身上，因此叫作"丈地亩，清浮粮"。

因为有考成法的改革在先，从中央到地方，都把清丈田粮的成效作为考核政绩的重要指标，清丈是严肃认真的。少数敷衍塞责的官员受到严惩，例如松江知府阎邦宁、池州知府郭四维、安庆知府叶梦熊、徽州府同知李好问等，受到留职停薪、将功补过的处分。对于阻挠清丈的豪绅大户，严厉打击，决不宽恕。例如，建德县豪民徐宗武等阻挠清丈，朝廷通报全国，勒令他们把九年拖欠的田赋全部补缴。

在强大的政治压力下，从万历六年 (1578) 到万历十一年，清丈田粮工作在全国各地陆续完成，全国清查出隐瞒逃税耕地一亿八千万亩，占耕地总面积的35%，也就是说，每年有三分之一应该收缴的赋税被偷逃掉了。清查出来之后，土地所有者按照田亩数量如实上缴赋税，使得财政收入大幅度增加，这是名副其实的"不加赋而上用足"。

它的另一种表现形式是推广一条鞭法。一条鞭法最早出现在嘉靖年间的南方地区，张居正发现它的合理性，花了几年时间，把它推广到全国各地。一条鞭法的创造性在于，把赋税 (夏税、秋粮) 与徭役 (正役、杂役)，都折算成货币，用银两缴纳，简化了赋役征收的方法。过去极力反对一条鞭法的北方地区，人们面对事实，不得不承认，一条鞭法推行后，确实比以前合理、便利。它的原则是"通将一省丁粮，均派一省徭役"，全部折纳银两，使得拥有优免特权的人不得滥用特权。而且赋役折纳成银两的数目，在官府账册上一清二楚，以前的"诡寄"之类弊端难以继续存在。

总而言之，"惩贪污以足民"，"理逋负以足国"，确实达到了"不加赋而上用足"的目的，成效显而易见。《明实录》说：中央政府的仓库里面储存的粮食几年都吃不完，财政赤字消失，国库积余的银子达到四百万两。万历时期成为明朝最为富庶的一段辉煌，决不是偶然的。

五、"威权震主，祸萌骖乘"

改革意味着革故鼎新，实质是财产与权力的再分配，必定触犯既得利益集团的利益，阻力之大可想而知。在推行新政的十年之中，反对声浪从未间断，各种谤议滚滚而来。一向标榜"嫌怨有所弗避""又何暇顾旁人之非议"的张居正，感受到强大的舆论压力，心力交瘁，流露出"惴惴之心无一日不临于渊谷"的心情。这位信奉申韩法术的铁腕人物感到力不从心，"任重力微，积劳过度，形神顿惫，气血早衰"，刚刚年过半百，早已须发变白，未老先衰。昔日的聪明睿智逐渐消失，如不及早辞去，恐怕前功尽弃。

万历八年 (1580) 三月二十二日，他向皇帝提交"归政乞休"奏疏，请求退休。张居正一向自称"我非相，乃摄也"——我不仅是首相，而且更是代帝摄政，此时居然要把摄政的权力归还皇帝，即所谓"归政"。这篇奏疏写得颇动感情："臣一介草茅，行能浅薄，不自意遭际先皇，拔之侍从之班，畀以论思之任。壬申之事 (即隆庆六年 [1572] 穆宗顾命之事)，又亲扬末命，以皇上为托。臣受事以来，夙夜兢惧，恒恐付托不效，有累先帝之明。又不自意特荷圣慈眷礼优崇，信任专笃，臣亦遂忘其愚陋，毕智竭力，图报国恩。嫌怨有所弗避，劳瘁有所弗辞，盖九年于兹矣。"这段话似乎有点耳熟，诸葛亮《出师表》就有这样的句子："受命以来，夙夜忧叹，恐托付不效，以伤先帝之明。"张居正对诸葛亮推崇备至，主张"治乱国用重典"，主张有法必依，都深受诸葛亮影响。不过他讲这些话，不是为了"出师"，而是想急流勇退。顺着这样的思路，他感叹道："高位不可以久窃，大权不可以久居。"这句话出于张居正之口，和他的一贯作风大相径庭，他不是瞻前顾后的谨小慎微之流，何况受到皇帝、皇太后的充分信任，眷顾无以复加，他的首辅兼帝师的权力臻于巅峰状态，为什么要急流勇退呢？

在给湖广巡抚朱琏的信中，或许可以找到些许答案。他和朱琏谈起当年回到江陵归葬亡父时，皇帝接连发来三道诏书，催促他尽快回京主持朝政。地方官以为是无上光荣，建造一座"三诏亭"以资纪念。张居正无限感慨地说：建造三诏亭，情谊深厚，无可厚非，但是多年以后形势变化，高台倾覆，曲沼填平，我恐怕连居所都不能拥有，三诏亭不过是一个普通亭子而已，哪里还看得见所谓"三诏"？他向老友透露自己的内心独白："盖骑虎之势自难中下，所以霍光、宇文护终于不免。"这句话出于张居正之口，足可以语惊四座。由三诏亭联想到自己骑虎难下之势，恐怕重蹈霍光、宇文护的覆辙。

霍光，汉武帝时代的权臣，汉昭帝刘弗陵幼年即位，他作为顾命大臣辅政。汉昭帝死后，他拥立昌邑王刘贺为帝，不久废黜刘贺，拥立汉宣帝刘询，前后摄政达二十年之久。霍光颇有政绩，但是威权震主，汉宣帝把他看作背上的芒刺。霍光死后，皇帝对他的愤恨，发泄到他的家族，大开杀戒。《汉书·霍光传》意味深长地写道："威震主者不畜，霍氏之祸萌于骖乘。"这就是成语"威权震主，祸萌骖乘"的由来。宇文护的地位与霍光类似，政治品格截然不同。他在西魏担任大将军，后来执掌西魏朝政，拥立宇文觉，建立北周，独断朝政，甚至废黜宇文觉，另立宇文毓，又杀宇文毓，另立宇文邕。最终被周武帝宇文邕处死。

张居正在权力鼎盛时期联想到霍光、宇文护的下场，有些惶恐，不如及早急流勇退。皇帝收到张先生的《归政乞休疏》，毫不犹豫地驳回"乞休"请求，批复道："朕垂拱受成，倚毗正切，岂得一日离朕！如何遽以归政乞休为请，使朕恻然不宁。"两天后，张居正再次"乞休"，向皇帝吐露心迹：自隆庆六年（1572）至今，"惴惴之心无一日不临于渊谷"。

皇帝收到张先生第二份"乞休"奏疏，有点犹豫了，以他的早熟和敏感，不可能没有感受到张先生的"威权震主"，他何尝不希望张先生早日"归政"。多年来养成的习惯，一切听凭圣母和张先生安排，如今张先生要请长假，如此重大的人事变动，他做不了主，必须请示圣母。他把此事报告慈圣皇太后，请她决断。没有料到自己的母亲态度坚决地挽留张先生，对儿子说："待辅尔到三十岁，那时再作商量。"既然皇太后做出了决定，皇帝亲笔写了手谕，把皇太后的慈谕原原本本转告张先生：

谕元辅少师张先生

朕面奉圣母慈谕云："与张先生说，各大典礼虽是修举，内外一应政务，尔尚未能裁决，边事尤为紧要。张先生亲受先帝付托，岂忍言去！待辅尔到三十岁，那时再作商量。先生今后再不必兴此念。"

朕恭录以示先生，务仰体圣母与朕眷眷倚毗至意，以终先帝凭几顾命，方全节臣大义。

皇太后如此毫无商量余地的决定，大大出乎皇帝与首辅的预料，竟然要求张先生辅佐儿子到三十岁。这一决定使皇帝朱翊钧颇为尴尬，在母亲眼里，自己还是一个孩子——"内外一应政务，尔尚未能裁决"，无可奈何地打消了尽快亲政的念头。"辅尔到三十岁"云云，对于还不到二十岁的朱翊钧而言，似乎意味着，只要张先生在世，亲政永无希望。物极必反，从尊崇备至、言听计从、不可须臾或缺，到恨之入骨，这是一个重要的转变契机。一旦张先生死去，皇帝必将进行无情的报复，彻底清除笼罩在头上的阴影，消除威权震主的影响。

万历十年 (1582) 六月二十日，太师兼太子太师、吏部尚书、中极殿大学士张居正病逝，享年五十八岁。

十二月十四日，嗅觉特别灵敏的御史杨四知，察觉到皇帝态度的变化，弹劾张居正十四条罪状。这份奏疏，与几年前傅应祯、刘台弹劾奏疏相比，显得空洞无物，没有说服力。然而来得正是时候，正中皇帝下怀，为清算张居正提供了极佳的口实，蓄积已久的怨气喷涌而出。他的朱批圣旨写道："居正朕虚心委任，宠待甚隆，不思尽忠报国，顾乃怙宠行私，殊负恩眷。念系皇考付托，侍朕冲龄，有十年辅理之功，今已殁，姑贷不究，以全始终。"皇帝谴责张居正"怙宠行私"，确凿无疑地发出清算信号，煽动起了弹劾张居正的滚滚热浪。万历十二年（1584）四月，皇帝发出一道很长的圣旨，下令查抄张府，在当时与后世都是令人震惊的政治事件，标志着张居正从政治巅峰跌入万丈深渊。

都察院左都御史赵锦，力排众议，挺身为张居正讲了几句公道话：无论张居正昔日如何擅权，如何操切，毕竟功大于过，断断不至于达到抄家的地步。他在奏疏中说："居正生平操切，垄断富贵，决裂名教，故四方归怨，实无异志。且受先皇顾命，辅上冲龄，夙夜勤劳，中外宁谧，功安可泯！惟陛下不忘帷幄之谊，庶全国体。"皇帝根本听不进去，居然声称，张居正辜负朕的恩眷，蔑视法纪，恣情妄为，岂可姑息？万历十二年（1584）八月九日，皇帝亲笔为张居正定罪：

张居正诬蔑亲藩，侵夺王坟府第，钳制言官，蔽塞朕聪。私占废辽地亩，假以丈量，庶希骚动海内。专权乱政，罔上负恩，谋国不忠。本当断棺戮尸，念效劳有年，姑免尽行追论。伊属张居易、张嗣修、张顺、张书，都着永戍烟瘴地面，永远充军。你都察院还将张居正罪状，榜示各省直地方知道。

张府的家产籍没，家人自杀的自杀，充军的充军。皇帝朱翊钧亲手制造了特大的冤案，留给子孙去平反。万历四十年（1612），自诩为"梁宋间散人"的吕坤《书太岳先生文集后》，已经预料到"异时必有为之湔白（意为昭雪）者"。他说："设先生避艰险，计身家，藉一人殊眷，结四海欢心，国家威福尽足以供之，其谁不悦？即不然而优游暇逸，循敝辙，守陋规，上下习而安之，其谁生怨？而先生不为也。先生之言曰：'吾已忘家徇国，遑恤其他！虽机阱满前，众镞攒体，不之畏也。'……至今父老忆海晏河清之时，士大夫追纲举目张之日，有穆然思、慨然叹者。功过相准，宜有定评。"所以他坚信"异时必有为之湔白者"。

果然，天启二年（1622），皇帝朱由校给张居正平反昭雪，恢复原官，给予祭葬礼仪，张府房产一并发还。崇祯三年（1630），皇帝朱由检进一步为张居正的儿子恢复名誉，给还先前的功名、官职与诰命。士人评论道：当王朝走上末路之际，皇帝"抚髀思江陵（张居正），而后知得庸相百，不若得救时相一也"。张居正之后的所有内阁首辅，就其力挽狂澜的政绩而言，没有一个可以和张居正比肩，毕竟他是"救时相"，其他的不过是"庸相"而已。

以历史学家客观冷静的眼光看来，张居正为革除积弊推行新政而呕心沥血，功绩不可抹杀。《明神宗实录》的盖棺论定还算平直公允。一方面确认他的政绩："十年内海宇肃清，四夷詟服，太仓粟可支数年，冏寺积金钱至四百余万。成君德，抑近幸，严考成，综名实，清邮传，核地亩，询经济之才也。"另一方面也毫不掩饰他的过失，尽管过不掩功，也足以使他陷入无法摆脱的困境："偏衷多忌，小器易盈，钳制言官，倚信佞幸。方其怙宠夺情时，本根已断矣。威权震主，祸萌骖乘。何怪乎身死未几，而戮辱随之也。识者谓：居正功在社稷，过在身家。"

"威权震主，祸萌骖乘"八个字，是张居正悲剧的焦点。正如当时的礼部尚书、东阁大学士于慎行所说："江陵（张居正）之所以败，惟在操弄主上之权，钳制太过耳。"至于"功在社稷，过在身家"八个字，也可以由海瑞所说的"居正工于谋国，拙于谋身"，得到印证。

万历四十年（1612），张居正之子张懋修编成先公文集，礼部尚书、文渊阁大学士沈鲤为之写序，对于张居正"工于谋国，拙于谋身"，有感同身受的分析。首先，肯定他以法治国，拨乱反正，身家利害置之度外的精神："思欲一切修明祖宗之法，而综核名实，信赏必罚，嫌怨不避，毁誉利害不恤。中外用是懍懍，盖无不奉法之吏，而朝廷亦无格焉而不行之法。十余年间，海宇清晏，蛮夷宾服，不可谓非公之功也。"其次，分析他身后的祸患，冰冻三尺非一日之寒。一方面，"惟是人情惮检束而乐因循，积玩既久，一旦以法绳之，若见以为苛，而公持之益坚，争之益力，以是遂与世龃龉"。另一方面，"而又一二非常之事，有众人未易测识者，其迹不无似愎、似少容、似专权、似纯任霸术，以与金革变礼，终未尽合。上一时虽优容，实已不能无疑。比公既谢世，言者益诗张其词，上眷宠始移，而公家之祸，于是不可解矣"。

沈鲤此言极是，"与世龃龉"，结怨甚深，预示张居正身后将面临诋毁的声浪。此前多年，诋毁声浪始终不断，"夺情起复"时期达到巅峰，都被皇帝朱翊钧与首辅张居正联手以廷杖的非常手段，打压下去。他死后的诋毁声浪甚嚣尘上，再也无人打压，转化为惨烈的悲剧，关键是皇帝"眷宠始移"，最终导致"祸于是不可解"。而"眷宠始移"的根本原因，就是"威权震主"。张廷玉奉敕编纂的

▼ 明沈鲤为张居正文集所撰序（局部）
选自《新刻张太岳先生文集》，明万历四十年（1612）唐国达刻本

《明史》说得好："张居正通识时变，勇于任事。神宗初政，起衰振隳，不可谓非干济才。而威柄之操，几于震主，卒致祸发身后。"一语道破"祸发身后"的原因，端的是威权震主，而不是改革本身。

后人有感于此，在江陵张居正故宅题诗抒怀，其中两句写道："恩怨尽时方论定，封疆危日见才难。"不免令人想起明人杨慎评《三国演义》的词句："滚滚长江东逝水，浪花淘尽英雄。是非成败转头空，青山依旧在，几度夕阳红。"

1590年代的朝鲜战争

看了题目中的"1590年代"，也许有的读者会发出疑问，是否"1950年代"的笔误？非也，在下写的真是1590年代的朝鲜战争。

十六世纪的东北亚是一个是非之地，中国、日本、朝鲜之间的关系错综复杂。万历二十年至二十六年 (1592—1598)，日本统治者丰臣秀吉发动了侵略朝鲜的战争，先后持续七年之久。

由于立场不同，各方对这场战争的称呼截然不同。

日本方面大多称为"文禄庆长之役"（按：文禄、庆长是日本的年号），例如池内宏写的《文禄庆长之役》(1914)，中村荣孝写的《文禄庆长之役》(1935)，石原道博写的《文禄庆长之役》(1963)。当然，也有日本学者直呼为"朝鲜侵略"的，例如冈野昌子写的《秀吉的朝鲜侵略和中国》(1977)。

朝鲜方面则称为"壬辰丁酉之倭乱"（按：壬辰即万历二十

年 [1592]，丁酉即万历二十五年），强调的是本国军民如何抗击倭乱，直至取得胜利。

明朝皇帝应朝鲜国王请求，出兵援助，对这场战争的称呼自然不同。例如：茅瑞徵《万历三大征考》称为"东征"；谷应泰《明史纪事本末》写这场战争的始末，题目是"援朝鲜"；张廷玉奉敕纂修的《明史》则称之为"御倭""救朝鲜"。

本文不再沿用上述称呼，径直写作"1590 年代的朝鲜战争"。

一、"假道入明"的"大东亚构想"

丰臣秀吉是尾张国爱知郡中村人，在织田信长部下转战各地，称羽柴氏。1583 年，出身寒微的秀吉被天皇任命为"关白"（辅佐大臣），赐姓丰臣。经过多年战争，丰臣秀吉统一全国，逐渐形成野心勃勃的"大东亚构想"，第一步就是吞并朝鲜。

据日本学者研究，丰臣秀吉出兵朝鲜之目的，是利用朝鲜的跳板，"假道入明"，侵占中国，实现其"大东亚构想"。铃木良一援引"前田家所藏文书"，披露了丰臣秀吉在天正二十年 (1592) 的一封信，其中提及构建以北京为首都的"大东亚帝国"的梦想，现在已经众所周知。三田村泰助认为，丰臣秀吉征服明朝的构想，客观背景是东亚局势的变化导致明朝国际地位低下，主观背景则是丰臣秀吉统一全国后出现的战争体制。丰臣秀吉出任"关白"后，在书简中署名时，常用假名（日文字母）书写"てんか"，这个词不仅意味着"殿下"，还具有"天下"的意思，野心勃勃地想统治世界。中田易直认为，

丰臣秀吉在推进国内统一政策的过程中，已经显示出强硬的威胁外交倾向。天正二十年的"唐入"（按：意为侵入中国）图谋，是其吞并全世界计划的一部分。天正十九年敦促吕宋岛朝贡的文书，反映了这种外交性格。其中说："自壮岁领国家，不历十年，而不遗弹丸黑子之地，域中悉统一也。遥之三韩、琉球，远邦异域，款塞来享。今也欲征大明，盖非吾所为，天所授也。"

这个意欲雄霸天下的丰臣秀吉，中国史籍称为平秀吉。谷应泰《明史纪事本末》这样介绍他：

平秀吉者，萨摩州人仆也。始以鱼贩卧树下，有山城州倭渠名信长，居关

白职位，出猎遇（平秀）吉，欲杀之，（平秀）吉善辩，信长收令养马，名曰木下人。信长赐予田地，于是为信长画策，遂夺二十余州。会信长为其参谋阿奇支刺杀，（平秀）吉乃统信长兵，诛阿奇支，遂居关白之位，因号关白，以诱劫降六十六州。

与谷应泰同时代的历史学家万斯同所写的《明史》，对平秀吉的描写更为详细：

秀吉，太清平盛家奴。一日贩鱼醉卧树下，遇旧关白信长出猎，欲杀之，秀吉口辩，留令养马，曰木下人。因助信长夺二十余州。会信长为参谋阿奇支刺死，秀吉统信长兵，诛阿奇支，遂居关白之位。诱六十六州，分为二关，东曰相板，西曰赤门，各船数千艘。后遂废倭王山城君，自号大阁王，改元文禄，以义子孙为关白。关白如汉大将军，大阁如国王，上又有天王（天皇），自开辟以来相传至今，不与国事，惟世享供奉而已。每年元旦，王率大臣一谒天王（天皇），他时并不相接。秀吉筑城四座，名聚快乐，院内盖楼阁九层，妆黄金，下隔睡房百余间，将民间美女拘留淫恋。尝东西游卧，令人不知。

就是这样一个为明朝士大夫所蔑视的人，一时间把东北亚搅得四邻不安。万历二十年 (1592)，丰臣秀吉派遣小西行长、加藤清正、黑田长政等将领，率领号称二十万大军出征朝鲜。日本军队的兵力配置，径直称为"征明军力编制"，以朝鲜为跳板，觊觎中国的图谋昭然若揭。具体兵力如下：

第一军，小西行长等，一万八千七百人；

第二军，加藤清正等，二万二千八百人；

第三军，黑田长政等，一万一千人；

第四军，岛津义弘等，一万四千人；

第五军，福岛正则等，二万五千人；

第六军，小早川隆景等，一万五千七百人；

第七军，毛利辉元，三万人；

第八军，宇喜田秀家，一万人；

第九军，羽柴秀胜等，一万一千五百人。

四月十三日，日军在朝鲜釜山登陆，然后分兵三路，向北直指京城。中路小西行长，

◀ 丰臣秀吉的船队

东路加藤清正，西路黑田长政，势如破竹向北进袭。据朝鲜柳成龙《惩毖录》记载，天下太平二百年之后，突遇战争，君臣束手无策，百姓逃亡山谷，守土者望风投降。朝鲜国王沉湎于享乐，疏于防务。日军从釜山登陆二十天后，就攻陷了王京（汉城），俘虏了两名王子及陪臣。国王从王京逃往开城。日军迫近开城，国王北渡大同江，逃往平壤。八道几乎全部沦陷，国王向明朝求援的使节络绎于道。

李光涛《朝鲜"壬辰倭祸"酿衅史事》写道：

> 丰臣秀吉事先已明示动兵日期，作为试探朝鲜态度之计，可噬则噬，可止则止。然而朝鲜方面犹欲苟冀无事，唯以迁就弥缝为国策，勿致生衅。这样的措置，直与睡熟了一般。因而丰臣秀吉愈加生心，知道朝鲜易与，说道："是何异断睡人之头乎?"由这一句话，可见其时朝鲜不免有些处置失策了。

据日本学者研究，丰臣秀吉获悉已经攻占朝鲜王京的消息，把征服明朝提上了议事日程，提出了二十五条所谓"大陆经略计划"，其要点是：拟把天皇移行至北京，日本的天皇拟由后阳成天皇的皇子良仁亲王或皇弟智仁亲王出任，丰臣秀吉自己拟移驻日明贸易要港宁波。

五月上旬，辽东巡抚郝杰（字彦辅，号少泉，山西蔚州［今蔚县1人）向兵部报告：据朝鲜国王咨称，本年四月十三日，有倭船四百余只，从大洋挂篷，直犯朝鲜，围金鱼山镇地方，本镇将领等督兵交战，贼势方炽，镇城外人家尽被烧毁。兵部把这一军情奏报皇帝，皇帝当即指示："这倭报紧急，你部里即便马上差人，于辽东、山东沿海省直等处，着督抚镇道等官，严加操练，整饬防御，毋致疏虞。"

对于突如其来的形势剧变，有些官员疑惑不解，甚至怀疑其中有诈。朝鲜李朝《宣祖实录》的有关记载耐人寻味：

——壬辰五月戊子……时变起仓卒，讹言传播辽左，煽言朝鲜与日本连结，诡言被兵。国王与本国猛士避入北道，以他人为假王，托言被兵，实为日本向导。流闻于上国，朝廷疑信相半。兵部尚书石星密谕辽东遣崔世臣、林世禄等，以探审贼情为名，实欲驰至平壤，请与国王相会，审其真伪而归。

——六月癸巳，天朝差官崔世臣、林世禄等，以探审贼情道平壤，上以黑团接见于行宫。先问皇上万福，仍言彼邦不幸，为贼侵突，边臣失御，且因升平既久，民不知兵，旬日之间连陷内邑，势甚鸱张。寡人失守宗祧，奔避至此，重劳诸大人，惭惧益深。

——盖是时天朝闻我国尝有与倭通信之事，且因浙江人误闻贡骗（与日本）等语，不知其为倭买去而诈言其受贡也，方疑我国之折而为倭。及闻关白平秀吉大起兵侵攻朝鲜，以为我国之向导。

这种疑虑并非空穴来风。据日本学者北岛万次说，1590年（万历十八年，宣祖二十三年，天正十八年）十一月，丰臣秀吉在聚乐第接见朝鲜通信使一行。通信使祝贺丰臣秀吉统一全国，丰臣秀吉则想把他们当作服属使节，让他们带回的"答书"，明确提出要朝鲜国王充当"征明向导"。丰臣秀吉通过各种途径篡夺日本国王的权位，阴谋席卷琉球、朝鲜，吞并中国。同年十一月，明朝确认丰臣秀吉的"征明计划"的真实性，加固了沿岸的防备。

在朝鲜战争爆发的初期，由于得到确切情报，不少官员已经洞察丰臣秀吉"假道入明"的图谋。

山西道御史彭好古在奏疏中明确指出，日本出兵朝鲜，目的是"坐收中国以自封"。他说：

> 倭奴紧急，患在剥肤，正壮士抚膺之秋，臣子盱食之日。据报四百余船，即以最小者概之，已不下十万余众。以劲悍之贼，起倾国之兵，度其意料，必置朝鲜于度外，而实欲坐收中国以自封也。然不遽寇中国，而先寇朝鲜者，惧蹑其后也。且以十万之众，势如泰山，朝鲜国小，坐见臣服，然后横行中国，何所不适哉！诚使以朝鲜为后援，以诸岛为巢穴，东风顺则可径达登莱，稍转南则可径达永平，再转而东则可径达天津，又再转而东南则可径达两淮。并力入

犯，难与为敌。

因此，他提出了上、中、下三个对策："今日御倭之计，迎敌于外，毋使入境，此为上策；拒之于沿海，毋使深入，是为中策；及至天津、淮扬之间，而后御之，是无策矣。"

兵科给事中刘道隆也指出，日本此举图谋"先并朝鲜，而后犯中国"。他说："往者倭奴入寇，多在东南财赋之地，故乘风寇掠，满欲则归。今先并朝鲜，而后犯中国，且以大兵直捣西北之区，则其志不在小矣。倘朝鲜不支，必乘胜图内。而我之势分力寡，恐难为敌。兵法曰'以虞待不虞者胜'，安可坐视以望其侥幸耶！"

——礼科给事中张辅之说："即今朝鲜不守，祸切震邻，倭船四百，众可十万，朝鲜财物不饱其欲，必不安于偏舟海岛之间。"

——辽东巡按御史李时孳说："倭寇猖獗，万分可虞。先是，许仪后传报，倭奴先收高丽，再议内犯。今已破朝鲜，盖凿凿左验也。"

这是日本侵略朝鲜初期，明朝官方的反应，预判日本如此兴师动众，决不会以吞并朝鲜为满足，进犯中国才是它的根本目的。随着事态的进展，愈来愈多的官员认识到这一点。以"经略"名义东征的宋应昌在给部下的书信中说："关白（秀吉）本以庸贩小夫，袭夺六十六岛，方虚骄恃气，非惟目无朝鲜，且不复知有中国。观其遣巨酋行长等辈，率领兵众，夺据平壤、王京，分兵旁掠八道，为窥犯中原之本。"工科给事中王德完在一份奏疏中说："倭奴兴兵朝鲜，原欲入犯中国。许仪初寄书内地云：'关白（秀吉）欲上取北京，称帝大唐。'又云：'（关白）善诈和假降，以破敌国。'即遐迩市井之人，且有先知矣。"

由此可见，丰臣秀吉发动朝鲜战争之目的，意在"假道入明"，是确凿无疑的。但是，为什么日军六月十五日攻占平壤以后，不再北上？市村瓒次郎《东洋史统》分析日军攻占平壤后不再北进的原因，首先是日本海军的失利，朝鲜海军在李舜臣指挥下，在巨济岛玉浦冲之战、闲山岛之战大败日军。据《惩毖录》记载，李舜臣发明的龟甲船，外层包裹铁甲，前后左右布满火炮，横冲直撞，行动自如，日本兵船一碰上

▶ 龟甲船模型

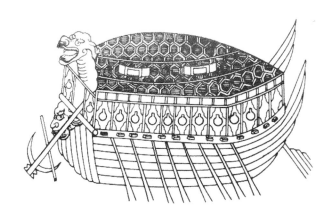

龟甲船，立即粉身碎骨。其次是朝鲜各地义兵蜂起，庆尚道、忠清道、全罗道、京畿道等地的官吏、军人、学者纷纷组织义军，抗击日军，使日军深感兵力不足，捉襟见肘。

但是这些都不足以扭转战局，朝鲜形势岌岌可危。

二、"朝暮望救于水火中"

万历皇帝朱翊钧接到朝鲜国王派官员送来的报告，得知朝鲜国王处境危险，存没未保，向兵部发去谕旨："朝鲜危急，请益援兵，你部里看议了来说。王来，可择一善地居之。"这是皇帝首次就朝鲜战争表态，要求兵部筹划出兵援助，接纳朝鲜国王避难等事宜。

▼ 明万历帝（朱翊钧）像

根据皇帝的指示，兵部于七月十八日召集五府、九卿及科道官会议，商量对策。各位高官的发言，由兵部尚书石星根据记录整理后，呈报皇帝。这个会议纪要的调子可谓五花八门。

定国公徐文璧等元老

说："倭克朝鲜，出师备援，允为良策，但缓急之间，须酌时而行之。"意思是，出兵援朝应当选择恰当时机，不可冒失。

吏部尚书孙𬭛，吏部侍郎陈有年、陈于陛说："征倭大臣之遣，诚攻心伐谋上策。但我师地形未习，馈运难继，未可轻议深入。"作为主管人事的高官，这三人似乎不主张贸然出兵。

户部尚书杨俊民说："江海辽阔，险夷难测，刍饷艰难，莫若焕发纶诏，宣谕朝鲜臣民，号召义兵光复旧国。该国素无火器，闻山东巡抚制造殊多，相应颁给。"作为主管财政经济的高官，首先考虑的是一旦出兵，粮饷供给颇为困难。不如提供一些火器，帮助朝鲜义兵光复旧国。

刑部尚书孙丕扬说："沿海督抚宜增备倭敕书，令其画地分防。顺天十路有游兵营，保定六府有民奇兵营，山东有备倭卫。再选曾经倭战之将，令其教习水战。"只字不提出兵援朝，倾向于防守，加强沿海各地的防卫，准备打击从海上入侵之敌。

都察院左都御史李世达谈得最为具体详细，颇为深谋远虑：

> 大臣征倭，义不容已，但揆时度势，施为宜有次第计。倭奴劫掠已满，不久必归，若仍在平壤等处，似宜只遵前旨行，令辽左督抚镇将先发去兵马二枝，

再添一枝。择谋勇将官多裹粮饷，径入其境，协同彼中各道勇将精兵，相机戮力，共图剿杀。或就近伏兵要害，击其惰归，宜无不胜。即果使倭奴窃据朝鲜两都，住而不起，而国王既来内附，彼中无主，人心无所系属，似必先宣谕国王，令彼中忠义陪臣急择本王子弟宗族之贤者，权署国事，多方号召各道豪杰，戮力勤王，亟图恢复。然后我乃选遣大将，率领精兵，水陆并进，务求歼灭，谅亦无难。又须先将应用兵马、船只、刍饷作何处备，必皆充裕，乃可遣将。而今之计，惟宜亟行辽左镇抚，多差的当人役，速诣朝鲜，侦察倭奴去住消息，不时驰报，以为进止。

他认为征倭援朝是义不容辞之举，做好兵马、船只、刍饷等准备工作，对敌情有充分了解之后，派遣大将率领精兵，入朝作战，务求歼灭倭奴。

大理寺卿赵世卿说："朝鲜恭顺有年，一旦倭奴蹂躏至此，即遣官帅师征讨，以存亡国，以固藩篱，亦自长策。但倭奴新破朝鲜，中情遽难尽知，遣官征讨未可轻议。"他赞同发兵征讨，但目前情况不明，不可轻举妄动。

吏科都给事中李汝华等说："大臣深入征倭，地形不习，兵饷难继，势必不可遣。"他们的意见很干脆，不同意发兵征讨。

河南道御史傅好礼等说："倭奴不图金帛子女，窃据朝鲜，似有异志。矧关白以匹夫窃国，又兼并多国，遂破朝鲜。此亦劲敌，宜遣文武大臣经略，不宜据议征讨，深入彼境，等因为照。以全取胜者帝王之兵，推亡固存者天朝之谊。"他们的观点有点犹豫不决，主张派遣文武大臣前往"经略"，但不赞成深入朝鲜"征讨"。

对于以上各位大臣的发言，兵部尚书石星做如下总结："顷该朝鲜奏报倭势猖獗，臣等职在本兵，义当扑灭。况已陷我恭顺属国，撤我密迩藩篱，封豕长蛇，宁有纪极！若令深根固蒂，必至剥床及肤。臣等初议，特遣文武大臣称兵征讨，不独彰我字小之仁，且以寝彼内犯之念。兵贵先声，意盖有在。至于道途难知、刍饷难继，诸臣所议固为有见。念国王方寄命于我，望救甚切，彼为向导，道途不患难知；彼资粮饷军需，不患难继。又该臣等曾遣精细人员深入平壤，目睹倭奴招抚人民，整顿器械，名曰二十余万，实亦不下数万。似此情形，宁容轻视！但辽东抚镇业发兵往应，特遣文武似应有待，以辽镇足以当之也。今据诸臣所议，言人人殊，均之忠于谋国。内如宣谕朝鲜，号召义兵，犹为振亡首策。乞赐焕发纶音，驰使面谕朝鲜国王，传檄八道陪臣，大集勤王之师，亟图恢复旧业。我则增遣劲兵，共图歼灭。"石星的态度十分明确，应该发兵征讨，所谓道途难知、刍饷难继之类困难是可以克服的。但是似乎有些轻敌，以为只要辽东总兵就足以完成东征的任务。

根据廷臣的商议，以及兵部的意见，皇帝最后拍板，决定东征御倭援朝。兵部遵旨发兵，由于对敌情估计不足，只派辽东游击史儒率领一支兵马前往平壤，人生地不熟，又逢连日淫雨，史儒兵败阵亡。辽东副总兵祖承训随后带领三千兵马，渡过鸭绿江前往增援，又遭惨败，祖承训只身逃回。初战不利，与兵部尚书石星的轻敌情绪有很大关系。

朝鲜国王立即向明朝皇帝发来乞援奏疏，恳乞大振兵威，刻期剿灭。他把此次倭寇侵略朝鲜的始末，做了简要回顾，然后说："臣窃念守藩无状，致覆邦域，失守祖先基业，栖泊一隅。钦蒙皇上仁恩，不问失职，反加存恤，遣馈银两，发兵应援，前后宠恩稠叠汪涔，自惟流离危迫，何幸得慈母之依，翘望阙庭，惟知感激流涕而已。臣仍念小邦将卒初败绩于海上，再败于尚州，三败于忠州，四溃于汉江，遂致京城不守，平壤见陷。国中形势尽为贼据，散漫猖獗，日肆杀掠，小邦疆土殆无一邑不被祸者。海隅黎民，久荷皇灵，休养生息，乃今骈罹锋刃，肝脑涂地，惨不忍言。"最后，他提及此次明军平壤战败，表达了"朝暮望救于水火之中"的迫切心境："日前，辽东将官祖承训等仰遵明旨，援兵救援小邦人民，咸幸再苏。不意天不助顺，辱及骁将……自夏徂秋，贼锋环逼，危亡莫保。西向引领，日望天兵早至，各道士民闻恩旨已降，欢欣奋跃，朝暮望救于水火之中。"

初战失利的消息传到京师，朝野为之震动。兵部恳乞皇帝迅即派遣大臣经略征倭事宜：

近得辽东镇臣禀报，倭寇朝鲜，所过伤残已亲见，国王复自平壤避出，及其臣民流离之状，所不忍言。关白（秀吉）炉悍，业必据为巢穴，以图我犯，若使入堂奥而复御之，则已晚矣。今宜大加征讨，预伐狂谋。伏乞圣明轸念社稷生灵安危大计，特遣素有威望、通晓兵事大臣一员，经略倭事，统领蓟昌保定南北兵马，直抵朝鲜，深入境内，大申挞伐之威。一以遏其猖狂，复存下国；一以阻其内讧，固我门庭。

▶ 宋应昌像

皇帝接受兵部的建议，任命兵部右侍郎宋应昌（字时祥，号桐冈，浙江杭州人）为备倭经略，下达圣旨："宋应昌便着前往蓟保辽东等处经略备倭事宜，就写敕与他，钦此。"同时任命正在宁夏平叛战场的总兵李如松，提督蓟辽保定山东军务，刻期东征。宋应昌接到圣旨，立即表态："臣本书生，未娴军旅，过蒙皇上特遣经略，臣遽承之，曷任悚惕。臣切计之，倭奴不道，奄有朝鲜，诡计狂谋，专图内犯。辽左、畿辅外蕃与之比邻，山海关、天津等处，畿辅水陆门户，俱系要地……顾今天下承平日久，军务废弛，人心习于治安，玩愒已极，不大破拘挛之见，则国事终无可济之理。"看来他对经略备倭事宜的前景并不乐观。

宋应昌受命后，即去山海关整军备战，声称平日讲求一字阵法，用兵一万，须造车三百六十辆，火炮七万二千门，弓弩二万七千副，毡牌各二千面，弩箭数百万枝，火药铅子难以计数，此外还要轰雷、地雷、石子、神球、火龙、火枪等火器，以及军中一应所费，请皇上指示兵部，给予钱粮，制造备用。又请抽调"文武具备，谋略优长"的兵部职方司主事袁黄、武库司主事刘黄裳二人，作为军前赞画（参谋）。调动两名官员赞画军前，是不成问题的；成问题的是一下子要制造那么多的武器装备，似乎有寻找借口的嫌疑。

御史郭实抓住把柄，弹劾宋应昌出任经略不称职。宋应昌乐得顺水推舟，于九月初七日请求辞职，理由是，既然被人怀疑"不知兵"，何以号令将士？他说："今臣未拜朝命，知臣者目臣为不知兵，则三军之士惑而不受令矣。又闻之兵法曰：疑志者不可以应敌。臣今内惭无实，外虑人言，不一心矣。以不一心之将统不受令之师，未有能济者……臣以无我之心从虚内照，经略责任在臣实不能堪，台臣之论原非谬也。"皇帝马上下旨："倭奴谋犯，督抚各守防虏地方，战备一无所恃，且沿海数百里不相连属，一旦有警，深为可虞，特遣经略专任责成。郭实如何又来阻挠?"

九月十三日，宋应昌再次请辞，又被皇帝驳回：

> 宋应昌已奉命经略，只为郭实一言，遂畏避不肯前去，沿海边务责成何人？浮言反重于朝命，国纪何在？倭报已紧，宋应昌可即择日行。九卿科道依违观望，今亦不必会议。郭实怀私妄奏，阻挠国是，着降极边杂职用。再有渎扰的，一并究治。

皇帝已经发话，"再有渎扰的，一并究治"，宋应昌不敢再辞，很快领了敕书，起程赶往辽阳，履行经略的职责。一面督责沿海地方官整军备战，一面向朝鲜国王发去公文，回应"朝暮望救于水火之中"的呼声。这篇由辽东总兵转交朝鲜国王的公文写道：

> 圣天子赫然震怒，命本部以少司马秉节钺、总权衡，爰整六师，大彰九伐。谋臣如雨，运筹借箸者接踵而来；猛士如云，龁剑淬刃者交臂而至。已行闽广浙直集战舰，合暹罗、琉球诸国兵，掩袭日本，以捣其巢。复调秦蜀燕齐敢战之士，并宣大山西诸镇雄兵，深入朝鲜，以殄其众。龙骧虎贲，长驱鸭绿江头；雷厉风飞，直抵对马岛下。合先行会本王，以便合师夹击……今天兵将至，恢复可期，宜收集散亡，召募勇敢，屯刍粮，扼险隘，察敌动止，相敌情形。

伏天兵克日渡江，或用奇，或以正，或分道，或夹攻，务灭丑奴，廓清海岳。

三、"爰整六师，大彰九伐"

宋应昌的公文写得气势如虹，"爰整六师，大彰九伐"，"龙骧虎贲，长驱鸭绿江头；雷厉风飞，直抵对马岛下"。落实到具体行动，却十分谨慎。因为他这个经略大臣可以支配的军队数量有限，已经赶到辽东的有：

蓟州镇兵七千五百人（马步各半）；

保定镇兵五千人（马步各半）；

辽东镇兵七千人（马兵）；

大同镇兵五千人（马兵）；

宣府镇兵五千人（马兵）。

合计二万九千五百人。

尚未赶到的有：蓟州镇兵二千九百人，山西镇兵二千人，刘綖部川兵五千人，杨应龙播州兵五千人，延绥入卫兵三千人。合计一万七千九百人。全部到齐也不过四万七千四百人。而提督李如松的主力部队还没有赶到，入朝作战的条件还不成熟。宋应昌不断催促李如松尽快赶来，十月十七日写信："昨已亟趋辽阳，督促兵马，整饬战具，以候大将军之至。"十一月二十三日写信："诸凡将兵、粮食、战具，一一整饬，专候大将军驾临，意图进取。"

在此期间，宋应昌所做的是大战前的准备工作。颁布军令三十条，主要是激励士气，严肃军纪。其中第一条宣称："南北将领头目军兵人等，能有生擒关白（平秀吉），并斩真正首级来献者，赏银一万两，封伯爵世袭；有能生擒倭将平行长、平秀嘉、平秀次等，及妖僧玄苏，及斩获真正首级来献者，赏银五千两，升指挥使世袭。"第二条："中军旗鼓等官差传本部号令，因而误事者，斩。"第三条："前锋将领遇有倭中通士说客至营，或拿获奸细，即时解赴本部军前，听指挥发落。有敢私自放归，及容隐不举者，副将以上按军法参治，参将以下，斩。"第四条："各营将领有不严束兵士，谨防奸细，以致漏泄军机者，自参将以下，斩。"第五条："将士经过朝鲜地方，务使鸡犬不惊，秋毫无犯，敢有擅动民间一草一木者，斩。"第六条："官军有狎朝鲜妇女者，斩。"如此等等。

宋应昌之所以如此严厉，因为他是皇帝特遣的钦差大臣，奉有圣旨"将领以下听节制，违者以军法从事"，且有皇帝赐予的尚方剑，可以便宜从事。黄汝亨《寓林集》，有他的"行状"，特别提及这一细节：

> 诏拜公兵部右侍郎经略蓟辽山东保定等处防海御倭军务，有旨："宋某忠勇任事，又经特遣，这事权都专责任，他督抚毋得阻挠，将领以下听节制，违者以军法从事。"……有中使（太监）数辈来凝视公良久去。

俄而持尚方赐出:"赐经略宋某白金百两、大红纻丝四表里。"公叩首谢,惊喜俱集。中使耳语曰:"上命视先生福器如何?我辈道报先生风姿雄伟,须眉面目英英逼人。圣情欣悦,特有此赐。"公感极泣下,誓以身报国,即仗钺出都门。盖壬辰(万历二十年,1592)秋九月杪也。然是时经略创设,部署未定,一切甲兵、糗粮、军器仓卒未备。公从空中擘画,事事皆办。

十二月初三日、初四日,先发吴惟忠领兵三千,又发钱世祯领兵二千,渡过鸭绿江,驻扎于义州、定州,等待李如松到达,发起攻击。

十二月初八日,李如松赶到辽阳,与宋应昌会合,相互誓约"彼此同心,勿生疑贰"。两人面议,将东征军士分为三支:中协、左翼、右翼。中协由中军副将都督佥事杨元率领,左翼由辽东巡抚标下副总兵都督佥事李如柏率领,右翼由协守辽东副总兵张世爵率领。十二月十三日,兴师东渡,直趋平壤、王京。

此次东征,适逢平定宁夏叛乱,兵力难以集中,兵部尚书石星对东征取胜没有把握,寄希望于"招抚",得到内阁辅臣赵志皋的支持。所谓"招抚"云云,讲得冠冕堂皇一点,就是不战而屈人之兵。为此,石星派遣市井无赖出身、精通日语的浙江人沈惟敬,以游击将军头衔前往平壤,探听虚实,进行游说。关于沈惟敬其人,沈德符《万历野获编》如是说:

沈惟敬，浙江平湖人，本名家支属，少年曾从军，及见甲寅（嘉靖三十三年，1554）倭事。后贫落，入京师，好烧炼，与方士及无赖辈游。石司马（兵部尚书石星）妾父袁姓者，亦嗜炉火，因与沈（惟敬）善。会有温州人沈嘉旺从倭逃归，自鬻于沈（惟敬），或云漳州人，实降日本，入寇被擒脱狱。沈（惟敬）得之为更姓名，然莫能明也。嘉旺既习倭事，且云关白（秀吉）无他意，始求贡中国，为朝鲜所遏，以故举兵，不过折柬所致。袁信其说，以闻之司马（石星）……司马大喜，立题授神机三营游击将军。

▶ 小西行长像

十一月，沈惟敬接受石星的秘密使命前往朝鲜义州，表面上是"宣谕倭营"，进行"招抚"，实际上是寻求和平谈判的可能性。到平壤城北降福山下后，立即与日军将领小西行长会谈。小西行长对沈惟敬诡称："天朝幸按兵不动，我亦不久当还，当以大同江为界，平壤以西尽归朝鲜。"两人达成休战五十天的口头协议。朝鲜国王接见沈惟敬，向他表示："小邦与贼有万世必报之仇，前日坚守五十日之约，以待天兵，今反有意许和。以堂堂天朝，岂和小丑讲和乎？"沈惟敬置之不理，仍与小西行长会谈，对他说："尔国诚欲通贡，岂必假道朝鲜？敕下廷议，若无别议，必查开市旧路（按，即宁波市舶司），一依前规定夺。"李如松认为沈惟敬的做法有"辱国辱君"之罪。

李如松接到沈惟敬的报告：倭酋小西行长愿意接受封贡，请退至平壤以西，双方以大同江为界。李如松不信此言，怒斥沈惟敬险邪，要将他斩首处死。参军李应试说，正可将计就计，出奇兵袭击。

经略宋应昌对顶头上司石星的"招抚"主张，不便反对，只能保持一定的距离，可用则用。在他看来，兵不厌诈，只要能完成"经略"的使命，把倭奴赶出朝鲜，使用什么手段都可以，当然包括与战争并行不悖的"招抚"，这是他与石星的不同。因此他对于沈惟敬并不信任，多次提醒李如松谨防沈惟敬。在一封信中说："许掌科书来论沈惟敬事，极诋其诈，与门下、鄙人意适相符。此人遨游二国间，须善待而慎防之。门下驭之必有妙算，不佞谆谆似为赘词。"在另一封信中说："沈惟敬随带布花（棉布棉花）卖与平壤倭贼。但倭贼所缺者布花，今以此物与之，是借寇兵而资盗粮也……前者本部面审（沈）惟敬，见其言语错乱，疑有未尽之情。今果若此，因小事而误国事，罪莫甚焉。仰平倭提督即将沈惟敬、沈嘉旺俱留于营中，仍于紧要去处严加盘诘，不许沈惟敬并家人金子贵与倭传报一字。"

宋应昌的折中态度，与他的赞画袁黄有很大的关系。袁黄，初名表，字坤仪，苏州府吴江县（今苏州市吴江区）人，后入籍嘉兴府嘉善县（今嘉兴市嘉善县）。万历二十年（1592）出任经略帅府的赞画，收罗奇士绍兴人冯仲缨、苏州人金相为幕僚。沈惟敬与小西行长谈判"封贡罢兵"，袁黄与冯仲缨、金相颇有异议。潘柽章为袁黄立传，记录了三人关于此事的评论，意味深长。请看：

袁黄问："倭请封，信乎？"

冯仲缨答："信。"

又问："东事可竣乎？"

答："未也。"

再问："何谓也？"

冯仲缨答："平秀吉初立，国内未附。（小西）行长，关白（秀吉）之嬖人，欲假宠于我以自固，故曰信也。（李）如松恃宠桀骜，新有宁夏功，加提督为总兵官，本朝未有也。彼肯令一游士掉三寸之舌，成东封之绩，而束甲以还乎？彼必诈（沈）惟敬借封期以袭平壤，袭而不克则败军，袭而克则败封。故曰东事未可竣也。"

金相也插话："袭平壤必克，克必骄，必大败，败封与败军两有之。"

袁黄说："善。"

冯、金二人对沈惟敬的看法，对李如松将计就计攻克平壤的预判，为后来的事势所证实。宋应昌策划平壤之战，正是出于这样的考虑。他后来向朝廷报告自己的意图，就是利用沈惟敬与小西行长谈判为掩护，发动突然袭击，一举拿下平壤。他在奏疏中写道：

　　　先是，沈惟敬七月内奉本兵尚书石（星）令，至倭营探听。十月内，自倭中回，见本兵，本兵具题，发臣标下听用。（沈）惟敬至山海关见臣，备言倭酋（小西）行长欲乞通贡，约六十日不攻朝鲜，以待回音。今已及期，愿请金行间，使（小西）行长收兵等语。臣默思军前诸务未集，乘此足可缓倭西向，复有本兵亲笔手书，嘱臣给发（沈）惟敬银一千两，臣遂照数牌行中军官杨元付（沈）惟敬前去……适（沈）惟敬复自倭中归，执称（小西）行长愿退出平壤，以大同江为界。臣姑然之，将（沈）惟敬发提督标下拘管，不许复入倭营，令随提督齐至平壤。（李）如松默听臣言，止许（沈）惟敬差家丁往见（小西）行长，约一二日内退出平壤。时（小西）行长尚在踌躇，家丁未及回话，而我兵已薄城下，出其不意，乘其不备，是以平壤遂捷，开城收复。

他把这种策略称为“始事讲贡计破平壤”。战事正是这样进行的。

兵不厌诈。一向骁勇善战的李如松，此番要尝试一下智取的谋略，事先派人与小西行长约定，即将抵达平壤附近的肃宁馆，举行"封贡"大典。

万历二十一年（1593）正月初四日，李如松率军来到肃宁馆，小西行长特遣牙将二十人迎接封贡使节。李如松突然喝令拿下，捉住三人，其余牙将逃回。小西行长大惊，以为是翻译没有把意思转达明白，再派亲信小西飞前往说明。李如松为了迷惑对方，对他们抚慰备至。正月初六日，李如松率军抵达平壤城下，小西行长在风月楼瞭望，派部下夹道迎接。李如松命令将士整营入城，对方看出破绽，登城拒守。一场决战不可避免。

宋应昌事先对副将李如柏、李如梅布置了攻城的战术：查得平壤形势，东西短，南北长。倭奴在平壤者闻我进兵，彼必婴城固守。我以大兵围其含毬、芦门、普通、七星、密台五路外，当如新议，铺铁蒺藜数层，以防突出死战。其南面、北面、西面，以及东南、东北二角，各设大将军炮十余位。每炮一位，须用惯熟火器手二十余人守之，或抬运，或点放，炮后俱以重兵继之，防护不测。每门仍设虎将一员守之，一有失误，即时枭首。止留东面长庆、大同二门为彼出路。须看半夜风静时，乘其阴气凝结，火烟不散，先放毒火箭千万支入城中，使东西南北处处射到。继放神火飞箭及大将军炮，烧者烧，薰者薰，打者打。铁箭铅弹两集，神火毒火熏烧，其不病而逃者，万无是理。若逃，则必走大同江，俟半渡，以火器击之，又

伏精兵江外要路截杀之，必无
漏网。

正月初八日黎明，攻城激战
爆发。战争之惨烈前所罕见。茅
瑞徵写道：

> 倭炮矢如雨，军稍却，李将军手戮
> 一人。我师气齐奋，声震天。倭方轻南
> 面为丽兵，（祖）承训等乃卸装，露明盔
> 甲，倭急分兵拒堵。李将军已督杨元等
> 从小西门先登，李如柏从大西门入，火
> 药并发，毒烟蔽空。方酣战时，吴惟忠
> 中铅洞胸，血殷踵，犹奋呼督战。而李
> 将军坐骑毙于炮，易马驰，堕堑，鼻端
> 出火，麾兵愈进。我师无不一当百，前
> 队贸首，后劲已踵，突舞于堞，倭遂气
> 夺宵遁。

乘着夜色逃跑的日军，退保风月楼。夜半，
小西行长提兵渡过大同江，退保龙山。

此战斩获首级一千二百八十五，烧死、
溺死无算。裨将李宁、查大受率精兵三千埋
伏于江东僻路，斩获首级三百六十二。明军
乘胜追击，李如柏收复开城，黄海、平安、

京畿、江源四道相继收复。送给朝廷捷报称："本月初六日，至平壤城下。初八日，登城克捷，斩获倭级一千五百有余，烧死六千有余，出城外落水淹死五千有余。"

从平壤撤退的日军，以及各地分散的日军，全部向王京（汉城）聚集，约有十几万之众。提督李如松过于轻敌，带领三千人马前往王京打探地形，在碧蹄馆落入日军的包围圈。正当千钧一发之际，杨元、张世爵率领援军赶到，击溃日军，李如松突出重围。碧蹄馆之战，明军锐气受挫，李如松感叹众寡不敌，向朝廷请求以他人代替自己。

在这种形势下，宋应昌决定休整军队，向困守王京（汉城）的朝鲜军民发去"招降免死"文告，发动分化瓦解的心理攻势：

> 示谕朝鲜王京等处被倭所陷军民男妇等知悉：尔等苦倭荼毒逼胁，勉强顺从。今天兵见在征剿，一战遂取平壤，杀掠倭奴殆尽。平壤军民来降者不下万余，随送尔国王处复学安插。今攻取王京等处在即，尔等被倭所陷者速当反邪归正。执此免死帖，前来军前投降，免死，仍与安插。

他还向朝鲜国王发去咨文，希望他密切配合，号召军民里应外合：

> 今平壤既复，大兵已进，当倭奴窜伏之时，正人

心鼎沸之日。王速出令宣布军民人等，谕以世受先王恩泽，一旦被倭摧陷垢辱，苟有人心，急宜奋发。在王京者候天兵攻进，或献城门作为内应。其在各道者，或统义兵助斩倭级。其亲戚故旧在于王京者，相与密约内应，并为间谍，协助王师，懋建勋业。

在宋应昌看来，北山高昂，俯视王京，如果顺着山势而攻，可一举而下，要求兵部尚书石星调兵增援。然而石星一味依赖"招抚"解决朝鲜问题，用"封贡"作为交换条件，促使日军撤退。黄汝亨写道：

> 公（宋应昌）披图熟计，谓北山高逼王京，依山顺攻，可一鼓而下……而本兵（兵部尚书）密令（沈）惟敬议款，恶公转战，所调兵悉令支解：李承勋兵留山东，陈璘兵夺蓟镇，沈茂兵中途遣还浙。公拊臂叹曰："令我以疲卒当锐师，抑徒手杀贼耶！"

面对顶头上司石星的压力，宋应昌的选择是有限的，只能把沈惟敬正在进行的"议款"（和平谈判）作为辅助攻战的手段，同时加大军事进攻的气势。最为关键的一招，就是用猛烈的炮火烧毁王京城南的龙山粮食仓库，迫使日军无法长久盘踞王京。这一招非常成功，正如黄汝亨所说："公（宋应昌）又念倭不退王京，则朝鲜必不可复。而王京城南有龙山仓，朝鲜所积二百年粮食，资以饱倭，则

弓射火柘榴箭

▼ 弓射火柘榴箭
明茅元仪辑《武备志》,
清道光活字刊本

倭必不退。乃夜令死士以明火箭烧龙山仓十三座,粮尽,倭大窘,乃弃王京去。"黄汝亨说得过于简单,促使日军"弃王京去",仅仅火烧粮仓是远远不够的,自然还少不了有关"封贡"的和谈。万斯同说:"二十一年 (1593) 春,师久无功,(小西) 行长复请 (封贡) 于 (沈) 惟敬。帝从群议,不许。(石) 星令 (沈) 惟敬阴许之。大学士赵志皋助 (石) 星于内,(宋) 应昌附和于外,要以献王京,返王子陪臣,即如约。"事情的经过当然复杂得多。

四、"就其请贡行成之机,可施调虎离山之术"

兵部尚书石星企图用"封贡"促使日军撤退,得到内阁辅臣赵志皋的支持,宋应昌则在外与之附和。不过宋应昌与石星是有区别的,仅仅把"封贡"当作"调虎离山之术"。他后来在奏疏中解释,之所以这样做的原因,是迫不得已的:

继而倭奴并集王京，合咸镜、黄海、江源等道之众，据报实有二十余万。我兵不满四万人，转战之后，士马疲劳，强弱众寡既不相当，雨淫泥泞，稻畦水深，天时地利又不在我，是以暂为休息。惟广布军声，扬言臣与（李）如松前后统兵不下数十余万。多行间谍，发免死帖数万纸，招出王京胁从之人，以散叛党。修筑开城城垣，以示久住。令死士夜持明火飞箭射烧龙山仓粮，以空积储。又时时添兵运饷于开城间，以示不久必攻王京之意。于是王京倭奴既畏我已试之威，又不识我多方之误，复致书与（沈）惟敬，仍欲乞贡退归。臣复思就其请贡行成之机，可施调虎离山之术，随即听从。

宋应昌把这种调虎离山之术，当作不战而屈人之兵的手段，多次向部下阐明。在给参军郑文彬、赵汝梅的信中说："兵家用间，当在敌处两难之际。今倭奴欲守王京，则惧我兵火击；欲归日本，又畏关白（秀吉）族诛，正进退维谷时也。乘此机会，陈以利害，诱以封爵，啖以厚赍，无不乐从者。"在给提督李如松和赞画刘黄裳、袁黄的信中说："当其进退维谷之时，伸以甲兵挞伐之势，长驱直捣，谁云不可？但事忌已甚，谋贵万全。故平壤捷后，本部既檄提督间说（小西）行长诸酋，招之来降，待以不死，阴图关白，永绝祸根……况平定安集，圣哲所先；间谍行谋，兵家不废……仰平倭提督即便一面会同刘、袁二赞画，一面转行沈惟敬等，前赴倭巢陈说利害，开谕祸福，令报关白，使之反邪归正，与朝鲜无相构怨，彼此罢兵，永为盟好。仍复许以奏闻朝廷，遣官册封，永为属国。倘使听从，则在中国彰神武不杀之功，在日本有受封之荣，一举三得，诚计之善者。"几天之后又说："昨闻平行长移书沈惟敬，恳求封贡东归之意，似乎近真。故不佞特意宣谕，开其生路，既不伤上天好生之德，亦不失王者仁义并行之道。此谕幸门下即发王京倭，如听从，亦不战而屈人之兵矣。"他发给平行长（即小西行长）的"宣谕"这样写道：

> 朝鲜为天朝二百年属国，义所当恤，即覆载内有此凶残，王者耻之。以故我圣天子震怒，特遣司马重臣发兵百万，援彼小邦，用彰天讨。兵压平壤，政所以除暴救民。故直斥沈惟敬通贡乞哀之说，一意进剿。不逾时而斩获焚溺者无算，驱兵长进开城八道等，势如破竹，天朝神威亦稍见矣……汝等果能涤志湔非，尽还朝鲜故土，并还两王嗣以及陪臣等，归报关白，上章谢罪，本部即当奏题，封尔关白为日本国王，汝辈速宜束装回国。

万历二十一年（1593）四月八日，双方在汉城府龙山举行和平谈判，达成以下四点协议：

一、返还先前加藤清正俘虏的朝鲜王子与陪臣；

二、日军从王京（汉城）撤往釜山浦；

三、布阵于开城的明军，在日军撤出王京的同时撤退；

四、明朝派遣使节赴日本谈判有关"封贡"的相关事宜。

四月十九日，日本放弃王京南撤。二十日，李如松率军进入王京。王京收复，国王向宋应昌表示感谢："此缘天声震迭，凶丑丧魂，不敢保聚负固抗拒。王师拯小邦水火之中，措生灵莫居之地，义系存亡，恩浃民心，君臣上下感激无已。"同一天，宋应昌向国王发去回函，表示即将前往王京，筹划善后。信函写得颇有一点文采："本部拟于五月二日自新安馆东发，历平壤以至王京。诵麦秀之歌，则欲谒箕贤之墓；悲草露之泣，则欲吊战场之魂。赈济流离，抚恤士卒。历形胜，由目击以实见闻；观民风，思心契以合神会。少图善后之计，协助鼎新之基。务使天造东藩，从兹虎踞；明月沧海，永息鲸波。然后振旅而旋，方敢与王相遇，敬瞻丰度，庶慰积怀。"几天之后，又致函国王，请他速发兵符，号召全罗、庆尚、忠清各道水陆军兵，协助天兵夹剿倭贼。

五月初六日，宋应昌向内阁辅臣赵志皋、张位及兵部尚书石星报告："幸仗洪庇，已得王京，而调兵前后截杀，倘再得成，又何贡事足言哉！近贼于十九日尽离王京，日行止三四十里。二十九日才到尚州，未及一半，且又住下。至五月初三日尚未起身过河过江，随后尽毁船只桥梁，恐我兵追袭故也。若我兵亦不使骤进，缓缓尾后，只当护送，以安其心。"这些话是讲给主张"封贡"的赵志皋、石星听的，宋应昌自己却另有打算，指示部下乘机歼灭日军有生力量，阻止其重返王京。他对新近入朝增援的总兵刘綎说："国王固已催促汉江以东各路搬运粮草，以济我兵。但残破之余，未知果能集否？不可不深虑也。本国龟船甚利，且发杠瓜子炮，比中国所制更奇。已于三月预设一千余只，并水兵万余，俱集海口，专俟倭归出港，遇其船或撞碎，或烧毁，使其前不可过海，后不可返王京。我兵则须俟其粮尽力竭，一鼓灭之，谅无难者。"宋应昌担心日军的撤退并非真心，关照李如松与朝鲜军队前后夹击："近倭奴假贡请降，非出真心。本部明知其诈，将计就计，欲诱离王京，无险可恃，庆尚、全罗官军前途邀截，我兵从后追袭，前后夹攻，大加剿杀。"直到五月二十七日，得知日军已经退至釜山，朝鲜全境业已恢复，他还不放心，关照李如松，纵令倭奴全部归岛，也应留兵代替朝鲜防守。

根据协议，明朝议和使节谢用梓、徐一贯前往日本名护屋（名古屋），谒见丰臣秀吉。六月二十八日，丰臣秀吉提出议和七项条件：

一、迎明朝皇帝之女，为日本天皇之后妃；

二、两国年来因间隙而断绝的勘合贸易（朝贡贸易）应予恢复，希望官船商船往来；

三、明朝大臣与日本大名之间交换通好不变的誓词；

四、朝鲜一分为二，北部四道及京城返回朝鲜，南部四道给予日本；

五、以朝鲜王子及大臣一二人作为人质，送往日本；

六、归还去年俘虏的朝鲜二王子；

七、朝鲜大臣向日本提出誓词。

明朝使节提出三项条件：

一、返还朝鲜全部领土；

二、朝鲜二王子归国；

三、丰臣秀吉谢罪。

七月二十日，谢用梓、徐一贯从日本返回釜山，小西行长随即送出王子、陪臣及家属。大批日军乘船离开釜山回国，小西行长带领部分日军前往海中的西生浦暂住，等待谈判使节小西飞的回音。

问题在于，这一切朝廷并不知晓，一旦明白了原委，立即引起轩然大波。万斯同写道："当是时，（石）星、（宋）应昌以封贡款倭，倭以封贡退师，而中朝犹未知也。六月，倭复送还王子陪臣，遣其将小西飞随（沈）惟敬俱来中朝，始知之。于是兵科都给事中张辅之、巡按山东御史周维翰劾（宋）应昌。应昌初抵讳言：臣许封不许贡，臣之许贡，特借以误倭，前破平壤，收王京，皆用此策，非实许也。"看来张辅之、周维翰对宋应昌有点误解。

八月初五日，宋应昌写信给内阁辅臣王锡爵、赵志皋、张位及兵部尚书石星，说明自己见解："不佞愚见，讲贡一事，始而平壤，继而王京，皆借此一着，用以退倭。翁台尊意亦复如是。故不佞原无奏疏，前次王京塘报亦只虚虚谈及，不敢实说……今日之事，只宜借用此着，了却前件，若待实做，委为不敢。乃畏倭之反复难定，实非因人言之哓哓也。"待到张辅之、周维翰上疏弹劾，他写了洋洋洒洒的《讲明封贡疏》，为自己申辩："惟是通贡一节，臣原无成心，亦未曾轻许。特以兵家之事，虚实有隐机，经权宜互用。臣固不敢谓始事，而度其计之必行；亦不敢谓既事，而矜其术之已遂。顾廷臣之中有疑臣之迹，而以为许成；又不谅臣之心，而以为开衅。"接下来，他追述了"始事讲贡计破平壤之说""再事讲贡计出王京之说""目前讲贡退釜山之说"，来证明原本是"借此一着，用以退倭"，并非真正答应"封贡"。他反问道："若谓臣真许其贡，则倭出王京之时，何以令大兵尾进？何以调朝鲜兵船？何以屡檄将领，不曰坐困以逼其归，则曰剿杀以灭其类？何以不奖（沈）惟敬之功劳，而责（沈）惟敬之罪进？"

其实"封贡"的始作俑者是兵部尚书石星，遭到弹劾后，一面请求罢官，一面为自己辩解。他的辩解没有宋应昌那样理直气壮，把宋应昌比作胡宗宪，把沈惟敬比作蒋舟，显得不伦不类："自御倭朝鲜以来，所有一应攻取计划，皆臣与经略宋应昌，或面相计，或书相达。近日议论愈多，观听愈淆，其势必至尽没将士血战之劳，大陷经略叵测之谋，臣之狗马愚衷，亦且死不瞑目。臣见往者胡宗宪有平倭大功，卒挂吏议，身且不免；谋士蒋舟等亦各以罪重谴。臣不及今一言，窃恐（宋）应昌之复为（胡）宗宪，而沈惟敬之再为蒋舟。将使用间机宜，为世大忌，文网过密，展布愈难，尤臣之所大惧也。"他既要揽功，又要推卸责任，一则说："经略（宋）应昌以挞伐为威，以许贡为权，冀成功，无嫌诈计。而其遣使行间，臣（石）星实与之谋。"再则说："夫通贡屡奉明诏，孰敢轻许！即封号亦未尝轻假也。（小西）行长尚在西浦，关白未具表文，计出要求，未可遽听。"

皇帝对宋、石两人的申辩，明确表态："朕以大信受降，岂追既往！可传谕宋应昌严备，劝彼归岛，上表称臣，永为属国，仍免入贡。"

皇帝表示不追究既往，可是兵部职方司主事曾伟芳仍然不肯罢休，继续追究既往。在他看来"款贡"一无是处，主张"款贡"的大臣是首鼠两端："臣窃睹倭奴款贡之害，三尺竖子类能言之。乃疆场当事诸臣犹踌躇四顾而不能决，非谓不款则倭不去乎？臣则曰款亦来，不款亦来……今称克开城，复王京，还王子陪臣，以议款故，则彼又何威我慑我，而能就我束缚，守我盟誓哉？且以沈惟敬前在倭营见与为媾，咸安随陷，晋州随拔，而欲恃此许贡以冀来年之不复攻，则速之款者速之来耳。故曰款亦来。夫不款无忧其不去，则何必借款以市其去。款之难保其不来，则何必重款以饵其来贡之当绝。此两者足以观矣。今不料绝贡之无关倭之去来也，而首鼠两端，阳讳阴设，内自树疑，以外招众口，窃为首事者惑焉。今日之计，以中国而守中国则易，以中国而为朝鲜守则难。欲不留兵，将前功尽弃；欲宿重兵，则师老力困，祸无已时。"
又说："宜敕责朝鲜国王，数以荒淫沉湎、失守社稷之罪，
朝廷已为若靡金数十万，恢复境土。今以俾汝，若不亟
图，天且厌弃。如果不可化诲，其子光海君珲颇堪托国，
俾自处分。"

皇帝对他的观点颇为赞同，朝鲜应该自己加强防守，
至于更换国王，则以为不可。几天后，他致函朝鲜国王，
就此次战事表明态度：

> 尔国虽介海中，传祚最久……乃近者倭奴一入，
> 而王城不守，原野暴骨，庙社为墟。追思丧国之因，
> 岂尽适然之故！或言王偷玩细娱，信惑群小，不恤民
> 命，不修军实，启侮海盗，已非一朝，而臣下未有言
> 者。前车既覆，后车可不戒哉……大兵且撤，王今自
> 还国而治之，尺寸之土，朕无与焉。其可更以越国救
> 援为常事，使尔国恃之而不设备，则处堂厝火，行复
> 自及。猝有他变，朕不能为王谋矣。

既然皇帝主张"朝鲜自为守"，兵部尚书遂有撤兵之
议。宋应昌奋髯力争说："吾官可去，兵必不可撤！"立即
上疏讲明理由："臣以兵力倦而姑听封贡，权也；守朝鲜
全（罗）、庆（尚）以备倭，俾不敢生心窥我，经也。臣能逐
倭于朝鲜之境内，不能逐倭于釜山之海外。倭今日以畏威
遁，他日必以撤兵来。且夷心狂狡，未可据封贡为信。"

他已经预料日军他日必定再来，但是朝廷不听，还是下达撤兵命令。宋应昌愤懑不已，突然中风，决定向皇帝乞求骸骨归乡。皇帝恩准：宋某东征劳苦，既有疾，着还朝调理，经略职务由蓟辽总督顾养谦代理。回京后，他多次上疏乞休，终于回到家乡杭州，高卧西湖，绝口不谈东事。

五、"秀吉妄图情形久著，封贡亦来"

皇帝给朝鲜国王的国书中，流露了即将从朝鲜撤军之意。蓟辽总督顾养谦（字益卿，号

▼ 顾养谦像

冲庵，南直隶通州〔今江苏南通〕人）上疏，力主从朝鲜撤军，皇帝当即批准。万历二十一年（1593）十二月，皇帝正式下令撤军，要顾养谦代替宋应昌前往朝鲜处理撤军事宜，蓟辽防务暂令顺天巡抚代管。

兵是撤了，至于是否要同意日本的"封贡"请求，朝廷一时议论不决。多数官员持反对态度，吏科给事中逯中立态度最为鲜明，直斥兵部尚书石星以"封贡"误国。他说：

自东倭未靖，而请封请贡之说兴也，中外诸臣言者甚夥，其揣情形，析利害者亦甚备，虽三尺童子亦知其不可矣……顾是说也，宋应昌始之，顾养谦成之，本兵石星力主之。沈惟敬密计于倭，刘黄裳昌言于朝，请封易而为请贡，请贡易而为开市，开市易而为和亲。顷已专意请封，业已奉有明旨矣。臣窃惟贡不可许，而封亦不可许也。是东征诸臣误本兵，而本兵因以误国也。

接下来，他分析封贡的危害：

自倭奴狂逞，盘踞朝鲜，我皇上宵旰而忧，为之遣将出师，计年余矣。蹂躏我属国，戕杀我士卒，糜费我金钱，是中国之仇也，而臣子之羞也。今不思灭此朝食，而反欲宠以封号，金册银章，赫奕岛外，此可令四夷见乎？

他毫不客气地批评石星：

当事者以冥冥决事，不曰选将，不曰练兵，不曰沿海修备，而今日议封，明日议贡。倭盘踞于釜山，为敢取之计；我冀望于侥幸，为苟且之谋。倭以款要我，而操术常行于款之外；我以款自愚，而智虑常陷于款之中。排盈廷之公论，捐战守之长策，阻忠臣义士之气，为逃责议功之资。此人臣之利，非国家之福也；旦夕之谋，非久远之计也。

刚刚受命出任朝鲜经略的蓟辽总督顾养谦，是支持石星的，他主张"封"与"贡"不可以分割，要么都批准，要么都拒绝。其实他是主张既批准"封"又批准"贡"的。皇帝要兵部会同九卿科道研讨此事。

参加此次会议的工科给事中王德完，写了一份非正式的会议纪要，从中可以大体了解当时会议的情况。

王德完责问石星："外传总督（顾养谦）贻书，有贡市禁绝，能以身任等语，信然否？"

石星答："难必，倘强索贡市，只革其封号便是。"

王德完又问："釜山倭户肯尽数归巢否？"

石星答："难必。"

王德完又问："特遣辽东巡按亲至釜山，查看倭户有无归去，可行否？"

石星答："不可。"又说："倭得封，即扬去不吾犯也。"

王德完反问："倭即犯，胡以卒应？"

石星答："吾与总督、巡抚三人当之。"

王德完反唇相讥："何足当此？三人即捐躯，其为二祖八宗之神器何？"并追问石星："辽左战士有几？"

石星答："不过二千有零。"

王德完问："二千之卒何足御数万之倭？"

与会的其他大臣说："吴惟忠、骆尚志南兵暂留辽左，不宜速撤。"

石星说："业已先奔。"

其他大臣又说："刘綎兵撤回，亦要留住辽左。"

石星说："川兵难久，不如募土著，倭虏皆可挞伐。"

王德完描述道，对话至此，"臣以为本官或自有主见，及叩其所以，茫如捉影捕风"，无怪乎与会大臣"相与咨嗟叹息"。

王德完对石星所说"倭之封而不贡，倭之去而不留"云云，给出这样的判断："毫无足凭，何能轻信。"他列举大量事实，揭穿石星所说"只封不贡"，并非真相。比如，在沈惟敬答倭书中，写道"既许尔乞降封贡"，显然"封贡已兼言之"。比如，倭国的表文写道"比照旧例"，"永献海邦之贡"，明白直言"既封且贡"。所以他责问石星："何谓一封即可了事？"兴言及此，令人发指。

石星把九卿科道会议情况报告皇帝，对于多数官员反对封贡，耿耿于怀。他说："一意罢款，两言可决。但三旨许封，岂宜失信。况督臣（顾养谦）有言，若不与封，则小西飞无词以复（小西）行长，（小西）行长无词以复关白（秀吉）。此其说诚为有据。"他主张，由朝廷出具敕书，由小西飞递交丰臣秀吉。敕书内容大略谓："封已许定，断在不疑。但釜山非封命所出之途，留兵非叩关乞封之礼。且表文要约未明，难以遽受，宜即归谕关白，更具表文，备开釜山之倭尽数撤回，永不侵犯。"然后派遣正副使节，从宁波旧道，附关乞款。如果译审无诈，朝廷也派正副使节前往日本册封。皇帝鉴于多数官员反对，下达了"未可轻拟"的圣旨："朝廷降敕，事体重大，未可轻拟。还行与顾养谦，一面谕令倭众归巢，一面将倭使赍来表文，验其真正与否，如果倭情真心归化，表文是实，即与奏请，候旨处分。"

尚书陈有年，侍郎赵参鲁，科道官林材、赵完璧、徐观澜、顾龙、陈惟芝、唐一鹏等，陆续上疏反对封贡。

在众多反对封贡的声音中，福建巡抚许孚远（字孟中，号敬庵，浙江德清人）的议论最有针对性，也最为知己知彼。他之所以反对封贡，是基于派赴日本的密探提供的情报，做出判断——即使"封贡"，也难以遏制日本对朝鲜的入侵。

此事说来话长。万历二十年（1592）十二月许孚远出任福建巡抚，下车伊始，就有两名指挥使级别的军官沈秉懿、史世用来参见，称是兵部尚书石星命他们秘密前往日本，"打探倭情"。许孚远鉴于沈秉懿年老，而史世用体貌魁梧，举止倜傥，便选用史世用作为密探。万历二十一年四月，史世用扮作商人，秘密到泉州府同安县，搭乘海商许豫的商船，前往日本萨摩州，同行的还有海商张一学等。六月出发，七月初四日抵达日本庄内国内浦港，得知萨摩州首领滕义久同中国商人许仪后，随关白丰臣秀吉去名护屋（名古屋）。名护屋是关白屯兵发船进攻朝鲜的基地，史世用与张一学分别潜入名护屋，一方面寻觅许仪后，一方面察看关白居住的城堡，刺探其动静起居。八月二十七日，许仪后随史世用来内浦与许豫会见。九月初三日，许豫与史世用带了绸缎等礼品，会见日本人幸侃，由许仪后翻译。九月十九日，大隅州正兴寺和尚玄龙来内浦，会见许豫，问道："船主得非大明国福建差来密探我国动静之官耶？"许豫回答："是，尔国侵伐高丽，杀害人民，我皇帝不忍，发兵救援。近闻差游击将军来讲和好，我福建许军门听知，欲发商船前来贸易，未审虚实，先差我一船人货来此，原无它意。"玄龙将信将疑。十一月，滕义久、幸侃又派黑田前再次试探后，准许许豫将购买的硫磺二百余担运载回国，并将滕义久文书一封转交许孚远。

万历二十二年 (1594) 正月二十四日，许豫回国，把刺探所得报告许孚远。许孚远把情报归纳为七点：

——探得关白姓平，名秀吉，今称大阁王，年五十七岁，子才二岁，养子三十岁。关白平日奸雄，诈六十六州，皆以和议夺之。

——前岁侵入高丽，被本朝官兵杀死不计其数，病死与病回而死者，亦不计其数。彼时弓尽箭穷，人损粮绝，思逃无地，诡计讲和，方得脱归。

——关白令各处新造船只十余，大船长九丈，阔三丈，用橹七十枝；中船长七丈，阔二丈五尺，用橹六十枝。许豫访诸倭，皆云候游击将军和婚不成，欲乱入大明等处。

——日本六十六国，分作二关，东关名相板关，西关名赤间关。内称有船数千只，限三月内驾至大溪点齐，莫知向往何处。又点兵十八岁至五十岁而止，若有奸巧机谋者，虽七十岁亦用之。

——日本长岐（崎）地方，广东香山澳佛郎机每年至长岐买卖，装载禁铅、白丝、扣线、红木、金物等货。进见关白，透报大明虚实消息，仍夹带倭奴，假作佛郎机番人，潜入广东省城，觇伺动静。

——关白奸夺六十六州，所夺之州，必拘留子弟为质，令酋长出师以侵高丽，实乃置之死地。各国暂屈，仇恨不忘。及察倭僧玄龙与许豫对答语气，滕义久等甚有恶成乐败之意。许豫于写答间，亦微有阴诱之机。

——浙江、福建、广东三省人民被掳日本，生长杂居六十六州之中，十有其三。住居年久，熟识倭情，多有归国立功之志。

十月十五日，许豫同伙商人张一学、张一治，把关白城堡侦探事情开报，许孚远加以整理，排除与许豫相同的内容，归纳为以下十一点：

——平秀吉始以贩鱼醉卧树下，有山城州倭酋信长，居关白位，出山畋猎，遇平秀吉冲突，欲杀之。平秀吉能舌辩应答，信长收令养马，名曰木下人。又平秀吉善登高树，呼曰猴精。信长渐赐与田

▼ 织田信长像
[日] 狩野元秀绘
日本长兴寺藏

地，改名森吉，于是助信长计夺二十余州。信长恐平秀吉造反，嘉奖田地，镇守大堺。有倭名呵奇支者，得罪信长，刺杀信长，平秀吉统兵乘势卷杀参谋，遂占关白职位。今信长第三子御分见在平秀吉部下。

——征高丽兴兵，平秀吉有三帅，名曰石田、浅野、大谷，大小谋议俱是三帅。

——平秀吉发兵令各州自备粮船干米，船运络绎接应，家家哀虑，处处含冤。

——丰护州酋首柯踏，统兵在朝鲜，闻大明助兵，丧胆逃回，平秀吉探知，剿杀一家，立换总督。

——兵入朝鲜，在内浦港抽选七十人，近回者止二十人。日向国有大船装倭三百，近回者止五十人，损失甚多。

——萨摩州乃各处船只惯泊之处，今从此发，有往吕宋船三只，交趾船三只，柬埔船一只，暹罗船一只，佛郎机船二只。兴贩出没，此为咽喉也。

——器械不过黄硝、乌铅为害，硫

磺系日本产出，焰硝随处恶土煎炼亦多。惟乌铅乃大明所出，有广东香山澳发船往彼贩卖，炼成铅弹，各州俱盛。其番枪、弓箭、腰刀、鸟铳、铁牌、盔甲，诚亦不缺。

——城池附在山城州，盖筑四座，名聚乐映淀，俱在大堺等处。每城周围三四里，大石高耸三四重，池河深阔二十余丈。内盖大厦楼阁九层，高危瓦版，妆黄金。下隔睡房百余间，将民间美丽女子拘留淫恋。又尝东西游卧，令人不知，以防阴害。

——日本有罪，不论轻重，登时杀戮。壬辰年，一以是六十六州水陆平宁，任其通行贸易。

——平秀吉丙戌年（万历十四年，1586）擅政，倭国山城君懦弱无为，壬辰（万历二十年）征高丽，将天正三十年改为文禄元年。平秀吉号为大阁王，将关白职位付与义男孙七郎。七郎字见吉，年几三十，智勇不闻。

——掳掠朝鲜人民，多良家子女，糠餐草宿，万般苦楚。有秀才廉思谨等二十余人，被掳在日本，平秀吉令厚给衣食，欲拜为征大明军师，廉思谨等万死不愿。

用现代眼光衡量，上述情报有不少属于道听途说，不够精确。但在当时信息封闭的时代，许孚远能有如此战略头脑，殊为难能可贵。

在提供上述情报之后，许孚远陈述自己的观点，作为封疆大吏，对于关系国家安危的大事，必须明确表明态度，提醒朝廷当道，平秀吉野心勃勃，即使封贡，也不能阻挡其侵占朝鲜，进而染指中国的图谋。他在奏疏中特别强调，绝不可小觑平秀吉，此人有奸雄之智，有攻伐之谋，有窥中国之心：

> 看得平秀吉此酋，起于厮役，由丙戌（万历十四年，1586）至今，不七八年而篡夺国柄，诈降诸岛，絷其子弟，臣其父兄，不可谓无奸雄之智。兴兵朝鲜，席卷数道，非我皇上赫焉震怒，命将东征，则朝鲜君臣几于尽为俘虏，不可谓无攻伐之谋。整造战舰以数千计，征兵诸州以数十万计，皆曩时之所未有。日夜图度，思得一逞，不可谓无窥中国之心。

他提醒朝廷衮衮诸公，千万要警惕平秀吉"凭其破朝鲜之余威，思犯中国"的野心。因此他认为当朝大臣的封贡方案，无论从哪一个方面来看，都是不可取的。

其一是，若册封平秀吉为国王，将置山城君于何地——"窃谓日本有山城君在，虽其懦弱，名分犹存。一旦以天朝封号加之僭逆之夫，且将置山城君于何地？崇奸怙乱，乖纪废伦，非所以令众庶而示四夷也。"

其二是，企图依赖封贡求得日本退兵，迹近于幻想——"平秀吉无故兴兵，声言内犯，陷我属国，东征之师相拒日久，损失亦多，碧蹄战后，暂退釜山，尚未离朝鲜境上。而我以细人之谋，听其往来讲封讲贡，若谓朝廷许我封贡则退，不许我封贡则进，要耶非耶？近朝鲜国王李昖奏称，倭贼方于金海、釜山等处筑城造屋，运置粮器，焚烧攻掠无有已时，至称屠戮晋州，死者六万余人，尚可谓之退兵乞和耶？"

其三是，平秀吉豺狼之暴、狐兔之狡，变诈反复，毫无信义可言——"（小西）行长、小西飞诸酋慑于平壤、王京之战，未能长驱直入，而又兵入朝鲜者死亡数多，恐无辞于秀吉丧师之戮，则亦姑假封贡之说，以绐秀吉而缓其怒。是以沈惟敬辈侥幸苟且之谋，得行乎其间。若我经略、总督诸臣不过因（沈）惟敬辈而过信（小西）行长诸酋，而错视平秀吉，不知秀吉豺狼之暴、狐兔之狡，变诈反复，必不可信义处者也。"

其四是，平秀吉狂谋蓄积已久，封贡不足以餍其意——"平秀吉狂谋蓄积已久，一封必不足以厌其意。要而得封，必复要而求贡求市，得陇望蜀，凭陵及我，朝廷又将何以处之……今当事之议，欲令倭尽归岛，不留一兵于朝鲜以听命。顾彼方进兵攻掠，肆无忌惮，又安肯收兵还国，幡然顺从？揆情度势，臣等恐其不能得此于彼也。即使暂时退兵，旋复入寇，败盟之罪，又将谁责耶？议者多谓封贡不成，倭必大举入寇，不知秀吉妄图情形久著，封贡亦来，不封贡亦来，特迟速之间耳。"

许孚远的奏疏写得有理有据，建立在知己知彼的基础上，预见到"即使暂时退兵，旋复入寇"。同时代人对此给予很高的评价，孙钴说："时倭挠朝鲜，浪传乞封，本兵议许之，众论不然。方纷纭未定，然其端原自闽发之。公（许孚远）至福建，密募死士，往彼国侦焉。已而侦者来，悉得彼诡谋，并诸岛酋相仇状。疏闻于朝，谓发兵击之为上策，御之中策，不可轻与封。本兵至胶执，见之亦悚然。至亲见司礼道其实，谓即切责某数语，罢封贡最善。"叶向高说："时平秀吉猖狂岛中，滨海岌岌，朝议主封贡。先生（许孚远）侦得其情形，具言：其废主僭位，六十六州劫于威，上下怨毒，势必败。堂堂天朝，奈何假之名器，而与之市！"

在此之前，许孚远就向内阁首辅王锡爵表示对封贡的不同看法。待到《请计处倭酋疏》呈上后，再次向王锡爵陈述自己的观点，如果实行封贡，后患无穷，悔之无及。但是，由于主张封贡的势力过于强大，他的主张虽然得到共鸣，却并未付诸实施。

福建巡按刘芳誉全力支持许孚远，再次力争。他在"侦探倭情有据"奏疏中说："据商人许豫等探称，关白名平秀吉，令各处造船千余，大船长九丈，阔三丈，用橹八十枝；中船长七丈，阔二丈五尺，用橹六十枝。（许）豫访诸倭，皆云候游击将军和婚不成，即乱入大明等处。"之后他又在"贼臣和亲有据，辱国难容"奏疏中，斥责兵部尚书石星辱国："据新回海商黄加等投送朝鲜人廉思谨书，内开和亲一段云：往年游击将军沈惟敬进兵朝鲜时，与倭连和，约送大明王女于日本。据此以质于礼部郎中何乔远、吏科林材、御史唐一鹏之疏，若合符节……（石）星以握枢大臣，辱国至此，尚欲靦颜就列耶？"朝廷不但不予采信，反而把他贬谪为温州知府。

六、"授册封贡，可保十年无事"？

已经任命为"经略"的蓟辽总督顾养谦，是兵部尚书石星封贡主张的坚决支持者，他有一整套似是而非的怪论。

一则说国家的大患是北方的"虏"（蒙古），而不是东方的"倭"（日本）："国家患虏不患倭，倭不能越朝鲜犯中国，其势不足畏。自古御夷常以顺逆为抚剿，权恩威而用之。吾为朝鲜复疆土，归所侵掠，恩至厚。今倭且归命，宜因而听之，即不许贡，而姑縻之以封号，以罢兵为解纷，假虚名纾实祸，计无便于此者。今言者率称战守，战则不能必得志于倭；守则征兵远戍，岁耗大农金钱数十万，疲中国之力，而代受其敝，令虏得乘虚而入，非策也。臣以中国为全局，以朝鲜为局外，假令关酋（平秀吉）王，而与故王不相下，则国内乱不暇谋，朝鲜即能附众立国，必德天朝，不复有异志。此中国与属国两利而俱安之道也。"

再则说："许则封贡并许，绝则封贡并绝。如用臣议，则谕倭众渡海，然后授册封贡，可保十年无事。如用廷议，势必弃朝鲜，画鸭绿江自守。倘既绝封贡，而又欲保朝鲜，臣不能任也。"他的这种奇谈怪论，遭到廷臣强烈反对。

迫于舆论压力，顾养谦索性掼纱帽，请求皇帝罢免。他说："九卿科道之议，大都止绝封贡。臣当局而迷，诸臣旁观而清。又刑部侍郎孙钅广所筹划，及先后遗臣书，言之甚辨，断之甚勇。臣抚然自失，请罢免。"皇帝爽快地接受了他的请辞，下旨道："览奏，这封贡都着罢了。本内既荐孙钅广才望可任，就着前去经略，专一料理倭事。"

既然圣旨说"这封贡都着罢了"，官员们顿时缄默不言。皇帝感到奇怪，责问兵部尚书石星："朕前见廷臣争讲东倭封贡事宜，自奉旨停罢后，如何再无人言及倭事？你部里亦未见有奇谋长策来奏，不知善后之计安在？今宣捷告庙，为录前功，此事尚未完结。朕衷将此倭情细思之，或遣兵驱去，若待再来，出兵征之；我或不许贡，但许市。这三策，你部里可斟酌覆奏。"

石星遵旨，在"三策"之外另提一策：立即着手册封日本国王事宜。其实是老调重弹："事惟决断乃成，人惟专责乃效。今督臣职在封疆，惟以战守为急，议及封事，未免迟回不决。往返商议，便是春汛，再致他虞，谁任其咎？臣既力担封事，遑恤其他，自当吃紧决策，以收完局。为今之计，宜选将二员，一责令赍执檄文，驰赴辽阳地方，即为小西飞伴入山海关前来；一责令直抵釜山，宣谕（小西）行长等，作速率众起行，以表恭顺之心，以俟封使之至。封事既定，则夷使即可遣行。封使既行，釜（山）倭报退，则各回营理事。"皇帝看他说得头头是道，当即照准："有不奉旨阻挠的，奏来拿问。但有腾架浮言，败坏封事，着厂卫衙门多差兵校，严行缉拿重治。"与此同时，朝鲜国王也致信皇帝，请求允许封贡，以保危邦。皇帝指示兵部："倭使求款，国体自尊，宜暂縻之。"有皇上的圣旨，石星立即派官员赶赴辽阳，伴送小西飞（小西行长的家臣内藤如安）前来北京。同时派官员赶赴釜山，通知小西行长做好准备，一俟封事既定，马上从釜山撤退。

十二月，日本使节小西飞抵达北京，石星优待如王公。阁臣赵志皋提议皇上在御门接见小西飞，皇帝鉴于"夷情未审"，拒绝接见，命令把小西飞安顿在左阙门，由有关官员与他会谈。明朝官员向他提出三个条件：从朝鲜撤兵，册封而不朝贡，发誓不再进犯朝鲜。小西飞表示接受，并且留下口词记录三条：一、釜山倭众尽数退归，若得准封，一人不敢留住朝鲜，不敢留对马岛，速回国；二、一封之外，不得别求贡市，任凭分付，并无他求；三、十六年前关白、行长杀了日本国王（意为如今日本并无国王，无碍册封）。口词记录有小西飞的签字画押："万历二十二年十二月十三日，日本差来小西飞押。"

石星一手策划的册封平秀吉为日本国王之事，于万历二十三年（1595）正月正式启动。册封诏书写道：

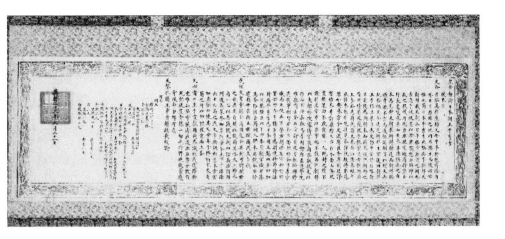

惟尔日本，远隔鲸涛，昔尝受爵于先朝，中乃自携于声教。尔平秀吉能统其众，慕义承风，始假道于朝鲜，未能具达，继归命于阙下，备见真诚。驰信使以上表章，干属藩为之代请，恭顺如此，朕心嘉之。兹特遣后军都督府署都督佥事李宗城、五军营右副将署都督佥事杨方亨，封以日本国王，锡以冠服金印诰命。凡尔国大小臣民，悉听教令，共图绥宁，长为中国藩篱，永奠海邦之黎庶，恪遵朕命，克祚天庥。

皇帝委派的正使李宗城、副使杨方亨，在沈惟敬的陪同下，经由朝鲜前往日本，册封丰臣秀吉为日本国王。不知何故，册封使节的行动十分拖拉迟缓，直到万历二十三年 (1595) 年底，仍旧逗留朝鲜境内，并未渡海。兵科给事中徐成楚弹劾兵部尚书石星，"东封竣事无期"。吏科给事中张正学也因"东封日久，情形可疑"，上疏弹劾石星轻信沈惟敬之言，请封日本，但是正副使节出使将近一年，"久住朝鲜，未闻渡海。顷接邸报，见东封三疏。据正使李宗城则云：(小西) 行长五营尚在，(加藤) 清正未行，或报阻封惧诛，或报留迎册使。据沈惟敬则云：已择十二月初六日行。凡此数语，俱涉支吾。臣切忧当事之臣轻信无赖，以误国家，损威非少"。沈惟敬所说十二月初六日起行，也是假话。到了万历二十四年三月，正副使节不但没有渡海，反而传来正使李宗城突然逃亡的消息。据邸报的消息，万历二十四年三月，"山东巡按李思孝报，沈惟敬被关白缚绑，李宗城闻知，夜即弃印逃出"。这是个误传的消息，李宗城的逃亡另有原因。据万斯同说："二十四年，遣临淮侯李宗城、都指挥杨方亨册平秀吉为日本王，给金印。(李) 宗城次对马岛，闻太守仪智妻美，欲淫之。(仪) 智怒，将行刺，(李) 宗城惧，弃玺书夜遁。"而李宗城自己的说法截然不同，逃亡是为了维护天朝使节尊严："关白所要七事，不止一封，彼若望封若渴，何无一人相迎？陡于三月二十八日，有被掳福建人郭续禹，以买药为名，私相求见。职招至卧内，伊谓关白虎狼蛇蝎，使臣者去，必至羁留，且将质以要索，少有不遂，定行杀害。又传，沈惟敬被关白一捆，关白云：予所要者七事，原不为封。又见近日关防甚严，情形渐异，随于本夜捧节西还，仿古大夫出疆之义。拟至前途飞报，讵竟迷失道路，不食者六日。初八日始至庆州，理合揭报。"

李宗城说得冠冕堂皇，大义凛然，究竟孰是孰非？看了谷应泰的记载，便可见分晓：

> 东封之使久怀观望，至是（二十四年［1596］正月）始抵釜山。而沈惟敬诡云演礼，同（小西）行长先渡海，私奉秀吉蟒玉、翼善冠，及地图、《武经》……取阿里马女，与倭合。李宗城纨绔子，经行之营，所在索货无厌。次对马岛，太守仪智夜饰美女二三人，更番纳行帷中，（李）宗城安之。倭酋数请渡海，不允。仪智妻，（小西）行长女也，（李）宗城闻其美，并欲淫之。（仪）智怒，不许。适谢周梓偪隆，与（李）宗城争道，（李）宗城欲杀之。（谢）隆诛其左右，以倭将行刺。（李）宗城惧，弃玺书夜遁。比明失路，自缢于树，追者解之，遂奔庆州。

谷应泰所说是有根据的。万历二十五年三月杨方亨回京奏报出使的全过程，曾经提及"正使李宗城有被谢隆之惑，蓦然潜出"的情节。足见万斯同、谷应泰所说不虚，李宗城则谎话连篇。朝廷任用这样的人去办册封大事，其结果自然可想而知。

皇帝下令扭解李宗城至京审讯，将副使杨方亨提升为正使，任命随员沈惟敬为副使，立即前往日本。

九月一日，使节一行在大阪城会见丰臣秀吉。丰臣秀吉接受了册封诰命书、国王金印、明朝冠服，命相国寺承兑宣读诰命、敕谕。堀杏庵《朝鲜征伐记》说，当读到"万里叩关，恳求内附"时，丰臣秀吉勃然大怒。以后赖山阳《日本外史》进一步渲染夸张说，宣读诰命、敕谕时，丰臣秀吉立即脱去冠服，抛到地上，并且把敕书撕得粉碎。据东京大学教授西嶋定生研究，这份敕书至今仍保存得相当完好，丝毫没有撕破的痕迹。万历帝的诰命现藏于大阪历史博物馆，敕谕现藏于宫内厅书陵部。关于诰命、敕谕，关西大学教授大庭脩有详细的研究。他说，诰命是册封的辞令，写在青赤黄白黑五色云鹤纹织锦上的，其文字"奉天承运皇帝制曰"云云，以及"特封尔为日本国王"云云，以公正楷书分五十行书写。敕谕是讲和的具体指示，记载了封秀吉为日本国王而赐予的金印、冠服，以及赐予陪臣的官职、物品，最后还附记赐予国王冠服的目录。这些冠服原物至今仍保存在京都市的妙法院。由此可见，丰臣秀吉脱冠服、撕敕书的说法，纯属虚构。

九月二日，丰臣秀吉身穿明朝冠服，在大阪城设宴招待明朝使节。表面上看似乎取得了预料的结果，其实不然。册封事件从万历二十三年 (1595) 正月启动，直至万历二十五年正月，册封使节才回到朝鲜釜山，延续了整整两年，有识之士已经敏感到问题的严重性。

万历二十四年 (1596) 十二月，兵部尚书石星奏报，册封大典已经完成，使节凯旋，釜山倭奴扫荡计在咫尺。兵科给事中徐成楚反驳道，事实恰恰相反：

　　　　今月初四日，接到蓟辽总督孙矿、辽东巡抚李华龙，各为紧急倭情情事，内称：关白密谋大举，朝鲜道咨告急，求调浙兵三四千，星火前进，进驻要害，以为声援……复朝鲜既灭之余烬也，人心内震，士马外残，取之如摧枯拉朽，不但八千釜（山）倭盘踞如故，且曰将以刻下渡海大兵，以明春继进。朝鲜不支，必折而入于倭；朝鲜折而入于倭，则辽以左、山以东，可依然安枕乎？

　　以后事态的发展，证实了有识之士的预判，册封并不能满足丰臣秀吉的欲望，再次进军朝鲜不过是时间迟早的事情。万历二十五年 (1597) 正月，册封使节回到釜山，驻扎釜山的日军并未按照协议渡海回国。不久，朝鲜国王李昖因为"倭情紧急"，请明朝援助；派遣陪臣刑曹郑其远赶来，痛哭请援。兵科给事中徐成楚根据辽东副总兵马栋报告，正月十五日有倭将（加藤）清正带领倭兵船二百余只，已于十四日到朝鲜海岸，至原住机张营驻扎，其兵力当不少于二万余。所有防御事宜，应当及早图谋。但是昨日内阁首辅赵志皋说，封事已成，不知徐成楚何故，深自张皇启祸。皇帝命廷臣立即召开会议，研究倭情。二月间，册封使节杨方亨回渡鸭绿江，向朝廷奏报册封经过，隐约而含蓄地提请朝廷注意："岛夷狡猾叵测，自其天性，乃受封之后，尤为责备朝鲜之语，复欲狂逞肆毒于朝鲜，亦未可知。"

三月，杨方亨回到北京，报告真实的倭情。谷应泰说："(杨)方亨始直吐本末，委罪(沈)惟敬，并石星前后手书，进呈御览。上大怒，命逮石星、(沈)惟敬按问。"那么杨方亨讲了些什么呢？看他的奏疏题目——"直言封事颠末，正欺罔、绝祸源"，便可知晓他要杜绝欺罔，披露真相。原来他抵达釜山时，为了提防沈惟敬泄密，在奏疏中所写的是冠冕堂皇的假话，什么"关白平秀吉感激锡予封典，怀德畏威，恪遵典制，创公馆而特迎诰敕，率臣民而远效嵩呼"；什么"日本调兵渡海之事，在朝鲜固宜提备，亦不必过为张皇，而日本既听胡搜处分，似宜量为分解"云云，并非真情实况。为什么呢？他透露其中隐情："今往返两国已历二年，目击耳闻颇真，是不敢不言之时。不但今日当言，即臣返棹之时业欲具奏，以(沈)惟敬密迩，若有一言，(沈)惟敬必知，(沈)惟敬一知，倭奴必觉。臣死不足惜，而龙节玺书，及随从数百员役，尚在虎口，万一不测，辱命之罪，万死何赎！"那么抵达鸭绿江时的奏疏为何不讲呢？因为收到兵部尚书石星的信函，暗示他"一封之外，别无干预"。所以只能隐约提及"岛夷狡猾叵测"。一旦抵达京师，他再也不敢隐瞒真相，披露石星与沈惟敬联手策划的封事背后的隐情。

其一是，沈惟敬忽然借口提前前往日本，演练册封礼仪，于去年正月十五日随同小西行长渡海而去，音信杳然，人心危疑。恰在此时，正使李宗城受到谢隆追杀，突然逃亡。杨方亨向石星提醒"倭情狡诈，不敢保其无他"，请求派遣得力言官前来釜山查勘，相机而行，可封则封，可罢则罢。石星以"文臣破败封事"为借口，予以拒绝，使得他有一种"甘心为本兵鹰犬"的感受。

其二是，当初双方约定，釜山日军一个不留，始得前往日本册封。然而兵部尚书石星发来公函，要求"釜山倭户务安插得所"。石星还致书小西行长，令杨方亨或住对马岛，或住南戈崖，等候"钦补物件"。"（小西）行长乃日本之奴隶，本兵之与通书，用护封，称先锋，内有亲笔副启。"

其三是，以前所谓日本已无国王，无碍册封云云，显然是无稽之谈。杨方亨说："又闻日本国王天正为文禄之父，一旦秀吉废其父而立其子，擅作威福，震詟国人。今天正、文禄父子俱在，而秀吉俨受王号，其篡逆之心，又于此可见。"

其四是，沈惟敬其人可疑，石星却倚为亲信，由此忠心变而为昏昧。杨方亨说："大都封事之误，误于（沈）惟敬一人。臣切睹本兵之初心，实忠于为国，但偏于所听，不能知人。沈惟敬何人？而遽任以国家大事；倭奴何人？而遽信为孝子顺孙。始则以（沈）惟敬之欺罔认为忠言，犹不失其心之忠；继则以误就误，乃至掩耳偷铃。以

（沈）惟敬之误己者，乃误国家，此本兵忠赤之心变而为昏昧也。"

其五是，杨方亨指责石星，"倭奴云集海隅，正宜长驱尽扫，何偏听独见，坚执许封。倭众未归，而大兵先撤。恒以省财费为言，更不知昔之所费有限，今之所费无穷"。

其六是，石星在册封使节随员中，擅自安插家人（亲信听差），且地位在其他随员之上。"本兵家人，当禁迹阃中，尚不可履武弁之门，况可以出外国，驷马高盖，博带峨冠，居诸从员之上，是何体也？意谓差官报事不实，故遣家人亲往，所报必实。竟无一字实报皇上，而仍前偏听，不知差家人之心是何心也。"

获悉这些内情，皇帝大怒，下令逮捕石星、沈惟敬，交法司审讯。

已经退休在家的前任内阁首辅申时行认为，石星、沈惟敬操纵的封事，不但误国，而且辱国。他回顾道：

> 朝鲜有倭难，连章告急请援兵，朝议皆言可许。乃命将发兵，遣大臣经略，抽选各边精锐以往。本兵檄海上各以舟师来会，中外汹汹。余方卧家，客问余计将安出？余曰："朝鲜固属国，然国家不有其疆土，不征其租赋，与内地异……恶有以天朝戍外国者！朝鲜能自守，则吾助之兵粮，以示恤小之仁，或告谕日本，使之罢兵则可耳。"已闻朝廷遣人谕倭，倭将各

引还釜山，以王京及所掳王子归朝鲜，诡云欲入贡天朝，为朝鲜所遏，故兴兵伐之。于是封贡之议起矣。庙堂若有主持，许其封而却其贡，即彼遣使来，当令辽东抚臣审实代奏，而后许封。待其表文既至，而后遣使，乃不失体。今小西飞乃倭将行长一书记耳，本兵尽撤营兵，夹道陈列而迎之；请驾御午门城楼引见，亦甚亵矣。闻京师百官军民无不愤恨，而本兵扬扬自以为得策也。已又遣两使臣赍冠服以往，而关白尚不知使臣，留待半岁。本兵自遣其仆往探之，竟不得命，而讹言四起。使臣且踉跄奔还，不惟误国且辱国，可谓扼腕长太息也。

可谓"旁观者清"，倘若当时他仍是内阁首辅，还能看得如此透彻吗？

七、"战端再起，戛然而止"

就在这时，丰臣秀吉再次发动侵略朝鲜的战争。

万历二十五年 (1597) 正月十五日，辽东副总兵马栋报告，倭将清正带领兵船二百余只，已于十四日到朝鲜海岸，在原住地机张营驻扎，其兵力不下两万。朝鲜陪臣向明朝痛哭求援。兵科给事中徐成楚报告，倭将清正率兵船二百余只，倭将丰茂守等也率兵船六十余只，往朝鲜西生浦等处，别起倭船络绎不绝过海而来。他抨击道"奸臣党蔽天听，谬为两国相争，只为礼文缺典。不知世岂有兴师十数万，浮海数千里，争一繁文缛节"之事！

朝廷至此才知道寄予极大希望的"封事"，宣告失败，下令革去蓟辽总督孙矿的官职，任命邢玠（字式如，号昆田，山东益都人）以兵部尚书出任总督经略，都御史杨镐（字京甫，号凤筠，河南商丘人）经理朝鲜军务，以麻贵为提督，东征援朝。

石星因"封事"误国，皇帝狠狠训斥道："倭奴狂逞，掠占属国，窥犯内地，皆前兵部尚书石星谄贼酿患，欺君误国，以致今日，戕我将士，扰我武臣，好生可恶不忠！着锦衣卫拿去法司，从重拟罪来说。"其实册封的诰命、敕谕都是皇帝签署发出的，如果没有皇帝的纵容，石星何至于如此肆无忌惮。现在所有责任全推到他一人身上，法司遵旨从重拟罪：论石星大辟，妻子发烟瘴地面永戍。

石星的悲剧在于，稍有小才，而对外交国防所知甚少，只知一味投机取巧，暗箱操作。在如此重大的外交国防问题上失误，断然难逃一死。日本学者冈野昌子评论道：石星对这场战争始终缺乏信心，以兵部右侍郎宋应昌为经略，以市井无赖沈惟敬为游击将军，确立石星—宋应昌—沈惟敬路线，表面上采用筹集钱粮、制造武器、征发渔船、募集士兵的军事体制，暗中进行和平折冲。当时官僚中反对"封贡"者占七八成，赞成"封贡"者不满一二成。和平交涉的结果，是日军的再度入侵。

据明朝官方的情报，此次侵略朝鲜的日军达十二万之

众。其中清正部一万二千，直政部一万八千，行长部一万，义弘部一万，辉元部二万，甲州太守、一州太守、土州太守、云州太守各兵六千，一政部六千，隆景部四千，安沽、安治部四千，义智部三千，广门部二千。明朝方面看清了日本的野心，朝鲜灭亡势必危及中国，必须采取长期作战的战时体制，因此出动的兵力明显增加，从《明神宗实录》来看，水军与陆军合计九万人；从朝鲜《宣祖实录》来看，明军有十一万之多。需要说明的是，上述明军的数字，都是万历二十六年(1598)的统计，万历二十五年战争初期的兵力没有达到这一水平。

日军以兵力优势，很快攻破闲山、南原等地。据明朝方面记载，七月，日军夺取梁山、三浪，进攻庆州、闲山，朝鲜守将元均望风披靡，闲山陷落。闲山在朝鲜西海口，是南原的屏障，全罗的外藩。闲山失守，形势吃紧，经略下令严防王京西面的汉江、大同江，阻止日军西下。八月，日军包围南原，乘着夜色掩护，发动突然袭击。守将杨元毫无防备，听闻倭至，从帐篷中惊起，赤脚逃跑，辽兵护卫他向西奔去。当时全州有明将陈愚衷，忠州有明将吴惟忠，各自扼守要塞。而全州距离南原仅一百里，互为犄角。南原告急，陈愚衷怯懦，不发兵，听说南原已破，立即弃城撤退。麻贵派游击牛伯英赴援，与陈愚衷会合后，驻扎于公州。日军进犯全罗，逼近王京。当时明军兵力单薄，只得依靠汉江天险，退守王京一带。麻贵甚至向邢玠提出放弃王京，退守鸭绿江。海防使萧应宫坚决反对，从平壤日夜兼程赶往王京制止。麻贵发兵守卫稷山，朝鲜也征调都体察使李元翼由鸟岭出忠清道，阻挡日军。身负经略之职的邢玠向朝廷大叹苦经："朝鲜南原、全州已失，倭势甚大。该国官民纷纷逃散，渐遗空城，不惟不助我兵，不供我饷，且将仓粮烧毁，绝军咽喉，反戈内向。萧墙变起，数支孤军，御倭且难，御朝鲜之贼益难。"

据朝鲜人记载，当时战况相当激烈："丁酉（万历二十五年，1597）九月六日，天将副总兵解生，参将杨登山，游击摆赛、颇贵等兵数万，迎战于湖西至境。解生等到金岛坪，巡审用武之便，分兵三协，为左右掩杀之计。陈愚衷自全州退遁，贼兵跟追，已渡锦江。上（朝鲜国王）日夜泣诉于经理（经略杨镐），慰解曰：'倘官军不利，主君宫眷可相救活。'即于麻贵领大军行至水原下寨，遣兵于葛院，埋伏于芥川上下，以为后援。贼兵自全州天安直向京城。五日黎明，田秋福向洪庆院，先锋已至金岛坪。天兵左协出柳浦，右协发灵通，大军直从坦途，锣响三成，喊声四合，连放大炮，万旗齐颤，铁马云腾，枪剑奋飞，驰突乱砍，贼尸遍野。一日六合，贼逝披靡……翌日平明，贼兵齐放连炮，张鹤翼以进，白刃交挥，杀气连天，奇形异状，惊惑人眼。天兵应炮突起，铁鞭之下，贼不措手，合战未几，贼兵败遁，向木川、清州而走。"日将加藤清正损兵折将相当惨重。明朝方面报道说："先是，倭分三路，欲拥犯朝鲜王京，解生挫于稷山，又转向东南。彭友德等又进至青山等处。倭众遂溃南遁。"这是再次开战后第一个胜仗，即所谓"稷山大捷"。

　　万历二十五年（1597）十一月二十九日，经略邢玠带着皇上颁发的犒赏银两，以及皇上钦赐的尚方剑，与监军御史陈效一起，率领增援兵力抵达王京。随即在王京召开军事会议，把全军分为三协：左协由副总兵李如梅指挥，右协由副总兵李芳春、解生指挥，中协由副总兵高策指挥。总兵麻贵与经理杨镐率领左协与右协军队，从忠州鸟岭向东安趋庆州，专攻日军加藤清正部。为了防止小西行长前来增援，命中协兵马策应左右两协，遏制全罗来援之敌。十二月二十日，杨镐、麻贵进至庆州，勘查蔚山敌情。二十三日，明军向蔚山发起进攻，先由游击以轻骑引诱日军进入埋伏，斩杀日军四百余人，日军南奔岛山，构筑三寨固守。翌日，游击茅国器带领浙兵先登，连破三寨，斩杀日军六百六十一人。日军坚壁不出，等待援军。

监军御史陈效向朝廷报告蔚山大捷："督臣（邢）玠扼守王京，总兵麻贵、抚臣杨镐先后于十二月初八等日，由王京起行，齐至庆州，定计专攻蔚山。于二十三日巳时抵巢，贼兵万余迎战。斩获倭级四百四十余颗，生擒十名。贼弃蔚山，追走争渡，溺死甚众，退守岛山新城。二十四日，抚镇督率官兵攻岛山，遂破伴鸠亭、城隍堂、太和江三寨，生擒倭贼四名，斩获首级六百一十一颗，焚烧寨内铺面住房万余，仓粮牲畜尽数烧毁。二十五日，复攻岛山。城险备周，不能遽上。"

正当蔚山日军岌岌可危之时，小西行长派援军赶来解围。小西行长担忧，如果倾巢出动，釜山空虚，一面挑选铳兵三千赶来，一面虚张旗帜于江上，制造大批援军从海上赶来的假象。朝鲜将军李德馨为假象迷惑，谎报"海上倭船扬帆而来"。杨镐未加核实，来不及下令，就率先西奔，大军失去指挥，顿时溃乱。加藤清正乘机反扑，明军死伤万余。

李光涛评论道："朝鲜君臣乃至额首称庆，认为清正不难成擒矣。孰知天不欲灭倭，譬如大兵进围蔚山别堡之所谓岛山，凡十余日，而倭众正困于饥渴交迫，清正且一再至欲拔剑自裁。不意天忽大雨，以解其危，更兼倭援大至。当此之际，杨镐仓卒撤军，结果反为倭兵所乘，不利而退。"所谓"不利而退"云云，过于轻描淡写，其实是小胜之后的大败。杨镐、麻贵奔往星州，退守王京。

皇帝接到蔚山大捷的喜讯，下令嘉奖："东征再捷，此皆总督运筹，抚镇奋勇，以致将士争先效劳，有此奇捷，朕心嘉悦。杨镐亲冒矢石，忠尤可嘉。邢玠赏银一百两，杨镐、麻贵各八十两，再发太仆寺马价银五万两，犒赏将士。"孰料，这一嘉奖令及犒赏银两还未送到前线，就传来惨败的消息："二十七日，大雨昼夜。二十八日，东南风大作，海上援倭俱至。二十九日，海倭寨倭上下夹攻。至戊戌（万历二十六年，1598）新正、初二等日，李如梅、李宁、卢得功、屠宽、解生、祖承训、杨登山等九员大溃，死伤官兵十七八。经理（杨）镐、总兵（麻）贵俱遁。我兵自相践踏，死者无数，合营俱败，三日方抵中州。"有关官员纷纷指责杨镐、麻贵"以败报胜，以罪报功"。

朝鲜赞画、兵部主事丁应泰弹劾杨镐等人"贪猾丧师酿乱，权奸结党欺君"，不但批判杨镐，谴责麻贵、李如梅等将领，还牵连到内阁辅臣张位、沈一贯。他的奏疏写得非常尖锐，批判杨镐有这样的话："抚臣杨镐，谬妄轻浮，机械变诈，既丧师而辱国，敢漏报而欺君。倭至则弃军士之命而潜逃，兵败则画屯守之策而掩罪。"谴责李如梅有这样的话："副将李如梅，贪淫忌刻，欺罔奸谗。张虐势而凌眇将官，挟上交而淫掠属国。逗留观望，则且进且退；擅离信地，则独往独来。"谴责麻贵有这样的话：

"提督麻贵，巧于避罪，而文致报章；忍于弃军，而仓皇驰马。既已损威偾事，乃复冒赏乱功，诸将拊心，三军切齿。"他还揭露内阁辅臣张位、沈一贯"交结欺蔽之状"。皇帝对此十分重视，批示说："朕览此奏，关系军国切要重务，着五府、大小九卿、科道官，公同看议来说。"

府部科道看议的结果，一是杨镐革职，回籍听勘；二是张位罢官、削籍。皇帝圣旨说得振振有词："杨镐乃卿密揭屡荐，夺情委用，专任破倭。乃今朋欺，隐匿军情，致偾东事，辱国损威，莫此为甚。"

战事陷入了相持局面。

不料风云突变，从日本传来丰臣秀吉于七月九日死去的消息，日军士气顿时低落，阵脚大乱。据说，丰臣秀吉的死讯是严格保密的，五大老、五奉行向在朝鲜的大名发去撤退的指令。但是为此必须向明朝方面提出撤退的名分，例如以朝鲜王子为人质，朝鲜每年向日本缴纳稻米、虎皮、豹皮、药材、清蜜等租税。中国和朝鲜似乎已经刺探到丰臣秀吉的死讯，断然拒绝日本方面的要求，出兵追击撤退的日军。追击的主要指挥者是水军将领李舜臣。他阻断了小西行长的退路。这时，釜山和蔚山的日军撤退之后，小西行长和岛津义弘的军队成了殿后。小西遭到李舜臣的袭击，岛津为了援救小西，在露梁津与李舜臣的水军展开激战。李舜臣在这场海战中中弹而死。

邢玠抓住战机，命总兵刘綎、董一元、麻贵分兵三路出击。日军各部无心恋战，纷纷渡海东归。战火终于熄灭。

如果丰臣秀吉不死，这场战争还将旷日持久地进行下去。他的死，导致日军的失败早日到来，吞并朝鲜的黄粱美梦化作泡影。

万历二十七年 (1599) 三月，皇帝降旨：征倭总兵麻贵班师回朝；任命李承勋提督水军，充任防海御倭总兵官，驻扎朝鲜；周于德移镇山东，为备倭总兵官。四月十五日，皇帝破例来到午门城楼，接受朝贺，并把平秀正等六十一名俘虏当场正法。闰四月初八日，皇帝为东征御倭胜利，向全国发布诏书：

> 朕念朝鲜称臣世顺，适遭困厄，岂宜坐视！若使弱者不扶，谁其怀德；强者逃罚，谁其畏威？况东方乃肩背之藩，则此贼亦门庭之寇，遏阻定乱，在予一人。于是少命偏师，第加薄伐，平壤一战，已褫骄魂。而贼负固多端，阳顺阴逆，本求伺影，故作乞怜。册使未还，凶威复煽。朕洞知狡状，独断于心，乃发郡国羽林之材，无吝金钱勇爵之赏，必尽弁服，用澄海波。

然而，在当时人看来，这场战争胜之不武，有不少负面评论，许重熙《嘉靖以来注略》反映得比较集中。他关于此次战争收场的记述，颇有讽刺意味：

万历二十六年（1598）十一月，倭将各统兵归国。时平秀吉已于七月九日死，诸酋久有归志。邢玠敛军中数万金贿诸酋，随之渡海，求秀吉之子永结和好。诸酋欣然扬帆，同日南去。经略万世德自六月受命（代替杨镐），迁延不敢前。比闻倭退，兼程驰至王京，会同邢玠奏捷，遣三百人分送三酋渡海，而三酋亦遣百人送（邢）玠渡鸭绿江。（邢）玠即缚之以献俘云。

赞画（参谋）丁应泰弹劾邢玠、杨镐，言官徐观澜弹劾阁部大佬，受到高层官员打击报复。许重熙披露了一些细节：随邢玠、杨镐东征的赞画丁应泰，弹劾邢玠、杨镐"假官赏贿，随倭渡海，并无战功，伪奏肤捷"。给事中刘余泽、陈如吉诬陷丁应泰"妒功"，皇帝下旨"应泰回籍听勘"。言官徐观澜弹劾阁臣沈一贯、兵部尚书萧大亨、总督邢玠、经略万世德，斥之为"四凶"，"党和卖国"。奏疏送到北京，被户部侍郎张养蒙扣下。徐观澜再次上疏，揭露"师中积蠹、阃外虚文，弊端种种"。这是他亲自前往釜山、蔚山、忠州、星州、南原、稷山等地，"查核各处败状"，收集来的证据，据实报告朝廷。沈一贯利用职权，以"回籍调理"的名义，把徐观澜罢官。

列举了上述事实，许重熙引用董其昌的评论表明自己的观点。董其昌说：

倭以平秀吉之死，因而惰归，非战之功也。（丁应泰以（邢）玠为赂倭，科臣即以（丁）应泰为党倭，岂为笃论！而（丁）应泰以此永废，可惜矣！（邢）玠谓（陈）效之死为（丁）应泰所逼，不胜愤懑，以激皇怒可耳。夫御史气吞郎署，岂受（丁）应泰凌轹且死哉！即言观理，是非自见。

在班师回朝之后的庆贺声中，人们看到的是一个论功行赏的圆满结局：邢玠晋升为太子太保，荫一子锦衣卫世袭；万世德晋升为都察院右副都御史，荫一子入国子监；麻贵晋升为右都督；杨镐以原官叙用。对此谷应泰不无讥刺地议论道："邢玠飞捷之书，杨镐冒功之举，罔上行私，损威失重。煌煌天朝，举动如此，毋怪荒裔之不宾也。向非关白贯恶病亡，诸倭扬帆解散，则七年之间，丧师十余万，糜金数千镒，善后之策，茫无津涯，律之国宪，其何以辞！乃贪天之功，幸邀爵赏，衣绯横玉，任子赠官，不亦恶乎！"显然，谷应泰的批评不仅针对邢玠、杨镐的"罔上行私"，而且对于"煌煌天朝，举动如此"，也有所微词。谷氏虽然生于明末，但编写《明史纪事本末》已是清朝初年，敢于无所顾忌地追究神宗皇帝的过失："盖以用兵之初，神宗气自甚锐，锐则望其速济，故不欲核其真。用兵之久，神宗忧自甚深，忧则幸其成功，故不欲明其伪。卒之忠言者落职，欺君者冒功，而所遭逢异矣。"从"不欲核其真"，到"不欲明其伪"，看似两个极端，本质却是一致的。

乾隆时刊行的《明史》，其中"日本传"的议论很有独到眼光："秀吉死，诸倭扬帆尽归，朝鲜患亦平。然自关白（秀吉）侵东国，前后七载，丧师数十万，糜饷数百万，中朝与朝鲜迄无胜算。至关白死，兵祸始休，诸倭亦皆退守岛巢，东南稍有安枕之日矣。秀吉凡再传而亡。终明之世，通倭之禁甚严，闾巷小民至指倭相詈骂，甚以嚇其小儿女云。"在民间百姓中，留下了既憎恨又恐惧的阴影。

如今再来评价这场战争，实在是一言难尽。

六君子之狱

  天启年间的阉党专政，是明朝历史上最为黑暗的一页，读来惊心动魄，难以忘却。

  所谓阉党，乃是以太监为核心的帮派，为首的是司礼监秉笔太监兼东厂总督魏忠贤，帮凶是司礼监掌印太监王体乾，以及把持各个部门的大小太监。他们上下其手，架空皇帝，把持内廷大权。令人讶异的是，外朝的一批文武大臣拜倒在魏忠贤及其党羽脚下，内外勾结，沆瀣一气，有所谓"五虎""五彪""十狗""十孩儿""四十孙"。正如《明史·魏忠贤传》所说："当此之时，内外大权一归（魏）忠贤。内竖自王体乾等外，又有李朝钦、王朝辅、孙进、王国泰、梁栋等三十余人，为左右拥护。外廷文臣则崔呈秀、田吉、吴淳夫、李夔龙、倪文焕主谋议，号'五虎'；武臣则田尔耕、许显纯、孙云鹤、杨寰、崔应元主杀戮，号'五彪'。又有吏部尚书周应秋、太仆寺少卿曹钦程等，号'十狗'。又有'十孩儿''四十孙'之号。而为（崔）呈秀辈门下者又不可数计。自内阁、六部至四方总督、巡抚，遍置死党。"这个死党，以专权乱政为能事，把政局搞得一团糟。

朝廷中的正直官员，不畏强暴，与阉党展开了殊死较量，前赴后继。结果以悲剧告终，令人唏嘘不已。

一、杨涟："生杀予夺岂不可以自主，何为受制幺麼小竖？"

杨涟，字文孺，号大洪，湖广应山（今湖北广水）人。万历三十五年（1607）进士，出任常熟知县，清正廉明，被举荐为"廉吏第一"。升任京官后，在泰昌、天启之际的"拥立""移宫"事件中，功勋卓著，却从暗处传来不少流言蜚语，恶意中伤。他一气之下辞官而去，以明心迹。正直人士愤愤不平，希望皇上挽留有功之臣。皇帝为了平复舆论，对外宣布准许杨涟回乡疗养身体，病愈后再为朝廷效力。

身在江湖，心在魏阙。杨涟在家闲散的日子，丝毫没有"采菊东篱下，悠然见南山"的优哉游哉，念兹在兹的依然是朝廷政事。后人在《杨忠烈公年谱》中写道："居恒独处，每阅邸报，闻魏忠贤、刘朝恣横状，辄潸然泣下。恐负先帝恩，曰：'吾得面圣，碎首陈先帝付托之重，誓诛此贼，以报知遇。'亲友如陈元朴、王思延辈常规之曰：'今权在若辈，能诱之向正则可，空言徒起祸，无益耳。'

▶ 杨忠烈（杨涟）像

公时亦深以其言为然。"为了不辜负先帝的托付，他发誓要除掉魏忠贤这个恶贼。天启三年(1623)朝廷起用他为礼科都给事中，家人都有喜色，他对子女说："今冲圣子立，外有兵戎，内有逆竖，疆场、宫府皆我死所，忧且不暇，何喜之有？"念及母未终养，子女尚未婚嫁，悄悄向亲友嘱托后事，每每笑言："杨某这番出山，不知归路是何为也？"他是带着殉道赴死的心情进京赴任的。

天启四年(1624)，五十三岁的杨涟晋升为太常寺少卿，再晋升为都察院左佥都御史、左副都御史。对于他个人而言，可谓官运亨通，然而国运却十分堪忧。《杨忠烈公年谱》写道："魏忠贤用事，群小附之，惮众正盈朝，不敢大肆。公（杨涟）与赵南星、左光斗、魏大中辈，激扬讽议，务植善类，抑险邪。忠贤及其党衔之刺骨，遂兴汪文言狱，将罗织诸人。"

在此危急关头，杨涟连上两疏，矛头直指魏忠贤。第一份奏疏的主旨是"止内批屡降"，请求皇帝剥夺魏忠贤内降矫旨的权力，把生杀予夺大权归还皇帝，把票拟权归还内阁，人事权归还六部，是非权归还都察院、六科。他写道：

　　——东厂太监魏忠贤怙势作威，朋奸乱政四年于兹。先是，满朝大小臣工交章请剑，皇上不即震怒，贷以不死，且为之杖御史林汝翥矣，且为之杀屯郎万燝矣……数月以来，寂然静听，而忠贤亦稍自敛戢，阁中传宣渐稀。方幸其洗肠涤胃，改过自新。讵意包藏祸心，乘间报复，借覆山西巡抚一事，大发难端，降吏科都（给事中）魏大中矣，文选员外夏嘉遇矣；吏部尚书赵南星、左都御史高攀龙上疏自劾，勒令回籍矣；并降升救科臣沈惟炳矣，又降升救科臣许誉卿矣。数月之间，内降斜封层见叠出，问之阁臣，阁臣不知也。甚至旨下而阁臣犹然不知也。且公然大言于众曰："不知何妨也？"是何忠贤，大胆如此极哉，彼不过托言圣怒云耳。

　　——奈何皇上不自为喜怒，以忠贤之喜怒为喜怒哉？忠贤又不自为喜怒，以外廷之恩怨为喜怒哉？从此丝纶不必设内阁，黜降不必设部曹，是非不必设台谏，止凭忠贤一手躬定太平。而附忠贤者不得志于清议，日借助于忠贤，日夜图谋，暗进百官之图，明注党人之籍……不问世间何者为善，但与我善者即是善人；不问世间何者为恶，但与我恶者即是恶人，朝取一人焉逐之，暮取一人焉逐之。始犹小臣，渐及大臣矣；始犹斥逐，渐及杀戮矣……只知恣一己之凶横，不顾剥宗社之元气。臣恐祖宗二百年培养之人才，不堪忠贤一朝之芟刈；祖宗栉风沐雨之天下，不当忠贤一朝之断送也。

——从来小人误人家国，必先比附中官；中官专权乱政，必先驱逐言官，摈除大臣。驱除摈逐必先借径内批，借径内批必先挑激圣怒，挑激圣怒必曰朋谋结党。及天下公论不服，人主往往代为分过，曰亲裁，曰独揽，又援引前代之异事而同名者，以钳制天下人之口，自古及今，如出一辙。

杨涟的结论是：以票拟还内阁，以黜降还部曹，以是非还台谏，即贷忠贤以不死，严加戒谕，令其小心谨慎，保全恩宠，毋代人操刃，擅作威福，自取罪殃。显然留有余地，只要魏忠贤改过自新，便可贷以不死。虽然仁至义尽，却缺乏震慑力，皇帝与魏忠贤毫无反应，说了等于白说。忍无可忍，迫使杨涟使出杀手锏。

天启四年 (1624) 六月初一日，杨涟以舍得一身剐的大无畏气概，揭露魏忠贤二十四大罪。这篇震惊天下的奏疏，酝酿多时。《年谱》写道："公出山之日，即密缄一稿，欲起写，恒泣出声。家人惊问，则以思念先君为言……继而怀疏入朝，之易公等见稿乃夜半写物也，举家惶惶，金骇祸迫。公曰：'明知有祸无益，但骑虎将成，无使后世谓顾命（大臣）之中此时无一人有男子气。'斯言也，早已义不顾身矣。"他已经把生死置之度外了，所以奏疏的文字尖锐泼辣、无所顾忌，声讨魏忠贤"怙势作威，专权乱政，欺君蔑法，无日无天，大负圣恩，大干祖制"，要求皇上"大奋乾断，立赐究问"。为此列举二十四大罪状，以其中任何一条，都可以置魏忠贤于死地。例如：

——魏忠贤假传圣旨，太监三五成群勒逼喧嚷，致使朝堂成为喧闹的集市，败坏了祖宗二百余年的政体。

——魏忠贤不容正直大臣立足于朝廷，指使亲信在朝堂上喧闹侮辱，交构诬陷，迫使他们罢官而去。对于柔媚善附的小人，却破格起用。真所谓与我善者为善人，与我恶者为恶人，必不容盛世有正色立朝之直臣。

——魏忠贤一手握定枚卜（遴选内阁成员）大权，排斥先进，安插亲信，形成"门生宰相"局面，致使一时名贤不安而去，真所谓颠倒有常之铨政，掉弄不测之机权。京城有言：皇上之怒易解，忠贤之怒难饶。

——魏忠贤勾结奉圣夫人客氏（皇帝乳母），害死皇后所生长子，勒令怀孕的妃子自尽，致使皇上无嗣绝后。

——东厂原以察奸细、缉非常，自魏忠贤受事，专门用来扰民，鸡犬不宁，而且直以快恩仇、行倾陷，片言违忤，驾帖立下，势不至兴同文之狱、刊党锢之碑不已。当年权阉汪直之西厂，恐未足语此。

——祖宗法度规定，宫内不许驻扎军队，原有深意。魏忠贤擅自在宫内组建称为"内操"的军队，有亲信党羽操纵，究竟意欲何为？

——近日魏忠贤前往涿州进香，一路上骑兵簇拥如云，蟒袍玉带的官僚在后追随，警跸传呼，清尘垫道，百姓误以为皇上驾到。返回时，改驾四马，羽幢青盖，夹护双遮，俨然皇上之乘舆。忠贤此时自视为何如人？

——宠极则骄，恩多成怨。闻今春驰马御前，皇上曾射杀其马，贷忠贤以不死。圣恩宽厚，忠贤不自伏罪请死，且闻进有傲色，退有怨言，朝夕提防，介介不释，心腹之人时时打点。从来乱臣贼子只争一念放肆，遂至收拾不住。皇上果有此事，奈何放虎兕于肘腋之间？

杨涟在弹劾奏疏最后写道，他所揭露的罪状证据，都得之于邸报、招案，以及北京共传共见的事实，并非捕风捉影的臆度之言。魏忠贤惧怕内廷有人揭发，杀者杀，换者换，吓得左右近侍都不敢言；惧怕外廷有人揭发，逐者逐，锢者锢，致使外廷官员都观望而不敢言。更有一种无识无骨苟图富贵之徒，或攀附枝叶，或倚托门墙，或密揭居停，或投充门客，逢其所喜，挑其所怒，无所不至。即使奸状败露，又有奉圣夫人客氏为之弥缝其罪戾，故而气焰嚣张。

为了惊醒皇上，他写下了振聋发聩的警句：

> 掖庭之内知有忠贤，不知有陛下；都城之内知有忠贤，不知有皇上。即大小臣工，积重之所移，积势之所趋，亦不觉其不知有皇上，而只知有忠贤……

宫中府中大事小事无一不是忠贤专擅，即章奏之上，
反觉皇上为名，忠贤为实……伏念皇上天纵聪明，
春秋鼎盛，生杀予夺岂不可以自主，何为受制幺麼
小竖？

　　事实确实如此，甚至于皇帝做出任何决定都得听魏忠
贤的意见，每每遇见中外有紧切当做之事，当起用之人，
皇帝必定说："要与内边（魏忠贤）说说。"或者人不得用，
事不得行，皇帝也只是说："内边（魏忠贤）不肯。"所以杨
涟感叹："伏念皇上天纵聪明，春秋鼎盛，生杀予夺岂不可
以自主，何为受制幺麼小竖？"

　　杨涟列举二十四大罪状，涉及魏忠贤专权乱政的各个
方面，以至于宫廷与政府大小事务都由魏忠贤掌控，形成
"皇上为名，忠贤为实"的太阿倒持局面。最为令人咬牙
切齿的是，第九条罪状所说"皇上又不能保其妃嫔"，第
十条罪状所说"皇上亦不能自保其第一子"，致使皇帝朱
由校断绝子嗣。刘若愚作为魏忠贤的亲信，崇祯初年被
捕入狱后，交代魏忠贤与客氏迫害皇后、裕妃、成妃的细
节，见于《酌中志》的"两朝椒难"，可谓罪证确凿。仅
凭这两条，按照大明律令，就可以判处魏忠贤极刑。所以
杨涟希望皇帝立即将魏忠贤就地正法，客氏驱逐出宫。杨
涟在那个黑白混淆、是非颠倒的年代，敢于如此直言无
忌，是要冒杀身之祸的。他此前已经意识到："杨某这番出
山，不知归路是何为也？"意识到"明知有祸无益"。一旦

不能扳倒魏忠贤，他自己必死无疑，对他而言，这是一场你死我活的搏斗。

后来的事实表明，不仅杨涟惨遭杀害，凡支持杨涟反对魏忠贤的正直官员都未能幸免于难。故而有人批评杨涟"纠逆近激"，以为弹劾魏忠贤之举过于偏激。郑鄤在杨涟文集的序言中奋力驳斥："公（杨涟）疏未发之前，逐阁辅，逐冢宰，逐宗伯、司寇，珰焰何尝不烈？君子之祸何尝不棘？又谁激之耶？"又说："余观公（杨涟）论事甚平，闻公与人甚和，尝怪何以得祸至此？及读遗编，怃然而叹：人事忌认真，而公最真；物情忌勘透，而公最透。"可谓知世论人的真知灼见，即使没有杨涟的弹劾，六君子之狱的悲剧也不可避免。

二、臣工"先后申疏"，"无不危悚激切"

杨涟要把不可一世的魏忠贤置之死地的呼声，极大地鼓舞了正直官员的斗志，犹如一石激起千层浪，汹涌澎湃，仿佛一场海啸。

色厉内荏的魏忠贤面对强大的舆论压力，惊慌失措，请内阁次辅（副首相）韩爌出面帮他讲话，遭到韩爌严词拒绝。不得已，到皇帝面前哭诉，客氏（皇帝乳母）从旁委曲调护，决定由内阁辅臣魏广微票拟谕旨，曲意回护。魏广微这个无耻之徒早已拜倒在魏忠贤脚下，被人们讥讽为"门生宰相"，杨涟奏疏中提及的"门生宰相"就是指他。

魏忠贤佯装辞去东厂总督之职的奏疏，上面的朱批就是心有灵犀的魏广微代皇帝草拟一道温旨："尔闻言增惕，不置一辩，更见小心。"

此时杨涟奏疏仍旧"留中"，乃是魏忠贤一手掌控的结果。请看谷应泰提供的细节："(杨) 涟疏成，意欲于午朝面奏，出疾雷掩耳之计。缮写甫竟，次日免朝。恐再宿则机泄，则害成也，遂循例封进。故忠贤得以弥缝。(杨) 涟语愤激，冀补牍以伺对仗。忠贤闻之，阻遏 (皇) 上，不御朝三日。至四日，乃出御皇极门，刀剑倍于往时，侍班官僚更为严谨，左班诸臣不许擅出奏事。"

内阁首辅 (首相) 叶向高鉴于外间舆论汹涌，请求皇帝将杨涟奏疏与魏忠贤答辩奏疏一并发下，使真相大白于天下。他在六月初二日向皇帝提议：

> 今日发下司礼监太监魏忠贤本，为左副都御史杨涟参论，自请罢斥，奉有传谕拟票进呈。其杨涟本已逾两日，未蒙发下，圣意渊微，非臣等所知。即臣等亦以为方今多事之时，朝端不宜纷扰，但事体关系颇大，人情猜忖易生。皇上既以忠贤久侍左右，任事过直，素蒙鉴信。而杨涟当两朝鼎革，忠诚肝胆，为先帝及皇上所知，疏中事情总在圣鉴。惟原奏与辩疏俱发之听讼，然两造具备，片言可明。即宫闱邃密，道路哗传之言，皇上自不难明一晓谕。其余外廷用人行政等事，逐款辩明，人人洞悉，无论政体宜然，而言者即属过计，得以

自释疑衷；被言者即果风闻，亦得以尽白疑迹，传之中外，闻于四方，不至为朝廷增一疑事矣。

叶向高力图不偏不倚，保持中立的姿态，希望事情越辩越明，过于一厢情愿。得到的圣旨，明显偏袒魏忠贤，每一句话都在谴责杨涟："一切政事朕所亲裁，从未旁落。至于中宫、皇贵妃并裕妃事情，宫壶严密，况无指实，外廷何以透知？内言毒害中宫、忌贵妃皇子等语，凭臆结祸，是欲屏逐左右，使朕孤立于上，岂是忠爱！杨涟被论回籍，超擢今官，自当尽职酬恩，何乃寻端沽直，本欲逐款穷究，念时方多事，朝端不宜纷扰，姑置不问。以后大小各官务要修职，不得随声附和。有不遵的，国法具在，决不姑息。"处处在为魏忠贤辩解，一切政事都有皇帝裁决，大权并未旁落，哪里谈得上专权乱政，杨涟分明是在寻端沽直！叶向高原本想调和矛盾，在魏忠贤和杨涟之间做一个和事佬，讨了个没趣，郁闷地请求辞职。这是他第五十九次乞休了，理由是苦于疾病折磨——"郁火熏蒸，前后闭结，水火不通"，"今此数日所苦愈加，日夜呼号，求欲速死"。

正直官员们义愤填膺，纷纷交章弹劾魏忠贤，挺身支持杨涟，掀起一波又一波声讨巨浪。气势之凶猛前所未有，史家如此记载："一时臣工无不义愤。于是科道则有魏大中、陈亮训、袁化中、周宗建、李应昇、黄尊素、方大任、刘芳、刘廷宣、许誉卿、房可壮、喻思恂、胡永顺、胡良机、朱大典、陈奇瑜、翟学程、熊奋谓、刘之待、段国璋、霍守典、甄淑、孙绍统、周汝弼、吴弘业、刘其忠、陈熙昌、刘懋、王政新、李先春、潘士良、谢奇学、胡士奇、刘朴、杨王珂、刘先春；南科道徐宪卿、赵应期等；兵部尚书赵彦，詹事翁正春，太常胡世赏，太仆朱钦相，抚宁侯朱国弼，南公疏兵部尚书陈道亨等，先后申疏，或专或合，无不危悚激切。"

第一个力挺杨涟的是吏科都给事中魏大中（字孔时，号廓园，浙江嘉善人），当他得知杨涟弹劾魏忠贤，兴奋地说："是余志也，杨公乃先我着鞭。"他早就有志于此，为了支持杨涟，率领同僚写了一份公疏，措辞尖锐凌厉。

首先，历数魏忠贤的罪恶：

> 今东厂太监魏忠贤，擅威福、制生杀，一杀王安以立威于内廷；一逐刘一燝、周嘉谟、王纪等诸臣，以立威于外廷；一日而夺三皇亲之家人，立枷而毙，以立威于三宫。结奉圣夫人客氏，在皇上左右。纵私人傅应星、陈居恭、傅继教等，出入禁地，交通外官，因以饵其所善，而剪其所忌。人怒于下，天怒于上，舆情不胜愤愤，顾未有悉数其罪于皇上之前者。

其次，赞美杨涟的壮举深得民心：

> 宪臣杨涟受先帝之知，图国士之报，每念皇上圣

明，中外多故，苟危吾身而可以有益于君，不难以其身死之诚见，稔恶显祸，在皇上萧墙之内，肘腋之间，故列忠贤二十四大罪以告。疏闻之日，道路宣传，人情欢喜，以为今日而祸本可拔也。

再次，希望皇上采纳杨涟之言惩处魏忠贤：

乃（杨）涟未蒙发票，而忠贤之疏先下，念其勤劳，录其小心矣。又明日，而（杨）涟疏始下，没其忠爱，罪其沽直矣。忠贤种种之罪案，引为亲裁，而代为任咎；忠贤种种之逆德，不能置辩，而代与分剖。安排布置，倒行逆施，自疏自票，疑尽出忠贤之意，与为忠贤代草者之手……若忠贤不戮，客氏煽祸合谋，恐左右之人尽忠贤、客氏之人，皇上真孤立其中，莫可为仗耳。

因此，魏大中主张定魏忠贤之罪，籍没家产，资助辽东；客氏出宫，不得再入宫掖；逮捕傅应星、陈居恭、傅继教，治其内外交通之罪。

皇帝依旧我行我素，听不进逆耳忠言，两天后圣旨下达："这事情屡有明旨，如何全不遵奉……且宫闱邃密，何得妄生猜疑。好生逞臆渎扰，本当重处，念系言官公本，为首的罚俸五个月，其余的姑不究。"或许皇帝根本就没有浏览此疏，完全听信魏忠贤一面之词，而且圣旨一日三变。先是说"为首的罚俸五个月",继而又说"为首的着降三级调外任用",以后又说"为首的还着锦衣卫拏送镇抚司究问"。

请辞未蒙批准的叶向高,仍然在履行首辅职责,出面为魏大中求情:"自杨涟疏上,各官职在言路,自不能已,尚以后时为迟缓,以臣等不能执争为失职,责之缄嘿,渠自有辞。若云宫闱严密,则道路风闻,外廷疑议,各官不过就杨涟前疏一为剖发,原非自创说也……况言官职在敢言,科道自是公疏,伏望特鉴悃忱,统赐容贷。"也许是叶向高的求情发生了作用,魏大中并没有"降三级调外任用",更没有"着锦衣卫拏送镇抚司究问",魏大中还是吏科都给事中。

魏忠贤对杨涟、魏大中恨之入骨,必欲除之而后快,但时机还不成熟,只能采取别的手段。其中之一就是阴谋暗杀杨涟,《杨忠烈公年谱》写道:"自是内外互持未动,而忠贤日购死士刺公(杨涟)私第,皆至墙却步,若有云雾障护者,不得入。五城(兵马司)闻之,皆设兵防守。一夕,有人飞檐而至,公见之曰:'杀止杀我,毋伤我母。'其人曰:'吾实奉委,感君忠孝,何忍加害!'竟不言姓名而去。"这一情节,看似小说家言,却实有其事。魏大中听说有大内刺客,立即写信给杨涟:"微闻有警动,此何消息也?疑是山鬼伎俩耳,以不闻不见应之,何如?病不得叩,悬悬。"

杨涟、魏大中等君子的处境是险恶的,随时随地有可能遭受不测，善良的人们忧心忡忡。致仕在家的钱士升（字抑之，号御冷，浙江嘉善人）写信给魏大中，道出了这种隐忧：

> 伟哉，副院（杨涟）之疏真气塞天地，功著社稷矣！发端之后，章满公车，凭社者口噤，媚宠者胆落。几几以望明圣之一怒，而盘据愈固，微旨益温，岂外无杨文襄，内无张永，不能当机凑手耶？今骑虎之势已成，困兽之斗未已，将来益无顾忌，流毒中外，将有甚于今日者。惜乎发之太早，又且太尽，不稍留余地，以为后继也。诸君子一官可拼，六尺可拼，如国是何哉？言之欲裂……年兄前疏以直道明告君父，真肝胆质言，而丑正崇邪者见之侧目，若不容使其身一日安于朝廷之上，道之将废，且奈之何哉！

面对严峻的形势，正直官员们的议论依然危悚激切。御史袁化中（字民谐，一字熙宇，山东武定人）提醒皇帝注意魏忠贤的狐群狗党铤而走险。他在奏疏中说：

> 忠贤之恶，外廷久知之，特皇上未之知耳。惟皇上未之知，故忠贤犹有畏心，时而为小忠小信以结权。今宪臣（杨涟）明明告之皇上矣，皇上即念潜邸微劳，未必不贷忠贤以不死，而忠贤则日日惧一死。惧死之念愈深，将免死之术愈攻，其狗党狐群或忧祸之

心转迫，将铤而走险……皇上明圣，试思深宫大廷之内，何可使多疑多惧之人日侍左右，而不急为之处分也。昔冯保在神宗初年，岂遽遂不轨，只以威权日重，党附日多，不肯回头，后神祖春秋渐盛，太阿独持，保遂殒其身命。今忠贤事正与（冯）保类，若不及今严为裁抑，恐形迹不避而罪恶贯盈，直至事败，皇上即欲全忠贤而不得。

三、叶向高调停弥缝，进退失据

沈国元《皇明从信录》对袁化中的奏疏，如此评论："时言者四起，已成骑虎之势，叶（向高）元辅意主调剂，谓讽忠贤退而诸议息矣。且望其迁善改过，使立召王纪、文震孟诸臣，复其原职，以著维新。意良善矣，而孰虞忠贤之决不能从也。说者不无归咎于阁臣持之不力，不知章疏留中，旨不下阁票拟，徒以一揭再揭敦请。忠贤根蒂盘固，能遽拔之使去耶？然则听其必趋之势，相与束手而受其毙乎？此际在阁部大臣宜用术用权，在廷事诸臣宜用胆用气。何谓权术？彼刑余之流，亦有骨肉心腹，其中岂无一二知祸福利害者？当势激理禁，使了然于威福易尽，残虐必穷，私智有限，公论难沉，性命族属，何可不念！"事情确实如此。

在这场斗争中，叶向高尽力不偏不倚，以调和折中为宗旨，正如《明史》所说："（叶）向高为人光明忠厚，有德量，好扶植善类，再入相，事冲主，不能謇直如神宗时。"当杨涟弹劾魏忠贤二十四大罪时，他很不以为然："事且决裂，深以为非。"面对既成事实，他感到左右为难，深知魏忠贤"怒不可犯"，他的选择是"意在调护，以免缙绅之祸"。

据文震孟之子文秉说，叶向高才能笼罩，魏忠贤颇为敬重，杨涟请叶向高"清君侧"，除掉魏忠贤："今魏忠贤怙恶擅权，国势将去，公为心膂重臣，同国休戚。小者不必问，宜请上御门，将忠贤杀皇子、贵人、妃嫔诸大逆状，明白奏请处分，以清君侧。失此不图，流祸将大，焉用彼相为？"叶向高不同意："仆老矣，不惜以身报国，倘主上不果听，公等置身何地乎？"魏忠贤获悉后，愤恨地回应："何待诸臣，我即请上御门，召问诸臣，如上以为有迹，寸磔何辞。不然，可自为计。"众人益发愤愤，叶向高只得两面调解。

六月九日，叶向高写了题为《论魏忠贤事情》的奏疏，表达调停折中的观点。一则说，臣所不能曲为忠贤解者：

　　顷都御史杨涟论劾太监魏忠贤，列其大罪二十四款，多穷凶极恶之事，骇人听闻，臣在病榻见之，亦魂摇心悸。举朝臣工无不以（杨）涟为忠直，言人所不敢言，于是连章叠疏，攻击纷然。皇上虽力为解释，终不能止，其仰烦宸衷亦已甚矣。臣平心而论，诸所论列，如中旨之频传，大臣之摈斥，言官之被逐，章奏之停留，凡属此类，虽皇上皆引以为圣裁，然九阍沉沉，何处可问？即臣等地近密勿，亦未敢信其尽出宸断与否，况外廷远隔，能不猜疑？而忠贤独被宠任，人皆谓其所言皇上无有不听，故凡有不美之事，毕归之忠贤。此臣之所不能曲为忠贤解者也。

再则说，臣之所以未敢遽为忠贤罪者：

至于堕中宫之胎，殒裕妃之命，毙御幸之宫人，则事在内廷，难以臆断。圣明在上，威柄独操，忠贤即怀无良之心，负吞天之胆，何敢作此等事！故缙绅有问臣者，臣皆对以不知，亦告同官（韩）炉谓："此言稍过。"人或以此病臣，臣笑曰："我为辅臣，若真知此事而隐忍不言，直待台臣之讦发，则其罪当与忠贤同，岂可一日容于人世哉！"此臣之所未敢遽为忠贤罪者也。

三则说，忠贤之祸不发于今，必发于他日：

乃臣之所深虑者，则以忠贤一中官耳，非有大功劳于世，仅凭借皇上龙潜狎昵之爱，一旦富贵至此，可谓无妄之福，造物所忌。况海内人情怨恶日久，故杨涟一言，和者四起，（杨）涟疏传之天下，天下之人必以为言言皆真，件件是实，毋论忠贤不能自辩，即皇上代为忠贤辩，人亦不信。而臣窃观皇上临御以来，左右近幸之臣，朝被宠而夕蒙眷者接踵而是，则忠贤之祸不发于今，必发于他日。

有鉴于此，叶向高提出平息事态的最佳方案，请魏忠贤辞去东厂总督，退归私第，远势避嫌，迁善补过。

让魏忠贤自动放弃已经到手的权势和地位，显然是过于天真的想法，魏忠贤绝对不可能接受。皇帝日前向叶向高打招呼："举朝哄然，殊非国体，卿等与廷臣不同，宜急调剂，释诸臣之疑。"所谓"释诸臣之疑"，就是要他帮魏忠贤辩护，叶向高的主张显然有悖于此。在反对魏忠贤的官员眼里，叶向高此举是在为魏忠贤"画策投欢"，把他与正德年间投靠太监刘瑾的内阁辅臣焦芳相比拟。

叶向高两头不讨好，再次上疏，向皇帝讲明他的良苦用心："臣等地居密勿，不敢自同于廷臣，即疑受谤，情固甘之。惟是人情纷扰不止，将至决裂，传至海内，愈生猜忖，忠贤之心终无以自白，其势亦终不得安。皇上固难以不见不闻之法而处此也。臣等再三思惟，皇上诚念忠贤，则当求所以保全之，而今日保全忠贤之计，莫如听其所请，且归私第，远势避嫌，以安中外之心。"

皇帝的答复，是十分罕见的长篇大论，训斥叶向高，为魏忠贤评功摆好："朕览卿等奏，顷因杨涟疏论魏忠贤，以致诸臣渎奏殆无虚日，朕岂不闻不见，佯为不知而不深究？盖已内洞劳臣之心，欲外全宪臣之体。况忠贤事皇考于春宫时，朕在襁褓间便赖护卫。迨圣母升遐后，朕殷忧危险，皆所饱尝，服食起居总忠贤是赖。当皇考弥留之际，曾云：'内侍忠直，不避形迹，独此人耳。'今乃被杨涟指摘牵诬，而大小臣工又随声附和，纷纷渎扰。今事事皆朕亲裁，有何专擅？有何疑忌……朕追惟往事，何忍忘忠贤今昔之劳，辄以浮言听其所请乎！"

皇帝毫无保留的庇护，助长了魏忠贤的气焰，叶向高要他体面地下台，令他愤恨不已。魏广微乘机向魏忠贤献策："必去叶向高而后可。"还献上《缙绅便览》一册，开出六七十人名单，包括叶向高、韩爌、何如宠、钱谦益、成基命、缪昌期、姚希孟、陈子壮、侯恪、赵南星、高攀龙、杨涟、左光斗、魏大中、黄尊素、周宗建、李应升等，"皆目为邪党，暗于上前借事摈斥"。

叶向高处境岌岌可危，为了摆脱困境，竟然扬言，最近所写的奏疏并非出于自己意愿，而是门人缪昌期（字当时，一字又元，号西溪，江阴人）逼迫所为。

文秉披露了这一细节：

应山（杨涟）疏上后，应者响合。福清叶向高亦密具一揭，讽上准魏监忠贤退归私寓，待之以优渥，比于勋戚大臣，庶上不失恩意，下明其退让，此两得之道也。揭入，大拂内意，福清（叶向高）惧，思有以自

▼ 缪文贞（缪昌期）像

解。乃扬言"此揭非出于吾意，乃门人逼我为之"。门人指澄江缪昌期也。

文秉的说法取材于缪昌期的自叙：

及应山（杨涟）疏上，余适过福唐（叶向高），湘州李公先在坐。福唐曰："大洪（杨涟）这疏亦太容易，彼其人（指魏忠贤）于上前时有匡正。一日，有飞鸟入宫，上乘梯手攫之，其人挽上衣不得上。有小珰赐绯（衣），叱曰：此非汝分，虽赐，不许穿。其认真如此，恐大洪疏行，难再得此小心谨慎之人在上左右。"余曰："谁为此说以欺老师？可斩也。"福唐色变。余先起，师先送余出。其语闻于应山，意不胜愤……先是，应山疏上，言者响合，福唐（叶向高）亦密具一揭，讽上准其退归私寓，过加优渥，比于勋臣者。然则上不失恩意，下明其退让，两得之道也。揭入，大拂内意，福唐惧，思有以自解者。乃扬言："此揭非出我意，自我门生所迫也。"而流言自此始矣。且谓应山之疏尽出吾手。而忌者附会其说，益不可解。福唐归途逢人告诉："西溪（缪昌期）骂我，彼与大洪一人日夜往来。"正与代草之说相呼应，以实其出揭非本意之言。嗟乎，福唐名宽大，岂真欲杀我哉？不过借以自解，而余遂不可解矣。

缪昌期的自叙是可信的，叶向高在危急关头，把起草奏疏的责任推到缪昌期身上，不过是"借以自解"。他与杨涟、魏大中、缪昌期对于魏忠贤的态度，存在根本分歧，不主张猛烈抨击，而主张调停弥缝，结果适得其反，进退失据。结果得罪了正反两方：一方认为"大拂内意"，另一方认为"画策投欢"。内阁首辅的地位摇摇欲坠，只有一走了之。他在乞休奏疏中感叹："连日病势愈增，加以愁闷抑郁，时刻难捱。即如魏忠贤一事，议论纷然，皇上之所望于臣者，臣既不能得之于外廷，而外廷之所责备于臣者，臣又不能得之于皇上。以旦暮去国之人，而居此两穷之地，缄口既难，开口亦罪，即使无病亦万分当去，而况于真病且难医之病哉！"

天启四年（1624）七月初九日，他上了第六十七个乞休奏疏，哀叹："臣与阁事毫不预闻已半载矣，累然垂死之残躯，强之在此，亦有何益？"终于得到皇帝恩准，驰驿回乡，离开了这个是非之地。

三朝元老叶向高在政坛的最后日子是颇为煎熬的，既有老病的折磨，更有精神的苦闷，调停弥缝于截然对立的两方，吃力不讨好，正如他自己所说，既不能得之于外廷，又不能得之于皇上，缄口既难，开口亦罪。而且魏忠贤的亲信太监根本不把他放在眼里，巡城御史林汝翥查办太监，魏忠贤下令廷杖，吓得他赶紧潜遁。太监以为他藏匿于叶向高寓所，一百多人冲进首相府搜索，一无所得，还大肆谩骂。这种刺激使他心灰意冷，毅然请归。他与杨涟、左光斗、魏大中、缪昌期等人对于魏忠贤的态度，截然不同，后来魏忠贤阉党把他列为"东林党"的第二号领袖，实在冤哉枉也。

叶向高抽身而走，左光斗给予理解之同情，写信说：

今世所推社稷臣，则首推阁下，而首犯时忌，百计摧残者，亦惟阁下。此忠臣所以寒心，而义士所为发指也。斗忝天子耳目之官，与闻当世是非之概，而坐见荃蕙为茅，兰芷不芳，中夜循床，当食废箸者，不知其几。非为阁下，为社稷也。迫至轻犯狂锋，力翦元憝，赖诸君子黾勉同心，复见天日。而糠秕在前，瓦砾在后，就中簸之扬之者，千态万状，又赖诸君子先事廓清，临期底定，得有今日，非为阁下也，为社稷也。盖今日弯弓而射日者，日日为覆楚之谋矣。阁下且有东山之枕，未可轻掷一语矣。设局转奇，布著转下，至于君父安危，默然度外，鼠子敢尔，安问其他……山鬼伎俩，会有时尽，只在仲春见清明，而阁下安车蒲轮，此其时已。

左光斗还写诗送叶向高归去：

> 党锢将兴思乞归，如公当日号知几。
> 江湖何必分清浊，牛李难明孰是非。
> 生计青门瓜正熟，功名白发愿同违。
> 西行大祸犹能解，莫恋滩头旧钓矶。

叶向高的离去，使得外廷失去了可以制衡邪恶势力的元老重臣，顾秉谦、魏广微得以把持内阁，希意阿旨，魏忠贤更加肆无忌惮。然而，威武不能屈的浩然正气依然昂扬，一生正气的清流之士，明知山有虎，偏向虎山行。

工部屯田司郎中万燝提醒皇帝注意，政权一日不在人主，必有尾大不掉之虞；利权一日不在人主，必有毛将焉附之患。他说："窃见今太监魏忠贤性狡而贪，胆粗而大，口衔天宪，手握王爵，所好生毛羽，所恶成疮痏。如荫子侄至一世再世，赏厮隶至千金万金；立枷士民，毙至十数命；驱逐大臣，处置言官，空至十数署。是一切爵赏生杀予夺之权，全不为皇上有，而尽为忠贤有。举国侧目，鳃鳃然有不胜太阿倒持之忧焉……仍祈皇上大奋朝纲，立置忠贤盗利权、误陵工之罪，于以谢先帝而快人心。"皇帝勃然大怒："着锦衣卫拏来午门前，着实杖一百棍，革了职为民，永不叙用。"对于无缘无故的廷杖，大臣纷纷申救，毫无作用，万燝竟然被活活打死。

左光斗写诗寄托哀思：

> 黄雾四塞遮蓟北，浮云满天蔽白日。
>
> 道上狐狸走入宫，壮士闻之声栗栗。
>
> 西江万公真人杰，手揽斧柯伐三蘖。
>
> 上疏直数中官罪，一时群小皆咋舌。
>
> 胡为矫旨杖狱中，血肉淋漓声音绝。
>
> 义士掩面各吞声，不觉唾壶尽击缺。
>
> 果然恭显杀贤传，中朝之事尚何说。
>
> 我有白简继君何能已，与君同游杖下矣。
>
> 丹心留在天壤间，没没之生不如死。

魏忠贤杀一儆百，却难以堵住言路。南京礼科给事中杨朝栋揭发，魏忠贤指使亲信在留都南京大肆搜刮，稍不遂意，宵小之徒就扬言"曾与内边魏公处费了许多使用"，或者威胁道："必急走北京魏公处弄得一严旨下来。"杨朝栋责问："宫禁何地？票拟何事？宵小大言无忌，敢于玩弄，是陛下邃密之处，为忠贤垄断之所，讵可谓无外人知之觉也！今近而中国，远而四夷，孰不知朝廷之上有一恶珰魏忠贤者，是可生死予夺人也，是得窃票拟之权而大小臣工惟所黜逐也。从此而趋膻赴臭者邀非分之术，耿介忠直者灰任事之念。"他希望皇帝敕下法司严加勘问，或诛或谴，自有祖宗三尺之法，不能为之宽贷。

御史李应昇（字仲达，江阴人）为无辜廷杖致死的万燝鸣冤，仗义执言：

> 而（万）燝今死矣，未报国恩，先填沟壑，六尺之孤绕膝，八旬之母依闾，旅榇无归，游魂恋阙。臣僚饮泣，道路咨嗟，然无不共亮非出于皇上之心也。彼时群珰横击，血乱神飞，监杖张威，伤痕甚重，兼以倒拖逆拽，蹴踏摧残，种种不支，故出于此。而今皇上损好生之德，负杀谏臣之名，故臣不暇为万燝冤，而深为皇上冤也。且天下士大夫所以激昂奋发，不能自已者，独念祖宗二百余年，祸在萧墙，且在旦夕，故怀忠仗义，感恩图报耳。而一言触忤，褫辱身死，岂所以作忠而劝士哉……悬之以必死之法，而求批鳞折槛之风，虽贤者犹或难之。若曰吾不用直言可以致治，则是剖心不亡，腹诽不灭，而惟言莫违。

南京兵部尚书陈道亨（字孟起，江西新建人）、侍郎岳元声（字之初，号石帆，浙江嘉兴人）率领同僚，向朝廷呈上一份公疏，支持杨涟，批评皇帝偏祖魏忠贤："近日屡接邸报，左副都御史杨涟有'逆珰怙势作威，专权乱政'一疏，列东厂太监魏忠贤罪状，恭奉严旨；又见魏忠贤'孤臣戆直招言，谨辞东厂'一疏，恭奉温旨。因是在廷诸臣前后疏劾忠贤罪状宜核，杨涟疏奏宜纳，并奉严旨，群臣为之骇然。顷见阁臣揭帖，奉旨谆谆，乃知皇上竟念忠贤今昔之劳，不忍听其陈请，不但不加查处而已；于杨涟则谓其指摘牵诬，非无因而发，不但不赐采纳而已；又责群臣随声附和，纷纷渎扰，不但不蒙优容而已。此以知圣心坚如转石，即臣等奚容益之嗔耳哉！"他们奉劝皇帝，体察大小诸臣的赤胆忠心，魏忠贤恶贯满盈，必不可容；杨涟疏词逼真，必不可弃。这并非仇于魏忠贤而比昵杨涟，而是公听并观，洞察魏忠贤假以小劳恣其大逆，诸臣弹劾实为效忠于皇上，奚容致疑。"陛下秉道嫉邪，洞烛事机，若徒念忠贤勤劳末节，遂举魁柄而授之，恣其窃弄，任其决裂，姑息养奸，优柔酿乱，谓将以是酬劳，何待宦竖之太重，而视天下太轻耶！"

署国子监祭酒事礼部右侍郎蔡毅中（字宏甫，号濮阳，河南光山人）率领国子监同僚，监丞金维基，博士门洞开、邓光舒、王裕心，助教张翰南、徐伯微、姚士儒、孙世裕、董天胤，学正王永兴、蒋绍煌，学录聂云翔、杜士基等，向朝廷进呈题为《请纳忠言以杜祸源》的公疏。这所最高学府的师长们语重心长地对皇上说：

　　——臣正与诸生讲"为君难"一书，忽接左副都御史杨涟论劾内监魏忠贤二十四罪疏，合监师生千有余人，无不鼓掌称庆，以为皇上有忠正之臣如此，僚寀有忠直之友如此，祖宗社稷有灵得忠直之臣如此；以为皇上见疏必憬然悟，赫然怒，雷霆之威加以三尺，将疏发下九卿科道逐一究问，以正权珰之罪矣。及奉圣旨，乃皇上不惟不行，而以一切朝政皆云亲裁，是皇上以权珰为真忠真贤，而代受其过矣。合监师生无不扪心愁叹不已也。

——臣谓二十四罪，魏珰之奸胆显恶大端毕尽矣，臣不敢剿说雷同以资天听……刘瑾虽多僭萌，未闻以私冢而等之陵寝也；刘瑾虽暴官官，未有死宫妃圣储之显迹也，未闻以内操之甲兵四时入太庙也。今忠贤宫中之受害，陛下知之，外臣不敢尽言。即内操一节，鼓炮之声惊天动地，而九庙之神灵不安。每飨太庙，御路之上刀剑甲兵围侍如麻，两监掖圣躬步行如飞，臣等跪迎跪送俱在甲兵之后，欲一望见圣颜而不可得。设使有奸细刺客杂于兵戈之中，是时变在呼吸，何以为计？此二十四罪之中所当即行罢禁，不俟终日者也。

——至加以门户而驱逐正人，以无辜而枷死多命，窃恐党锢之祸成，忠谏之臣不免于凶人之手矣。此二十四罪中无一不当悉究，而此犹当急行昭雪者也。渐不可长，若待其恶满势成，不可救矣。

这些官员不顾自身安危，誓与魏忠贤不共戴天的精神，令人感动，令人钦佩。但是，他们把复杂的政治斗争看得过于简单，始终没有弄明白，他们寄予极大希望的皇帝朱由校，和魏忠贤、客氏三位一体，只要朱由校不死，魏忠贤和客氏就不会倒。政治斗争你死我活，正直大臣意欲置魏忠贤于死地，没有成功，魏忠贤稳住脚跟之后，反攻倒算，实施一场又一场大屠杀，朝廷上下一片愁云惨雾。

四、官场大清洗

天启四年 (1624) 十月初一日，朝廷在太庙举行祭祀仪式。皇帝身服冠冕，在群臣的簇拥下，礼拜如仪。奇怪的是，身为内阁次辅的魏广微居然无故缺席，直到典礼将要完毕，才踉跄赶来，插入队伍中跪拜。此举激起官员们极大不满，吏科都给事中魏大中弹劾他无人臣礼：皇上升殿颁来岁之历，四方万国谁不俯首奉行？魏广微身为执政重臣，何以桀骜不驯，偃卧私家，不拜正朔？皇上在一日间行二大礼，魏广微颁朔不至，享庙则迟到，无礼于皇上太甚。

魏广微对魏大中恨之入骨，但自知理屈，不得不向皇帝检讨，假惺惺请求骸骨归乡。魏忠贤正要仰仗于他，当然温旨挽留。

官员们纷纷交章弹劾，李应昇伶牙俐齿，步步紧逼：阁臣魏广微，方其偃仰高卧，不拜正朔。迨至日中祭毕，然后闯入庙门。科臣魏大中纠弹，他自辩为"罪止失仪"。按照《大明律》规定，失仪朝贺者，笞四十；祭享失误者，杖一百。魏广微该当何罪？还有颜面复入中书之堂？

李应昇还说，国家设立言官，称为耳目近臣，言及乘舆，则天子改容；事关廊庙，则宰相待罪。魏广微之父魏允贞，曾为言官，公正发愤，得罪阁臣而罢官，声名传至今日，魏广微独不怀念，竟然将言官比之鹿马。不与此辈为伍，必然与另一辈为缘。方今圣天子在上，贤公卿在下，魏广微有何疚心之事？清夜抱惭，每见指摘，辄自张皇，不啻十目十手之暴其隐也。魏广微当退而读父书，保其家声，毋倚三窟，于言官为难，异日亦可以见乃父于地下。通篇奏疏锋芒毕露，嬉笑怒骂，令魏广微无言以对。

结果，皇帝不但没有谴责魏广微，反而指责李应昇"恣肆"，"借端轻侮，不谙大体"，罚俸一年。

经过此次事件，魏广微更加死心塌地投靠魏忠贤，为之出谋划策，铲除异己。文秉写道：

> 魏广微深恨众人之纠劾也，揣忠贤以应山（杨涟）衔（魏）大中等，因欲借刀剪除。遂与比周密谋，以党者人主所恶也，乃谮于上曰："杨（涟）、左（光斗）、袁（化中）、魏（大中）与在朝诸臣，蔑主冲幼，结党擅权，不尽窜杀无以明主威，而服天下轻蔑之心。"上意遂移，忠贤得以肆行排陷。初犹挑激上怒，传奉票拟；继则从中发票语，付阁誊进。（魏）广微在其门下，初承宗弟，后称宗侄。内外交通，而缙绅之祸始烈。

另一个卖身投靠魏忠贤的无耻之徒是崔呈秀。崔呈秀，顺天府蓟州（今天津蓟州区）人。万历四十一年（1613）进士，天启初年晋升御史，巡按淮扬，贪赃枉法，声名狼藉。天启四年（1624）十月，都察院左都御史高攀龙向皇帝揭发他的劣迹："臣去年奉差而出，复命而入；今年复奉差而出，复命而入，往来淮扬间，所见淮扬士民无不谓，自来巡方御史未尝有如（崔）呈秀之贪污者。强盗，地方大害也，每名得贿三千金辄放；访犯，地方大恶也，得贿千金辄放。不肖有司应劾者，多以贿免；不应荐者，多以贿荐。至御史出巡，每有节省公费助国用者，（崔）呈秀到处透支一万四千两，各县赔补，不胜其苦。"皇帝敕下吏部议复，吏部尚书赵南星决定将他革职遣戍。走投无路的崔呈秀，连夜微服拜谒魏忠贤，送上巨额贿赂，并且以干儿子自居，称魏忠贤为干爹。魏忠贤正需要这样的得力干将，大喜过望，立即矫旨，官复原职。

　　崔呈秀在阉党中的作用不容小觑，正如文秉所说："（崔）呈秀素与内阉许秉彝善，魏广微与内阉王朝用善，许为石元雅掌家，石与王皆在逆贤名下。于是崔、魏两人互相谋画，咸借内力，以图报复矣。"刘若愚说得更为透彻："崔呈秀之通内也，始自（崔）呈秀之旧居停许秉彝导引。凡有字帖及《点将录》《同志录》《天鉴录》，俱将原本付李朝钦收掌，而（李）永贞、（石）元雅、（涂）文辅亦各照抄小楷折子，藏于袖中，每日早斋，赴逆贤直房按名回话：今日升官本内有无折子姓名，参官本内有无折子姓名？面同简举，罔敢异同。"又说："初，替崔呈秀传递线索者许秉彝也。其年十二月，复逮汪文言。至五年春，兴大工后，逆贤指称看工催工名色，无日不与崔呈秀面会，会即屏人密语，移时方散。或授受害人姓名，如《天鉴》等名录之类，逆贤奉为圣书，心甚悦之，以为'崔家疼我，替我设法报仇出气也'。一时捏词献谀入告者，梁梦环、李鲁生、曹钦程等也。"

政坛大清洗逐步展开。先是降调吏科都给事中魏大中、吏部员外郎夏嘉遇、御史陈九畴。给事中沈惟炳上疏申救，对圣旨所说"朋谋结党"，提出异议："诸臣方比肩立朝，同心报国，谁为比言以告皇上？从来小人祸国，必指正人为党，盖攻一人者仅可去一人，而党之一字则可以空一国，发端甚微，贻祸甚烈。"

当时山西巡抚空缺，吏部尚书赵南星不用那些行贿求官者，推荐沉静有为的谢应祥，指示吏部员外郎夏嘉遇办理此事。夏嘉遇转告掌河南道御史袁化中，袁化中深以为然，又转告魏大中。魏大中全力支持，向朝廷推荐谢应祥。遭到御史陈九畴反对，说谢应祥昏耄，魏大中"有所私"。皇帝指示各部门"会看"，吏部、都察院等衙门答复：御史陈九畴论人失实。魏忠贤假传圣旨：陈九畴、夏嘉遇、魏大中各降三级调外任，严厉谴责吏部与都察院"含糊偏比"，吏部尚书赵南星、都察院左都御史高攀龙应该引罪罢官。内阁辅臣韩爌、朱国祯等向皇帝进谏，因为一件小事而免去两位大臣，降处多名言官，似乎不妥。而且这一"御批"直接从宫中发出，没有经过内阁，希望皇上挽留赵、高二臣，以及多名言官。得到的圣旨，毫无商量余地："卿等奏优礼大臣，朕岂不知。但我祖宗设立会推会看，原非为师生植党比。今冢臣（赵南星）及宪臣（高攀龙）附和依违，全无公论，知有情面，不知有朝廷。或世庙时必不敢如此。其沈惟炳妄言逞臆，降调已示薄惩……朕前已有谕旨，着部院一体申饬，卿等心膂重臣，不必挺身救解，亦不可过生猜忖，致滋烦扰纷嚣，还遵前旨行。"

御史谢文锦，礼科给事中许誉卿，吏部文选司郎中张光前、吏部考功司郎中邹维琏纷纷上疏，规劝皇帝收回前旨。得到的回答是严厉的申饬："尔大小臣庶坐享国家之禄，靡怀君父之忧，内外连结，呼吸答应，盘踞要地，把持通津，念在营私，事图颠倒，诛锄正人，朋比为奸，欺朕幼冲，无所忌惮。迩年以来恣行愈甚，忠贞皆为解体，明哲咸思保身，将使朕孤立无与而后快……谕尔徒众，姑与维新，洗涤肾肠，脱换胎骨，果能改图，仍当任用。如有怙其稔恶，嫉夫善类，甘为指纵之鹰犬，罔虑贻遗之祸患，朕将力行祖宗之法，决不袭姑息之政矣！"通篇黑白颠倒，诬陷赵南星、高攀龙、魏大中等正人君子"朋比为奸"。所谓"决不袭姑息之政"，其实是魏忠贤发出的警告信号！

赵南星、高攀龙、魏大中等人先后罢官而去，各衙门奉旨会推吏部尚书和都察院左都御史。

署理部务的吏部左侍郎陈于庭不愿迎合魏忠贤，推举为官清正的乔允升、冯从吾、汪应蛟。得到的圣旨，严厉谴责陈于庭等人老奸巨猾、冥顽无耻："吏部、都察院浊乱已久，失祖宗设立初意，朕已屡谕更改，如何此次会推仍是赵南星拟用之私人？显是陈于庭、杨涟、左光斗钳制众正，抗旨徇私。三凶既倡率于前，谁敢不附和于后？有会推职名，都察院不曾全列，况近日杨涟既曾亲接圣谕，今值会推之日，岂可佯为不知，怙恶不悛，注籍躲闪。又前与高攀龙会看陈九畴之事，党比不会，颇属杨涟、左光斗主张，而乃了不引咎，公然欺朕幼冲，真巨猾老奸，冥顽无耻。陈于庭前奏，从来会推吏科、河南道概与画题，袁化中不无扶同情弊。陈于庭、杨涟、左光斗俱恣肆欺瞒，大不敬，无人臣礼，都着革了职为民，仍追夺杨涟、左光斗诰命。"

一场官场大清洗开始了。文秉如此描述这场清洗："杨（涟）、左（光斗）既逐，奸党益无忌惮，遂肆行诬陷。于是魏广微手写所欲起用之人：黄克赞、王绍徽、王永光、徐大化、霍维华等五六十人，目为正人，各加两圈。又将《缙绅便览》如韩爌、缪昌期、曹于汴、李邦华、郑三俊等百余人，目为邪党，重者三点，次者二点，托内阁王朝用转送逆贤处，以行黜陟。而（王）绍徽复造《东林同志录》，罗列诸贤姓名。又韩敬造《东林点将录》，计一百八人，邮致都门，按籍搜索。于是诸贤受祸，无一人遗漏矣。"这是一个值得注意的新动向，凡是反对魏忠贤专权乱政的官员，都被称为"邪党"，也就是"东林党"，而不问是否出身于东林书院，也不论与顾宪成、高攀龙有没有关系，一概划入"东林党"的行列，把批判魏忠贤的正义斗争，歪曲为"东林党"的倒行逆施，把万历末年对"东林党"的声讨延伸到天启年间，于是乎，魏忠贤及其亲信披上了继承皇祖遗志的合法化外衣。

一个叫作乔应甲的官员引起了魏忠贤的注意，此人在万历年间就以打击东林而著名，杨涟遭到罢黜后，他跃升为都察院左副都御史，对魏忠贤感恩戴德，在一月之内连上十三份奏疏，攻击"东林党"。其中一份大谈"三朝舆论渐明"，说什么"赵南星年老昏蔽，为群小所欺。旧抚李三才，君子中其魔术，小人利其重赂，世界三十年，不使一日宁静"。另一份大谈"时局门户"，说什么"李三才任淮抚十三年，加总督尚书，谋大拜。当年授意南道段然，疏有'祖制废弛已极，内外登庸宜均'，盖为三才地也。嗣是议论蜂起，有保三才，复有参三才；有保而参，即有参而复保。此门户所由分也。后三才赃私难掩，又匿陈增税银，出一奇策，借势顾宪成投阁部院三书，书从宣大巡抚吴亮封入。疏内臣东林人也，又保三才：'臣一言以蔽之曰不贪。'此东林之名所自来也。今几二十年，私人推戴，力排公论。有东林则有羽翼，张问达假门户以翻局，赵南星假门户以固局。乞皇上查段然、吴亮之疏，付之史馆，为时局门户之证"。

对于乔应甲，史家有这样的评论："左副都御史乔应甲在道陈言，请早剖门户，疏凡十上，总以东林得淮抚（李三才）则暗有所恃，淮抚得东林则两有所挟……疏中以李三才为党魁，张问达、赵南星、高攀龙、曹于汴、段然，皆在论列。"显而易见，提起旧事，是为了打倒张问达、赵南星、高攀龙等现任官员。此后工部主事曹钦程与之遥相呼应，攻击周宗建"私引邪党"，李应昇"专护法东林"，还说周宗建、张慎言、黄尊素、李应昇"甘作赵南星之鹰犬，为魏大中之爪牙"，应该一律打倒。

五、杨涟："仁义一生，死于诏狱"

魏忠贤以为时机成熟，终于大开杀戒。先前工部屯田司郎中万爆揭发魏忠贤在香山碧云寺为自己建造坟墓，模仿帝王陵寝规格，魏忠贤矫旨廷杖一百，太监把他从家中押往午门途中，一顿乱棍，打得他血肉横飞，还未廷杖已经气息奄奄。再加上午门前的一百棍，当即气绝而死。这一幕不过是投石问路而已，正如邹漪所说"忠贤欲借曹郎示威"，预示着反对魏忠贤的官员们在劫难逃。

天启五年 (1625) 三月底，锦衣卫镇抚司许显纯严刑拷打汪文言，威逼他扳诬杨镐、熊廷弼公行贿赂在京官员，魏忠贤以皇帝圣旨名义逮捕杨涟、左光斗、袁化中、魏大中、周朝瑞、顾大章六君子，与已经逮捕入狱的汪文言，"一并究问追赃"。所谓"追赃"云云，纯粹是为了"六君子之狱"编造的一个借口，欲加之罪，何患无辞！

杨涟自从弹劾魏忠贤二十四大罪以来，料定魏忠贤不会放过他，迟早有这一天。接到革职为民的圣旨，青衣小帽的杨涟与左光斗携手同归，在涿州分手。魏广微为了找到罪证，企图在途中搜查行李，东厂奸细暗中侦查并无异样，魏忠贤以为搜查并非稳着。后来见到杨涟策蹇就道，行李寥寥，这两个姓魏的同宗私底下说："幸无搜，搜没趣矣。"《杨忠烈公年谱》提及构陷的大致经过：

> 时忠贤杀念既炽，诸奸又复投欢构阱。遗札云："同乡憾之者乘机挑激，以致忠贤假子徐大化教之：'放开手眼，广募同心。'"于是梁梦环举汪文言旧网，首出媚疏；霍维华、杨维垣感恩应募，以封疆、移宫锻炼（汪）文言，使招公，以为身亡家破之计。（汪）文言身临五毒，必不承时调。许显纯主其狱，遂以徐、魏意，派赃指掌。

汪文言始终没有诬陷杨涟。邹漪写的《杨忠烈传》提供了一些细节："公（杨涟）扼腕流涕，首劾二十四罪，遂群攻之。忠贤惊且恚，掷地哭，群小慰之曰：'毋恐，逐杨某，公（魏忠贤）可安矣。'忠贤假会推事，尽逐公（杨涟）等。群小又嗾之曰：'不杀杨某，公（魏忠贤）之祸未艾也。'忠贤大惧，急征公（杨涟）等坐故经略熊公廷弼赃……熊公下狱，忠贤以赃坐公（杨涟），曰：'不如此，无以杀杨某也。'先是，拷汪文言，五刑备极，迫使引公（杨涟），（汪）文言仰天笑曰：'安有贪赃杨大洪乎？'至死不服。"

赵吉士写的《杨忠烈公传》更为精确细致：

　　公（杨涟）疏列二十四大罪，尽发其奸，忠贤惶恐，泣诉御前，客氏与阉党王体乾曲为弥缝，温旨慰（魏忠）贤，且责公"寻端沽直"。然自公首请上方，而攻忠贤者疏且捆至矣。会荐冢宰，公以注籍不与，矫旨责以"规避"褫职。而憾公刺骨，必欲杀之，第移宫名甚正，难以坐罪，复逮汪文言，构熊廷弼大狱。（熊）廷弼者，公垣中所推也。熊（廷弼）为台省排构，公疏翼之谓："议经略（熊廷弼）者终难抹煞其功，怜经略者亦难掩饰其罪。功者支撑辛苦，得二载之幸安；罪在积衰莫振，怅万全之无策。"熊（廷弼）得解任听勘，公持论甚平。阉党迎阉（魏忠贤）意，诬公与左（光斗）、魏（大中）等纳贿故纵，遣缇骑逮公。先酷拷汪文言，逼使引公，（汪）文言仰天笑曰："安有贪赃杨大洪乎？"有甥见其受刑惨毒，悲失声，（汪）文言叱曰："孺子真不才，死岂负我哉，而效儿女子泣耶？"死不承。

　　天启五年（1625）三月十九日，魏忠贤矫旨逮捕杨涟，圣旨写道："杨镐、熊廷弼既失封疆，有公行贿赂，以希幸脱。杨涟、左光斗、袁化中、魏大中、周朝瑞、顾大章，俱着锦衣卫差的当官旗扭解来京，同汪文言一并究问追赃。其本内受赃赵南星等十五人，除已经削籍外，俱削了

籍，着抚按提问追赃具奏，不许徇情。"

锦衣卫缇骑前来逮捕时，杨涟谈笑自若，从容就道，派人抬着棺材跟随。沿途哭送者数万人，几乎激成民变。杨涟披枷带锁泣告父老：锦衣卫旗校未尝苦我，朝廷未必杀我，众人如此，则忠义反为叛逆，累我族诛。一席肺腑之言使得众人稍稍平息，炷香设祭，祝忠臣生还，菜佣贩夫争相捐钱凑盘缠，押解的官兵也为之感动。

杨涟在押解途中写了一份揭帖，认为自己所受诬陷不值得一辩，是非自有公论，谁能一手遮掩天下耳目？但是，国家的大是非、大安危是要辩论到底的。这篇揭帖是不可多得的好文章，字里行间洋溢着不计自身利害的凛然正气：

> 涟今逮矣，逮以杨镐、熊廷弼失陷封疆，公行贿赂，营求幸脱，而涟与左光斗等为贿营之人也。此事果而有也，即颜甲千重，不足遮人之共唾；纵喙长三尺，安能欺念之独知！如其无之，不见莫须有竟埋杀赤心人也，此不必辩者也。

> 至涟之有此一逮也，久已自知之。而涟之遂成此一逮也，由来之故，天下亦能共知之。谁将一人手掩得天下耳目？又无俟辩者也。人之计算此一逮也，封疆题目压得人头，缄得人口，可以污其名、陷其身耳。

> 血性男子，痴愚不识避忌，既以不爱官、不受生矣。前日无所不拼，今日当无所不听，辩复何为？此皆心之不欲辩者也。而何以不欲辩？非不敢辩、不能辩，私心窃有自盟。我辈入告君父，出对天下，辩驳执争只当在国家大是非、大安危，不当在一己胜负、一身利害。今日之事，大狱频兴，有无关系，有无枉抑，会有任其责者。从涟自看，毕竟只是身名两字耳。盗金不辩，昔人或为之，况在君父之前。涟所自恨，三朝豢养，一念独盟，毫无补于今日尧舜，大有负于先帝恩知，徒作明时累臣，死且不瞑。

杨涟深知，阉党把持朝政，已经投诉无门，突发奇想，以给玉皇大帝奏疏的形式，公开阐明自己的初衷：

> 窃见司礼太监魏忠贤、奉圣夫人客氏，欺藐至尊，肆无忌惮，几使中外不知有皇上，只知有忠贤，势已无天，渐岂可长！涟感先帝之特知，荷今上之眷顾，忠心愤激，声罪力攻。明知撩虎自危，夫亦妄意一击，令其稍知主仆之分，略顾祖宗不许干预外政家法，庶知一点尊君父、杜微渐之念耳。不意微诚不足以格主，孤忠不足以济用。祗深狼毒，一网善类，内外砌谋，凭空栽陷……今乃无影相加，赃私罗织，缇骑诏逮矣。涟欲避，非所以尊君命；而自裁，又无以明臣心。明知此行不死于奸人道路之摧残，即死于诸凶圄土之困辱。然一出乡关，即是身归君父，幸不死于妻子之手，得死所矣。分既无逃，仁又何怨？

天启五年 (1625) 五月二十九日，押解途中，杨涟在河南朱仙镇写了告岳飞文，再次公开表明，弹劾魏忠贤，自己无怨无悔：

> 天启四年，见司礼太监魏忠贤与乳母客氏表里为奸，太阿窃弄，即帝子帝妃可以生死任情，天语天宪可以喜怒唯意，目已无君，渐岂可长。此涟义不能忍，声罪纠参。明知彼虎不可料，涟祸不可试，只以

当日凭几惓惓，安可今日同人默默。庶知博浪一击，万一宗社有灵，令忠贤稍知主仆之分，不至谓外廷无人，涟亦可以了此臣子忠心，无但骗朝廷官做也。不意微诚不足济事，孤直反以厉阳，播恶同气同乡，削籍空国空署。今且横诬以乌有赃私……父子长途，赤炎蒸背，闻者见者不免伤心。涟则谓自古忠臣受祸者何独涟一人，即如武穆王（岳飞）何等功勋，而莫须有竟杀忠良，何况幺麽直言如涟！此行定知不测，自受已是甘心，但所恨者人借涟以结内外之欢，因借忠贤以快恩仇之报。如刘一燝、周嘉谟等之削籍，如左光斗、魏大中等之银铛，徒伤明主手滑之威，益乱祖宗干政之制。

六月二十六日，杨涟与左光斗被关入锦衣卫镇抚司诏狱。此前，周朝瑞、袁化中五月初已经入狱，顾大章五月二十六日入狱，魏大中六月二十四日入狱。六月二十八日，六君子受到严刑拷讯，诸君子正言答辩，推翻欲加之罪。审问官许显纯一无所获，从袖子里拿出预先写好的成案，要书记员抄写，作为审问笔录呈送朝廷。杨涟大声叱责："此地明心堂，如何改作昧心处？天下后世汝肉不足食。"许显纯大怒，动用五刑，羞辱六君子，骨裂髓飞，惨不忍言。

此后每隔五天就用严刑拷问一次，杨涟所受酷刑最为厉害，皮开肉绽，牙齿脱落，还用钢丝刷子把皮肉刷得碎裂如丝，体无完肤。魏忠贤不断以皇帝圣旨名义命令许显纯严厉"追比"。杨涟大声斥责许显纯："熊廷弼初在辽阳，我有参疏，广宁陷后，我奉命而出，及失事入，我有何辞一死之语？（熊）廷弼恨欲杀我，此岂受贿为营脱者？若移宫始末，曲突徙薪，皇天后土，实鉴此衷。汝昧心杀人，狗彘不食其余。"许显纯的严刑逼供毫无作用，想把审讯的难题推给刑部，遭到皇帝训斥："杨涟党比熊廷弼，沦没封疆，且纳贿招权，扰乱朝政，移宫一事陷朕不孝，罪恶滔天。许显纯如何擅求刑部？明属徇私，姑且不究。还着本司照原参数目严比追赃，限五日一回奏，不得宽纵。"许显纯遵旨加重酷刑，用铜锤敲打，肋骨寸断，再用土囊压身，杨涟被折磨得气息奄奄。

七月十五日，垂死的杨涟写信给家中的母亲、儿子，向他们诀别。给母亲的信中写道：

字禀太太：儿死狱中矣。无能侍养左右，儿九泉之恨也。太太辛苦一生，无子送终良苦，然有死忠之子，太太亦可同范母矣。可怜一家赤贫如洗，尚在追迫忧苦之中，是儿前生之孽，今生贻累父母子孙，奈何奈何！夏儿、会儿、五儿，各有他的造化，即无衣食，慢慢挨去。教他苦心读书，即不能报父之仇，也思结己之局。此在太太吩咐之。骈儿大小一根草，自有一点露水养他，至于大哥抱养之子，如力不能养，还是大哥抚养罢。天乎，天乎，从古忠良惨祸无如儿者，又奈何！

七月十五，儿涟血肉淋漓中绝笔。

给儿子的信中写道：

字寄夏儿诸子：汝父死矣，身无完肤，肉供蝇蛆，亦自忠臣死事之常。但家破人离，累我诸儿。汝兄弟收藏我尸之后，还当攻苦读书，得有寸进，鸣父之冤，即是汝孝。汝等赤贫如洗，只有读书一路。莫言读书似我甚苦，人生梦幻，忠义千秋不朽，难道世道只是昏浊的？读书做官，做得些好事，也不枉生一场。

七月二十四日夜，许显纯用大铁钉钉入杨涟头颅，杨涟气绝身亡。许显纯却向朝廷报告"杨涟病故"。

誓死不屈的杨涟临死前留下了绝笔：

枉死北镇抚司杨涟绝笔书于狱神之前。涟以痴心报主，不惜身家，久付七尺于不问矣！日前赴逮，不为张俭之逃亡，杨震之仰药，亦谓雷霆雨露莫非天恩，故赤日长途银铛不脱，欲身之生死归之朝廷。且不忍概于今公论与人心天理，俱不足凭，徒以怯缩自裁，只取妻子环泣，令明时有身死不明之大臣耳。不意身一入都，侦逻满目，即发一揭亦不可得，至于如此打问之日。汪文言死案密定，固不容辩，血肉淋漓，生死顷刻，不时追赃，限限狠打。此岂皇上如天之仁、国家慎刑之典，祖宗待大臣之礼？不过仇我者立追我性命耳。借封疆为题，追赃为由，徒使枉杀臣子之名归之皇上，而因我累死之冤，及于同类。

……

涟沉死狱底之人，语言亦复何味？而人之将死，两朝豢养，一念忠爱，恨生前未一发明，不忍不于死时痛心一宣吐也，惟同朝诸君子念之。若夫家破人离，老母无终，幼子无聊，债家逼促，都非涟所屑及，亦终不怨天尤人矣。好笑，好笑！读书做官人，于国家大体紧关之际，只当唯诺从人，作秦越之视，为两头之船，当事无半句商量，背后冷言冷语，为目前自卸妒人计，作后日逢人功名地，岂不仕路上大乖巧、大便宜事？何苦痴愚，从君父国家远念，不顾性命身家，务欲尽其在我，又复好直，触忤多人，使尸无全体，谁是独食朝廷饭者？好笑，好笑！

然吾师致身家法，先哲尽忠典型，自当成败利害不计，为朝廷之所以不虚养士也。若个个使乖趋势，只恋功名长久，不顾朝廷安利，圣贤书中，忠义心上，终不敢许。即范滂临刑，欲汝为善则我不为恶，父子相诀之语。涟亦谓子孙，何不更勉之忠义，而作此隐语！昔人读书之念如此，尧舜其心，至今在是何证据？大笑，还大笑，但令此心未尝死，白日冥冥，于我何有哉!

这篇两千余言的绝笔写成后,杨涟亲手托付给同狱难友顾大章。狱中耳目严密,顾大章把它藏在关圣大帝画像后面,以后又埋于狱室北壁下。一个偶然的机会,才得以从狱中传出,落到杨涟之子杨之易手上,流传后世。从中可以看到,初入诏狱,杨涟还对朝廷抱有幻想,以为"见天有日",以后终于明白"仇我者立追我性命",便淡然处之,置生死于度外。

杨涟死后七日,尸体由家属领回。时值盛夏,早已腐烂不堪,仅存残骨一具而已。

应山县的家产被抄,全部动产不动产折合白银不足一千两,距离"追赃"的数字相去甚远。德安知府李行志亲自书写募捐文告,应山知县夏之令在四个城门设置募捐箱,士民纷纷慷慨解囊,抵充"赃银"一万余两。魏忠贤的亲信吏部尚书周应秋还不罢休,勒限严催,罗织无已。杨府老仆击毙,杨涟幼子惊死。吴应箕叹息道:"诸臣死后之惨,亦无有过(杨)涟者。"

万历三十六年(1608),三十七岁的杨涟曾经担任常熟知县,兴文教,奖节义,裁抑织造太监的敲诈勒索,被评为"清官第一"。常熟县的知名人士,崇祯初年担任户科给事中的瞿式耜,为杨涟讼冤,写了激情洋溢的奏疏:

夫(杨)涟何如人也?自为诸生,孝友端方,慨然以澄清天下为己任，家徒壁立，志气轩如。其筮仕臣乡常熟也，铁面冰棱，吏胥不敢仰视，而爱民如子，即婴儿妇媪咸得自尽其情。莅虞（常熟）五年，不名一钱，百废俱举，钱粮之绝火耗，上下百年仅见涟一人耳。入计时，止余两袖清风，欲送其老母归楚，至不能治装以去。及居言路，扬清激浊，屏绝馈遗，寒素之风依然白屋。但一言及国家之事，未有不耳热面发赤，如念其祖宗父母，回肠刺心。谈及神祖光宗，未有不涕泗交下。故其临死之日，亦旁无一语，但呼高皇帝陛下而已。逮系之日，涟自湖广达京师三千余里，只身策蹇驴，未尝一日乘小肩舆，未尝一日骑马背。入都门，小民有叹息："杨都御史清官，今日何至于此！"诘朝，而叹息之人毙命于厂卫矣，谁复敢私语称其冤者？涟死于溽暑，逾四日方奏闻，比领尸骸，手指肿烂欲断，足之联于胫丝毫耳。迨下令湖广追赃，涟倾斜一屋所值几何？涟母栖城楼，诸子乞食以养之。县官无可奈何，为设柜于四门，远近士民争来投柜，纳至万余金。夫应山非甚富饶也，惟正之供犹自难完，而争为涟纳此，岂能征发期号哉？夫人臣抗节直言，慷慨杀身，历代史书常常有之，如涟之贫不言清，劳不言功，从容就死，无怨无尤，方之宋岳飞明知十二金牌出自秦桧之手，而俯首就戮，斯亦谓人臣之极则矣！

瞿式耜把杨涟与岳飞相比拟，推崇为人臣的顶级楷模。这样一位赤胆忠心的好官清官，居然死在皇帝的圣旨之下，呜呼哀哉！

六、左光斗："辱极苦极，污极痛极，何缘得生"

在泰昌、天启之际，杨涟与左光斗作为中流砥柱，从移宫事件到弹劾魏忠贤，两人始终步调一致，携手奋斗，因而时人并称"杨左"。两人同时被革职为民，同时被逮捕入狱，同时死于诏狱。当时有人赞许杨涟、贬抑左光斗，吴应箕表示异议："天下称杨左并矣，而多有绌左者何欤？"黄道周也不同意"绌左"，说："（杨、左）二公定危疑，植大义，声名相峙，而左公又以屯田兴学政绩特闻。"

左光斗，字道直，一字共之，号沧屿，别号浮丘，生时月当大斗，故名光斗。安徽桐城人。其父潜修力学，以行谊享誉乡里，生九子，光斗排行第五。六岁跟随塾师开卷，一目十行；九岁能文，开始购书，喜读节侠传；十四岁写《窗前瑞麦赋》，才名初露。二十六岁，庚子（万历二十八年，1600）乡试中举；辛丑（万历二十九年）、甲辰（万历三十二年）两次会试落第，发愤馆谷；三十三岁得中丁未（万历三十五年）进士。担任中书舍人时，书写对联明志："奉薄俭常足，官卑清自尊。"泰昌、天启之际，他与杨涟并肩战斗，拥戴朱由校即位，迫使李选侍移宫，在政坛崭露头角。此举对于阻止李选侍垂帘听政，有着决定性意义，

得到皇帝朱由校的肯定。后来由于魏忠贤、刘朝借题发挥，左光斗感到祸且不测，把办公室的钥匙交给杨涟，做好死的准备。幸亏皇上说明移宫缘由，事态有所缓和，他得以调任大理寺丞、大理寺少卿。

杨涟晋升为都察院左副都御史，左光斗晋升为左佥都御史，可谓受命于危难之际，正如邹维琏所说："时赵公南星为冢宰（吏部尚书），众正盈庭，群小错愕，乃借声援于魏忠贤，附进《百官图》，某宜先驱，某宜后击，某宜正射，某宜借攻。布置已定，羽翼已成。"同在一个衙门办公的杨、左二公，经常一起商量对策，决定由杨涟首先发难，弹劾魏忠贤二十四大罪，左光斗继而跟进，力图使弹劾逐步升级。倪元璐写道："其时，杨公、左公并为御史中丞，两公又相与谋：今京贯连串，指鹿日甚，天下事不可言。于是杨公先上疏，列忠贤二十四罪，左公继之，草三十二斩疏，未上而谋泄。于是小人为忠贤谋，矫旨斥杨公、左公并为编氓。"

左光斗的三十二斩疏，列举魏忠贤、魏广微应当斩首的罪状三十二条，自知此举可能危及性命，事先把家眷遣返老家，准备在十一月初二日上疏。可惜还未呈进就泄密，万斯同提供的细节值得注意："杨涟之劾魏忠贤，(左)光斗与其谋，又与 (高) 攀龙共发崔呈秀赃私。忠贤暨其党咸怒，及忠贤逐 (赵) 南星、(高) 攀龙、(魏) 大中，次将及光斗、(杨) 涟。光斗愤甚，草奏劾忠贤及魏广微三十三斩罪，拟于十一月二日上之，先遣家累南还。忠贤诇知，先二日假会推事，与 (杨) 涟俱削籍。"陈子龙说魏忠贤与魏广微对杨涟、左光斗恨之入骨，非杀不可："会杨公疏珰二十四大罪，珰惊且恚，群小以疏出公 (左光斗) 手，阴中之。又以叩马献策，语为公同乡所发也。嗣南乐 (魏广微) 谋入首辅，公已草二魏交通三十二可斩疏。将上而泄，遂假会推，尽逐公等。尔时京贯势合，内之恨杨过于左，外之恨左过于杨，明唆暗嗾，相谓：'不杀杨不可也，左不杀犹之不杀杨也。'"

　　令人遗憾的是，左光斗这篇"三十二可斩疏"，已经消失，关于它的全文，无从知晓。左光斗的弟弟浙江巡按御史左光先说，当时慑于魏忠贤的淫威，把这篇奏稿付之一炬，《左忠毅公文集》是"鲁壁仅存"。左光斗的小儿子左国材也说："呜呼，忠毅大人囊膺珰祸，闻踉跄出都，时以逻卒四布，生平著作，家人尽付祖龙，即典兵事与二魏交通三十二可斩等疏，亦不复存，伤哉！"

　　虽然"三十二可斩疏"并未正式提交，但信息已经泄露，结果左光斗和杨涟一起被革职为民，两人同时离京南下。在回归家乡桐城的途中，赋诗感怀，既庆幸得以生还，又担心随时可能降临的大祸：

> 幸未遭严谴，居然许放还。
> 愿难成栗里，祸恐续椒山。
> 空有安危计，谁开语笑颜。
> 龙眠旧卜筑，长在汨罗间。

诗中所说"祸恐续椒山"，是指当年弹劾严嵩、严世蕃父子而招致杀身之祸的杨继盛，担忧杨继盛悲剧在自己身上再演。

他写诗给归里的杨涟，抒发的是报国无门的黯然神伤：

> 痛杀龙髯攀不及，幛天毒雾满朝危。
> 触阶流血君方见，叩阍排帘宫始移。
> 比阙雨风号二祖，西山霜雪致三疑。
> 至今永夜伤心事，空问乾清涕泪垂。

左光斗为官清廉，又慷慨好施，急人所难，在仕途十八年，囊中如洗，家中老屋仅避风雨而已。清苦还好对付，如何向双亲交代即将面临的大祸，煞费苦心。他自分得忤权奸，万无生理，苦于无计告白双亲，便命人扮演杨继盛，演唱《赴西市》戏曲，并对母亲讲解东汉清流名士范滂故事，暗示自己日后可能的遭遇。

豺狼当道，满朝都是障天毒雾，大祸随时可能降临。上有年逾八旬的双亲，下有五岁的小儿，左光斗这位铁打的汉子惴惴不安。为了避祸，他请求剃度于法师门下，实在是无可奈何的选择。他的《求度誓辞》颇堪回味：

> 奉道弟子左光斗，谨焚香誓辞于圣极度师案下。
> 伏念斗泥土陈人，侏儒贱品，既无道可以匡时致主，又无术可以媚世全生。其在莘下之司，曾以撩须触讳，暨居堂上之座，屡以投鼠招尤，媪相不容，丛神为甚。至于彼其之子，尤为眼中之钉。虽削秩还山，君恩甚厚，而除根剪草，珰怒方殷。殆将以我为李膺，岂肯容予为范蠡，似兹人道之患，何暇阴阳之忧。上有八旬之双亲，非予孰养？下有五龄之弱子，匪我谁成？勇士不忘丧元，圣人原无死地。所幸圣师乞灵上清，护持善类，遂使下愚得草宝篆，珍摄余生。从此山北山南，我自忘人于世外，即使舌锋腹剑，伊难弄我于术中。

然而，护持善类的圣师并没有保佑他，左光斗珍摄余生的奢望很快破灭。魏忠贤及其阉党必欲置他于死地而后快，但又不能拿移宫事件作为罪证，因为迫使李选侍移宫，避免了垂帘听政，皇帝朱由校是赞成的。而接受杨镐、熊廷弼贿赂，贻祸辽东封疆，是皇帝不能容忍的。于是乎逮捕法办的圣旨发出，左光斗等六君子被陆续关进锦衣卫镇抚司诏狱。左光斗的同乡后辈方中履认为，移宫是左公奠安社稷的功劳，也是他招致杀身之祸的根源。

方中履说："天启中，逆奄用事，吾邑左忠毅公与杨忠烈公同死诏狱。人徒知公之死于奄，而不知公之死于群小假奄以杀公也。迄今遗民野老追寻往事，从公子子厚先辈游，乃洞晰本末，盖有余痛焉。今读公移宫前后疏，有不正冠肃容者乎？当是时，尊位方虚，大臣犹恐，不知所为。谠论一出，而邪谋顿寝，然后知国家开言路重台谏之深意，其得人收效至于此而后见也……然则选侍之不垂帘专政，坏三百年之祖制，谁之功欤？公之奠安社稷在是，而公之所以杀身在是。盖移宫之名正，未可以罪公，故假借封疆，坐以贿赂。既而定三案，刊要典，依附经术，文致爰书。呜呼，此岂刑余之谋哉？"

得到锦衣卫缇骑南下逮捕的消息，杨涟劝他"勿恨"，他回答："死何恨，但死不归君父，而先时择便，我辈怕死矣。"每天谈笑自若，收拾行装准备缇骑到来，私下对弟弟左光先说："父母老矣，吾何以为别？"又说："为忠臣，不能为孝子矣。"妻子环相泣，他嘱咐弟弟："率诸儿读，勿以我戒而谓善不可为。"

他写诗向双亲诀别：

再别不能去，中堂有老亲。
著书成令子，传世学忠臣。
逢难心犹烈，居官家更贫。
白云何可望，回首尽烟尘。

写诗向乡亲诀别：

斑马鸣萧萧，长河水漏漏。
歧路一尊酒，行者皆声失。
念我平生交，执手如胶漆。
子弟各依依，啼呼向落日。
幼儿尚嬉游，不识六与七。
旧德无足存，生还未可必。
天王本圣明，众女善妒嫉。
临风从此辞，孤臣委汉室。
流离戴君恩，努力全臣节。
直道不可为，微劳易过切。
安得浮云开，与子归衡泌。

锦衣卫缇骑抵达桐城，宣读逮捕谕旨，原本晴空万里，忽然大雨如注，读罢，雨止。当地人从数百里外赶来，哀号设醮，并在公共场所张贴大字报，表达忿激之情。左公说："速我死矣！"请求他们停止忿激行动。押解他的槛车缓缓启行，全城的父老子弟遮拥马前，哭声震动天地，顶香遥拜北阙，拜锦衣卫缇骑，缇骑们被感动得涕泗交加，莫能仰视。一路上都有民众前来迎送，容城孙奇逢、孙奇彦来拜会，左公对他们说："自古皆有死，惟椒山（杨继盛）得其所。"

进入诏狱后，受到严刑拷讯，诬陷杨、左二人接受熊廷弼贿赂，各两万两银子。勒限退赔。左光斗拒不认罪，立即施以酷刑，几天之后，体无完肤。他的得意门生史可法（字宪之，一字道邻，河南祥符人），化装成清扫工，潜入狱中探望老师，已经面目焦烂，难以辨认。

说起左光斗与史可法的师生情谊，颇有一点传奇色彩。桐城方苞说："乡先辈左忠毅公视学京畿，一日风雪严寒，从数骑出微行，入古寺，庑下一生伏案卧，文方成草。公（左光斗）阅毕，即解貂覆生，为掩户。叩之寺僧，则史公可法也。及试，吏呼名至史公，公瞿然注视，呈卷，即面署第一。召入，使拜夫人曰：'吾诸儿碌碌，他日继吾志事，惟此生耳。'"对于恩师的爱才惜才，史可法始终念念不忘，于是便有冒险探监之事。方苞提供了独家资讯："及左公下厂狱，史（可法）朝夕狱门外。逆阉防伺甚严，虽家仆不得近。久之，闻左公被炮烙，且夕且死，持五十金，涕泣谋于禁卒，卒感焉。一日，使史（可法）更敝衣草屦，背筐，手长镵，为除不洁者，引入，微指左公处，则席地倚墙而坐，面额焦烂不可辨，左膝以下筋骨尽脱矣。史（可法）前跪抱公膝而呜咽，公辨其声而目不可开，乃奋臂以指拨眦。目光如炬，怒曰：'庸奴，此何地也，而汝来前，国家之事糜烂至此。老夫已矣，汝复轻身，而昧大义，天下事谁可支拄者？不速去，无俟奸人构陷，吾今即扑杀汝。'因摸地上刑械，作投击势。史（可法）噤不敢发声，趋而出。后常流涕述其事，以语人曰：'吾师肺肝皆铁石所铸造也。'"

正如史可法所说，左公肺肝是铁石铸造而成，视死如归，在狱中和其他五君子秉烛夜话，赋诗一首：

> 噫嘻哀哉，当今之辜不可问，谁信慷慨回气运。
> 长安猛虎昼食人，雾盖燕云十六郡。
> 我欲呼天，天高不可呼。
> 我欲告人，人心毒如荼。
> 皋陶平生正直神，瓣香可能悉其辜。
> 夜来床头生芝干如铁，不在李膺之前则在范滂之侧。
> 英雄对此益增奇，天地愁之失颜色。
> 噫嘻吁嗟乎，明月蚀于天，高山崩入渊。
> 如何长夜如长年，安得魂去飞翩翩。
> 上与二祖列宗诉其缘，肯教鸾凤独死枭獍乘权。

许显纯秉承魏忠贤的旨意，诬陷六君子收受杨镐、熊廷弼贿赂，拷掠狠毒无比。六君子对于无端的诬陷拒不认罪，左光斗和诸君子商议，如果坚决不承认，必死无疑，不是酷刑击毙，就是狱卒潜杀；如果承认，就可以转交三法司审判，还有见天之日。诸君子都赞同他的分析，陆续自诬服，左光斗自己承认坐赃三万两银子。殊不知魏忠贤并非要他们的钱，而是要他们的命，不断矫旨严令许显纯五日一次酷刑拷打，根本不送交三法司，诸人始悔失计。

左光斗之弟左光明昼伏夜行，千方百计筹集钱款，燕赵侠义之士，以及受左公荐拔的名士，一呼百应。容城孙奇逢、定兴鹿正因左光斗有德于畿辅百姓，倡议捐献，诸生纷纷响应，慷慨解囊，筹得数千两银子，以求缓刑。然而左公已经与杨公同时死于杖下，时为七月二十四日，卒年五十一岁。临死之前，从茶壶中传出绝命辞："辱极苦极，污极痛极，何缘得生，何苦求生，死矣死矣。愿以此报皇上报二祖列宗，血点泪痕，与数行淡墨，依稀断纸而已。"

桐城民众为家乡儿子左光斗而自傲，赞誉为"一代伟人，三朝正气"。当他遭到逮捕追赃时，桐城父老在四个城门张贴檄文，为之鸣不平：

今观金宪左公，一代伟人，三朝正气。文章名世，学士共尊，斗山经济，满寰兆姓，均沾霖雨。抗弹章于豸绣，狐鼠销魂；振铎响于兰台，菁莪式化。居乡饮人醇醪，三尺无欺；作宦洁己冰霜，一丝不苟。即今廿载历仕，犹然四壁萧疏。真明时清白之懿型，为我邦缙绅之雅范……奈何黜削未几，倏尔逮系，随加旨下追赃，诬以不疑之攘金，有是事乎？诏严扭解，辱以范滂之囊头，变无日矣。

吾桐素称文宪之邦，不乏忠毅之辈。睹接诏时之露雨，何异六月飞霜。听取义人之覆盆，能禁二天洒血。爰是倡盟约我同心，共矢借剑之英风，期辨窃丛之伪旨。及今拘留缇使，预图剖明，然后匍匐丹墀，代求矜释，庶贞人不毙于刀几，而公道顿豁于阴霾。请观今日之威严，竟是何人之世界？

桐城百姓上疏朝廷，引用孟子的话加以发挥：杀人之权不在左右，不在大夫，并不在天子，而在国人。恳乞皇帝察舆情、怜冤抑，赦免左光斗：

今原任左佥都御史被逮左光斗，不知何罪冒干天威，削夺之谴，退方细民已不胜骇愕，突闻差官拿问。以桐城二百余年所未有之事，桐民父老所未经见之惨，而忽加于桐百姓所共仰赖之人。闻报之日，官哭于署，吏哭于庭，农哭于野，商哭于市，行道哭于途，妇女哭于室，相顾痛悼，不解何故。至开读，谓熊廷弼失陷封疆，受贿出脱。嗟乎，冤哉！

世未有居乡不爱钱，而居官爱钱者；未有不爱本等之钱，而爱分外之钱者；未有除奸剔蠹禁人之受贿爱钱，而反身陷爱钱之诛者。皇上亦知左光斗居家不事生业，居乡惟高仁义乎！亦知急难有闻必告，谢仪闭目不睹乎！亦知一编裕后家，无绮纨之子弟，三尺应门人尽司马之纯仆乎！亦知二十余年之科第，不改四壁萧萧之家风乎！

至若道德文章，望隆江左，鉴空蓟北。生平不计身家，动念惟知君父。防微杜渐，共倾夹日之功；触忌撄鳞，时洒回天之泪。有臣若此，犹当十世庇之，纵或罪在罔赦，亦宜付以三宥八议之典，何一旦威加莫测，坐以极冤。受贿何名？扭解何法？罪未定于司寇，刑遽上于大夫，举朝之公议虽泯，三代之直道在。

光斗为范滂，亲为滂母，骈首就戮，垂芳青史，天下后世以皇上为何如主哉？则光斗之身不特不忍杀，不当杀，且不可杀。与其置九死以快一人，何如留一生以谢通国。

皇帝闭目塞聪，魏忠贤一手遮天，这些恳切的呼吁，统统化为泡沫。左光斗被迫害致死后，可爱的家乡民众还在继续呼吁，希望给死者以崇敬。安庆府学、桐城县学的生员上书朝廷，为左光斗"请祠崇祀"。安庆府、桐城县的里老、约保、耆民，叩请当局俯允为左光斗建祠，以全优恤之典，以伸风励之用。在阉党专政时代，这无疑是异想天开之事。好在历史毕竟是人民书写的，家乡民众终于了却心愿，在桐城县城建造了"左忠毅公祠"，世世代代祭祀不绝。

七、魏大中：“臣子死于王家，男儿常事”

魏大中，字孔时，号廓园，浙江嘉善人。性狷介，为诸生酷贫，读书砥行。为孝廉十余年，足迹从不至官府之门，设馆糊口，欣然自足。他是六君子中唯一与东林书院有关系的人，万历三十八年(1610)，会晤顾宪成、高攀龙诸公；次年，执弟子礼于高攀龙先生。万历四十四年，赴廷试，赐同进士出身三甲第十三名，至大理寺观政，受职行人司行人。以后累官至吏科都给事中，始终廉洁自守。瞿式耜说他，“自成进士以至受职行人，擢选谏职，从未尝受人一钱。官至吏掌垣，犹赁屋以居，无一椽一瓦。邑中豪强与缙绅家凛然畏如严师，而独与闾里小民如家人父子”。万斯同说：“(魏)大中为人刚方严冷，嫉恶若仇，在官不以家自随，止二苍头给爨。入朝则键其户，寂无一人。有外吏以苞苴(贿赂)至者，举发之，自是无敢及其门。”嘉善名士陈龙正(字惕龙，号几亭)，与他同出高攀龙师门，有同学之谊，知之甚深：“忆自癸卯(万历三十一年)、甲辰(万历三十二年)间，出入联榻，风雨悬灯，相与搜剔乎经史，而渐劘以文义，斤斤自矜，多属吸风食柏之心，与冷铁严霜之致。迄于今，簪发几年，要津几年，而一夫之亩不盈，藜藿之羹常匮。噫嗟何为乎？”

正如万斯同所说，魏大中刚方严冷，嫉恶若仇。有人以为他嫉恶过严，优容不足，瞿式耜认为这和他多年身

居谏垣之职大有关系："然亦安知其胸中确然自有绳墨，世间曲相自不堪受彼一引弹耳……况当乱臣贼子人将相食之时，而欲使居谏垣者禁不发一语，然则必使天下须眉尽化为女子，人类尽化为狐狸，然后可以称大贤耶？"在天启年间的言行，由此可以获得索解。比如，太常少卿王绍徽素与东林为难，千方百计营求晋升巡抚。魏大中鄙视其人品卑劣，上疏抨击，迫使他自引而去。当时大臣冒滥恤典，子弟每每夤缘要路，封荫一官半职，魏大中深恶痛绝，一切按照祖宗旧制裁量，杜绝夤缘之途，引来怨恨无数。吏部尚书赵南星欣赏他的贤能，人事任免多征求他的意见，言必采纳，引起一些人的反感。

给事中章允儒鼓动傅櫆，借汪文言的由

头，率先发难，弹劾魏大中与左光斗"反戈于君子，呈身于小人，以内阁中书汪文言为私人"。魏忠贤见到这一奏疏大喜过望，立即矫旨逮捕汪文言，关入诏狱。魏大中据理反驳刑科给事中傅櫆："臣不知（傅）櫆指何如人为君子，而臣尝反戈；又不知櫆指何如人为小人，而臣有呈身之事。若文言游于缙绅间，即江右缙绅多与之游。臣无私，无庸畜人以行其私，至谓臣有资斧及人，则臣不能也。顾櫆何以若是惴惴焉其自危也。大都宵小之志，最不便于铨院吏垣，有秉正嫉邪不可力挠、不可党劫之臣。故冢臣锐意治平，求贤如渴，得一清恬亢直之邹维琏用之于铨，而櫆自危；又得一清恬亢直之程国祥用之于铨，而櫆又自危；（左）光斗佥院，而櫆自危；臣忝吏垣，而櫆又自危。故维琏逐之，并国祥逐之，且并旧铨臣吴羽文而逼之逐之。三驱之后，继以一网，疏攻光斗，并以及臣。"把傅櫆驳得体无完肤，连皇帝也不得不承认："魏大中新推吏垣，据奏，心迹既堂堂，即到任供职。"既然皇帝下旨"到任供职"，次日，魏大中赴任吏科都给事中，鸿胪寺也已经报名面恩，魏忠贤竟然违反惯例，突然矫旨借口魏大中与傅櫆"互讦未竣"，不得赴任，说什么"魏大中、傅櫆互参，事情尚未明结，何得到任面恩，以后有这等的，鸿胪寺不得开写朝仪起数"。魏大中只得杜门席藁，静听斧钺。如此出尔反尔，举朝为之骇愕。魏忠贤自知理亏，顺势下坡，发出圣旨说"魏大中既认罪，且称遵旨到任，着供职，免面恩"。显然这是正反两方势力较量的结果，万斯同评论道："然自是朝端水火，诸正人咸不安其位矣。"

杨涟弹劾魏忠贤二十四大罪，魏大中首先响应，率领同官劝谏皇帝："从古君侧之恶非遂能祸人国也，有忠臣不恤其身之危以告之君，而君不信，乃始至于不可救。"可谓一语中的，皇帝朱由校与太监魏忠贤的关系正是如此，所以他批评道："忠贤种种之罪案，（皇上）引为亲裁，而代之任咎；忠贤种种之逆德，不能置辩，而代与分剖；安排布置，倒行逆施，自疏自票，疑尽出忠贤之意。"仿佛四两拨千斤，一举击中要害，魏忠贤大怒，矫旨切责："好生逞臆渎扰，本当重处，念系言官公本，为首的罚俸五个月。"罚俸不过是暂时的警告，打击报复随之而来。吏部推举谢应祥出任陕西巡抚，作为吏科都给事中的魏大中全力支持，魏广微唆使亲信陈九畴发难，攻击魏大中出于谢应祥门下，推举不公。魏忠贤与魏广微乘机把他罢黜。魏大中离京时感慨系之，赋诗与诸君子告别：

> 岂有书生面，难将赭似酡。
> 遮藏图学茧，引闲拟为螺。
> 亦念君恩重，其如物态何。
> 安危君等在，余意已烟萝。

此时此地他的心境充满惆怅：

墨题当年愧碧纱，重过今日鬓生华。

天心如此人谁料，臣罪伊何愿敢奢。

果不鉴临惟有死，纵然归去已无家。

能垂勺露宽于海，好好朝霞与暮霞。

"天心如此人谁料"，"纵然归去已无家"，预感到日后无法安生。他在自己撰写的年谱中说："五年乙丑，五十一岁。予一意杜门谢客，而邸报中声息汹汹，不敢宁居，仓卒与濂儿毕姻以四月十一日。二十一日而逮者至，二十四日就逮。"天启五年 (1625) 四月二十四日，朝廷派来的锦衣卫缇骑逮捕魏大中，嘉善同乡数千人号泣送行。押解船只由运河北上，经过苏州时，周顺昌 (字景文，号蓼洲，苏州吴县人) 登船问候，并把自己的小女儿许配给他的孙子，用联姻的方式表示对忠臣的敬重之情。官船经过常州，知府曾樱前来迎送，潸然泪下，魏大中颜色不变，安慰道："臣子死于王家，男儿常事，何必尔尔。"曾樱拿出自己的清俸银子一百两，托郑鄤转交，魏大中婉言谢绝："譬如嫠妇嫠居数十年，垂死中偶动一念，便属失节，箐华而晼，不敢以不易也。"

高攀龙在平望镇迎候，又在无锡高桥之北依依惜别。魏大中所写"自谱"，到此戛然而止。他的儿子魏学洢补写了北上入狱直至死亡的全过程，感人至深，请看这篇饱含血泪的文章：

先君闻难后，扬扬欢笑如畴昔，而一出于真。洢等悲忧填膺，睹颜色亦欢笑，不复知大厄之在后也。

五月五日，舟过锡山，陈发交携蒲觞相饯，欢笑竟日。

初六日凌晨，遣濂（次子学濂）归行，纳采礼于周蓼洲。惧浒尾舟而行，或为缇骑觉也，遣雇小舟先发。浒别而北，濂别而南，草草分散，不料自此竟长别也。於乎痛哉！

六月十二日，槛车经良乡，遣奴鸿飞以此谱（即"自谱"）授浒，诚勿求见。（附注：魏大中关照魏学浒，"自谱"稿当藏之莫示人，以后修订。）十三日，入都，羁锦衣卫东司房。十六日午间，入北镇抚司狱。越十日而杨公至。

二十八日，许显纯、崔应元奉旨严鞫。许（显纯）既迎二魏（魏忠贤、魏广微）意，构汪文言招词，而急毙之以灭口，对簿时遂龈龈如两造之相质。一拶敲一百穿梭，一夹敲五十杠子，打四十棍，惨酷备至。而抗辩之语，悉闷不得宣。

七月初一日，旨下，则直云："六人伏辜矣，仍着北镇抚（司）严刑追比，五日一回奏。"闻者莫不丧魄。外魏（广微）佯请付法司以解于众，而令内魏（忠贤）故留中以詟台省之将言者。

初四日，输三千金，（许）显纯概不用刑，以用刑闻，且请从辅臣（魏广微）言，盖聊以市德云……派赃有至四万者，而先君独三千有奇，似属未减，且金又似可徐徐输也。及旨下，切责（许）显纯。

初九日，概笞十棍。旨下，仍切责。十三日，同杨、左各三十棍。先君自此大困。(许)显纯又限五日再比，所输数更日增，浒惴惴惧不给矣。十六日，旨下，又切责(许)显纯、(崔)应元各降一级，浒惶怖绝望，欲代刘执输金之役。(附注：刘，即旧邻刘启先，负责输金。)一见先君，刘苦相尼。十七日，刘入，先君俯相劳苦，且辞曰："惫极矣，未刑时茎茎毫孔俱疼，殆不能支，姑毋令我儿知也。"刘微以浒意告，先君大惊。比输金，杨、左受严刑，余四人竟免。刘出，浒又私喜过望，叩头谢刘，谓毒盖偏偏有中矣，急奔定兴江村告贷于鹿太公。太公义至高，然家故清奢，转展旁贷，仅得十五金。浒未至，太公先已传告同好，深乡剧贫之士素不通姓名者，争贸易所有以相应许显纯，宗族多与焉。然汇之曾不盈五十金。浒且感且愧且悲，急奔之良乡，讯十九日消息，则六公同被酷刑，一如初鞠时矣。

二十一日，奔至城，则当日又同杨、左各三十棍矣。浒狂骇惊怛，不知所为。究其故，则倪文焕以细事忤中贵，赖崔呈秀以免，急攻蓼洲(周顺昌)媚之，中及缔姻事。蓼洲褫，而先君之祸遂益烈。暂宽忽严，倪文焕为之也，於乎痛哉！

二十四日，刘入，先君不复能跪起，荷桎梏平仆堂下。刘膝行而前，见额帕垂覆目，整之，背半露掩之，群蝇啮腐肤，驱之。问："安乎?"曰："病，病甚。"问:"亦强进粥乎?"曰:"勿言勿言,促我儿逸去。"刘不觉哭失声,众呵之出。是日,又一夹敲四十棍。刘请于里门,卒隐垣隙窃窥,初犹闻痛楚声,已殊寂然。刑毕,拽入。少顷,(许)显纯令管事官二人进狱,久之方出。众莫测其所为,但闻杨、左、魏已舁至后监。

二十五日,菜帖入,不复出矣。杨、左以是日报亡。

二十六日,报先君以巳时亡,然终不知死期与死法也。於乎痛哉!时天暑发雷,相验领埋之旨故迟迟不降,而东厂卒日巡洄寓如织。

三十日,始差官发尸,偕杨、左从牢亢中出,骸涨而黑,圾圾有零落。忙急,并秽褥卷之入棺。

魏大中在诏狱受到严刑拷打,在场的外

甥不禁痛哭失声，魏大中斥责道："孺子真不才，死岂负我哉，而效儿女子相泣耶！"严审四次，酷刑倍加，实在不能堪，仰视许显纯说："吾口终不肖汝心，任汝巧为之，我承焉可也。"许显纯于是任意诬赃，魏大中蹶然而起说："天乎冤哉！以此蔑赤贫之士，有死不承。"家乡父老为了挽救魏大中生命，愿意筹措银两代为退赔，魏大中婉言谢绝，七月初三日从狱中寄出片纸，写道："百姓许概县派赔，万万不可。我穷苦一生，并无分银粒米施及邻里乡党，今日之祸又非为合县公事，岂可相累！"

魏大中遇难后，挚友陈龙正撰写祭文："呜呼翁兄，生平不忘沟壑，而事与运卒副其意。死之日，肤浮髭脱，面目不可复认，而仅有斑斑血裳为之记。呜呼，人谁不死，死所良异，孰知夫床第之有时非所，而缧绁或得捐生之地也……今焉兄之长暝于桎梏也，亦泊乎归其所寄。想兄尔时戴皇天、履后土、游名山、涉大川，浩浩乎通未生以前之元气焉。而里党交亲所不忍耳而目者，则惟泪枯之媭，长号之孤，痛忘餐而惊难寐。"

八、"虎狼之肆威，狗彘之不食"

锦衣卫是一个军事特务机构，它下属的镇抚司诏狱，是直接受命于皇帝的监狱，故而称为"朝家禁狱"。金日升《颂天胪笔》说："镇抚（司）为朝家禁狱，列圣颁旨极严，凡漏泄狱情者，处以斩刑；擅入狱中者，即刖其足。

故片纸只字及单辞半语，出入最为不易。"它凌驾于三法司（刑部、大理寺、都察院）之上，可以法外用刑，人犯一旦进入诏狱，很少有活着出去的。由于六君子之死为世人所瞩目，其惨无人道的内情渐次暴露于外。

金日升的《颂天胪笔》、黄煜的《碧血录》，所披露的真相最为深刻，也最为令人惊骇。

金日升记载镇抚司诏狱的五种刑具：

一是械具，用坚木制成，长一尺五寸，阔四寸许，中间开凿两孔，固着于臂上，虽受刑时也不脱下。

二是镣具，用铁制成，俗称银铛，长五六尺，盘于左脚上（因右脚要受刑，有所不便）。

三是棍具，用杨树、榆树木条制成，长五尺，弯曲如匕。执手处大如人小指，着肉处将近一寸。每次动用棍刑，用绳索紧束人犯腰部，使其不得转侧。或用绳索绑住两脚，一人负之背立，使之不得伸缩。

四是拶具，用杨木制成，长一尺余，直径四五分。每用拶刑，两人扶受刑者起跪，用绳索绑住拶具两端，用棍棒左右敲击，使得拶具上下，增加痛楚。

五是夹棍具，用杨木制成，两根一副，各长三尺余，离地五寸许，贯以铁条，每根中间各绑拶具三副。用刑时，直竖其棍，安于人犯脚上，用绳索绑定，又用大杠一根，长六七尺，直径四寸以上，从右面猛烈敲击足胫。

其实诏狱的刑具，决不仅仅限于这些，还有一些非典型刑具，比如用来敲打的铜锤，用来压人身体的装满泥土的麻袋，长达五六寸的铁钉等等。经受这些刑具折磨以后，势必体无完肤。

魏大中之子魏学濂说，其父受刑之后，"指断胫裂，股大于腰。叠棍所中，结为黑丁，渐为深坎，不一再宿，复棍棍击赤肉。肉败蛆生，淋漓零落，堕阶上者块如斗。盖严刑之下，既无力图生，且无力图死"。这就是"奉天承运皇帝诏曰"掩盖下的诏狱的真相。金日升感叹道："读未终篇，顿使人发指眦裂，气塞泪淋。按古之狱吏张汤、来俊臣诸恶孽，未有今日许显纯之惨毒也。真虎狼之肆威，狗彘之不食，恨不磔其体，而醢其肉，以飨六君子之忠魂，以雪同乡之公愤。"

黄煜《碧血录》逐日记录六君子受到严刑拷打的真相：

入狱当天，"诸君子各打四十棍，拶敲一百，夹杠五十"。

七月四日，六君子从狱中提出审讯，"各两狱卒挟扶左右伛偻而东，一步一忍痛，声甚酸楚……诸君子俱色黑而颠秃，用尺帛抹额，裳上脓血如染"。

七月十三日午饭后，六君子到堂审讯，"（许）显纯辞色颇厉，五日一限，限输银四百两，不如数，与痛棍。左（光斗）、顾（大章）哓哓置辩，魏（大中）、周（朝瑞）、袁（化中）伏地不语。杨呼家人至腋下，大声曰：'汝辈归，好生服侍太奶奶，分付各位相公不要读书。'是日，各毒打三十棍，棍声动地。嗣后受杖诸君子股肉俱烂，各以帛急缠其上，而杨公独甚"。

七月十七日拷问，杨（涟）、左（光斗）各三十棍。

七月十九日拷问，"杨（涟）、左（光斗）、魏（大中）俱用全刑，杨公大号而无回声，左公声呦呦如小儿。周（朝瑞）、顾（大章）各受二十棍，拶敲五十；袁（化中）拶敲五十。魏（大中）呼家人至前，谓之曰：'吾十五日已后闻谷食之气则呕，每日只饮寒水一器，苹果半只而已。命尽想在旦夕，速为吾具棺，然家甚贫，无能得稍美者，差足掩骼可也。'"

七月二十一日拷问，"杨、左俱受全刑，魏三十棍，周、顾各二十棍……杨公（涟）举头欲辩，而口不能言，遂俱舁出。彼时诸君子俱已进狱，独杨、左投户限之外，臀血流离，伏地若死人……是日雨，棍湿重倍常，且尽力狠打，故号呼之声更惨"。

七月二十四日拷问，"杨（涟）、左（光斗）、魏（大中）各全刑，顾（大章）拶敲五十。刑毕，（许）显纯呼牢狱前张目曰：'六人不得宿一处。'遂将杨、左、魏发大监……（狱）吏呼曰：'今晚各位大老爷当有壁挺（方言死也）者。'是夜，三君子果俱死于锁头（狱卒头目）叶文仲之手"。

七月二十九日，"三君子之尸俱从诏狱后户出……籍以布褥，裹以草席，束以草索，扶至墙外，臭遍街衢，尸虫沾沾坠地"。

八月十九日，袁化中死于锁头颜紫之手。

八月二十八日，周朝瑞死于锁头郭某之手。

九月十五日夜，顾大章投环而死。

以下简略回顾袁化中、周朝瑞、顾大章三君子被害始末。

袁化中，字民谐，号熙宇，山东武定人。万历三十五年 (1607) 进士，历任内黄知县、泾县知县，治绩卓著，晋升御史。天启初年目睹时事不平，屡次上疏弹劾逆珰，遭魏忠贤忌恨。他作为河南道御史，揭发淮扬巡抚崔呈秀贪赃枉法，得到都察院左都御史高攀龙，以及吏部考功司郎中邹维琏支持，提问追赃，拟遣戍，崔呈秀投身魏忠贤，图谋报复。天启四年 (1624)，傅櫆纠弹汪文言，牵连魏大中、左光斗，袁化中上疏申辩。天启四年六月初一日杨涟弹劾魏忠贤二十四大罪，袁化中奋起响应，向皇帝上疏——"宪臣逐奸之论甚正，朝廷辨恶之法宜明，谨循职掌合词共吁，恳乞皇上即敕究处，消弭隐祸以安人心疏"。他尖锐地指出：

> 禁廷之内乃有大奸巨恶如掌东厂太监魏忠贤其人者。忠贤事皇上不为不久矣，皇上之恩宠不为不极矣，感恩图报，只合安分小心，以护圣躬。一切不法之事毫不萌念，岂不称真忠贤哉？乃四年以来，障日蔽明，逞威作福，乘皇上之初临，视大臣如奴隶，斥言官如狐雏，杀内廷外廷如草菅。自杀王安后，其手渐猾；逐刘一燝后，其势愈炽。朝野相危，神人共愤，其恶状已悉俱臣堂官杨涟疏中，臣等无容再列。

但斥奸逐佞，言官事也，今臣等不能先发，而臣堂官发之，臣等已抱寒蝉之愧。

然后话锋一转，针对皇帝对于杨涟奏疏的态度，批评道：

> 又以为疏上之时，皇上不知如何震怒，立下法司究问矣。今在宪臣则责以"凭臆构祸，寻端沽直"，在忠贤则奖以"一言不置辩，更见小心"。是何斥奸者反加不美之词，而暴横者反承翼翼之褒乎！且奸厂之疏先下，而后批答之旨继之，是何王言之倒置，而国体之渐轻也。臣等以为，忠贤势焰熏天，触之者焦，谁肯逞其言词？今宪臣矢心报国，不避权贵，正大臣防微深心，忠爱之大，孰过于此！若以謇謇者非忠爱，则容容者为忠爱乎？灰正直之气，长奸珰之志，莫此为甚。

词锋凌厉，句句触及要害，却又句句在理，六月七日的皇帝圣旨泛泛而谈："杨涟本奉旨已明，如何又来渎扰。朕御下严明，朝夕左右，岂得不知？若如外廷所疑，谓朕为何如主？好生不谙大体。念系言官，且杨涟倡首已置不问，姑不深究。"所谓"不深究"当然是一句门面语，秋后还是要算账的。果然，因吏部会推事件，袁化中附和赵南星、陈于庭，遭到削籍处分。杨涟、左光斗被逮捕，袁化中也因移宫、封疆两案遭到逮捕，坐赃六千两银子。许显纯按照魏忠贤的旨意，严刑拷打，袁化中身受重伤。"公（袁化中）每从狱中出，两狱卒挟扶左右手，伛偻而行，一步一忍痛，声甚酸楚，面色墨，而头秃，用尺帛抹额，裳上脓血如染。（许）显纯高坐，叱咤颇厉，究验所纳赃数，不中程受全刑（夹拶棍杠敲）。公素善病，遂僵卧不起。"八月十二日，袁化中退赔全部赃银，仍不发刑部审理，十九日被狱卒头目颜紫击毙于狱中。五日后家属才可以领埋尸体，其时肢体已经腐烂，家人布裹含殓，见者无不悲酸凄楚。

周朝瑞，字思永，号衡台，山东临清人。万历三十五年（1607）进士，历任中书舍人、礼科给事中，与同官杨涟志同道合。移宫之议起，力挺杨涟。御史贾继春有"安选侍"之议，与杨涟唱反调，周朝瑞三次上疏辩难，触犯时忌。天启二年（1622），皇帝朱由校停止经筵日讲，他疏请照常讲学，语侵皇帝身边近侍，有"借丛""指鹿"等语。疏中写道："经筵日讲已奉暂免之旨，果自圣意乎？抑阁臣实先意逢迎，欲假圣旨停之乎？若圣意倦勤，蹈此杳不闻声之覆辙，阁臣宜引义力争，何待人言之毕。如其阁臣阿中涓意，实有先言，遂叨中旨。阁臣亦读圣贤书，岂不闻人主宜使务学，接见贤士大夫。况皇上冲龄，志气未定，即一二亲信内侍亦不明乎？天下安则皇上安，而若辈亦安。种种借丛，皆堪覆国。独有朝讲不辍，诸臣尚得睹皇上龙颜，庶几有牵裾之忠，犹可白指鹿之佞。"魏忠贤、客氏怀恨在心。阉党分子炮制《东林点将录》，对魏忠贤说："此录中一百八人皆结党谋，欲杀祖爷者也。"魏忠贤

▶ 周朝瑞像

深信其说，命诸奸先逮捕为首的十人。诸奸反复推敲几昼夜，最终确定六君子名单，其中就有周朝瑞。金日升说："此六人非但鲠直，为逆珰所恨，兼有才智，为奸党所畏，谓先剪灭此，则余皆发蒙振落耳。则公之才品可推矣。"天启五年，汪文言狱起，被逮捕入诏狱，坐赃一万两银子。周家迅速退赔完毕，即将出狱，被狱卒击毙。

顾大章，字伯钦，号尘客，南直隶常熟（今江苏常熟）人。万历三十五年（1607）进士，由常州府儒学教授晋升国子监博士，刑部主事、郎中。魏忠贤用事，群小阴谋杀害杨、左，诬称顾大章为"杨、左党"，逮入诏狱。杨、左、魏、袁、周五君子先后毙命，顾大章即将移送刑部，命法司定罪。顾大章慷慨陈词："某奉旨送法司，据招定罪，岂容复辩？欲辩则抗圣旨也，欲不辩则自欺本心，欺法司，且欺天下后世，是亦欺皇上也。不抗即欺，无一而可也。且五人者皆前死矣，借某以实五人之招，则某既自诬服，又代五人诬服，何以见五人地下乎？明公能昭雪此案，则万代瞻仰。不然，有镇抚（司）原招在，某复何言？"法司环坐愕眙，无言以对。顾大章叹息：汪文言犹能为贯高，我度不能乎？吾不可以再辱矣。说罢，与弟弟顾大武诀别，服毒自尽，气未绝，再自缢而死。时为天启五年（1625）九月十四日，享年五十岁。

死前数日，顾大章写自叙，彰显他特立独行的个性："余锐意政事，遇事辄攘袂争之，而得者十之七，然犹郁郁不乐。得奇疾，弃官归家。遇外家立嗣事，颇任嫌怨，卒捐外父所赠以明志，家居三载。改常州教授，丁父忧。丧毕，见正人日就摧残，慨然曰：'昔贾彪不入顾厨之目，卒西行以解其难。余向与东林疏，此正可以彪自况也。'补为国子博士，颇为世道效力，人皆不知。后以同事讪其功，余名亦渐彰，为人所忌矣……群小谮余于珰，谓王纪攻客氏疏皆出余手。余无崆峒之才，而有其祸，自此始也。"在诏狱中，他写下了《对簿词》《狱中笔记五条》，悲叹狱中的苦楚："某等六人同逮，而某为最苦。彼五人死于镇抚（司），未到法司成招，天下或有冤之者。某既送法司，欲辩，则奉旨：'原是据招定罪，岂

▼ 顾裕愍（顾大章）像

容复辩以抗圣旨。'欲不辩，则自欺本心，欺台臺，即是欺皇上，且欺天下后世。况不但自诬服，而并借某以成五人之招。此招一成，某身名俱败矣，故曰最苦也。问：'与五人如何交结？'某曰：'杨（涟）为常熟县令，因此相知。左（光斗）同年同乡，是以相知。魏（大中）素极厚，袁（化中）、周（朝瑞）踪迹皆疏。'对簿词止如此。末云：'台臺能为此案昭雪，则万代瞻仰，在此一举，如其不然，则有镇抚（司）原招在。"又说："入诏狱，声息俱遥闻，不能觌面，是即死也。何天玉云：'在诏狱写单索饮食于外，譬如祖宗之显灵；家人送食，传单而进，譬如子孙之祭享。'非久困于狱者，乌能描写至此乎？余入诏狱百日，而奉旨暂发部者十日，有此十日之生，并前之百日皆生矣。何者？与家人相见，前之遥闻者皆亲证也。余既叨此一百十日之生，视彼先逝者幸已甚矣，复何忧哉？复何恋哉？"

顾大章写的诀别诗，其中有"故作风波翻世道，常留日月照人心"之句。慨然叹息："自唐虞至今才四千年，吾生五十年，已得八十分之一，不可为不寿，即以凶终，不犹愈于老死牖下者乎？"

六君子遭受诬陷，惨死诏狱的事实，在官方文书中竟然是另一副样子。刑部尚书李养正、周应秋，都察院左都御史王绍徽，副都御史徐大化，佥都御史潘濬，大理寺少卿吴之皋、倪思辉、潘文，大理寺丞张论臣、启光、孙杰等签署爰书（定案文书），向皇帝奏报三法司对六君子之狱的标准宣传口径："顾大章与已故杨涟、左光斗、周朝瑞、魏大中、袁化中、汪文言，皆以狂悖窃附威权，惯罔上以沽名，惯崇奸而谋利。堂构无恙，何定策之敢言；社稷有君，孰垂帘之可托。自汪文言潜通线索，致王（安）内监突起风波，（左光）斗曰'日后可虞'，（杨）涟曰'移宫宜亟'。直房密计，疾如风雨之至，令康妃（李选侍）跟跄失措，不知祸之自来，禁里传呼，势如剽劫之临，即皇妹亦号恸堪怜，曾无言之可诉。乘皇上谅阴之始，得以恣行，快中涓报复之谋，惟其所欲，爅众听而背遗言，恫先灵而亏圣孝。有臣若此，岂可胜诛！犹且招摇作势，标榜为名。斥异己之贾继春，片言刺骨；进党同之周朝瑞，三辩衔恩。曰谁任击排，则袁化中、魏大中拳勇可藉；曰谁拱颐使，则顾大章绕指堪收。"这种空话连篇、虚张声势的爰书，对于魏忠贤而言，如获至宝，阁臣票拟的诏书同样黑白颠倒、是非混淆："杨涟、左光斗、周朝瑞、汪文言凶恶小人，目无法纪，素与内侍王安互相交结，妄希定策，首倡移宫，夤缘作弊，扶同奏启，威逼康妃，亏朕孝德。又与魏大中、袁化中、顾大章结成一党，紊乱朝政。明知熊廷弼失陷封疆，罪在不赦，乃敢贪其重贿，共为营脱，巧言谏免，暗邀人心。赖九庙神灵，罪人斯得，诛心定法，律当情真。虽已瘐死囹圄，还当戮尸都市，姑从轻典，以示法外之恩。"

对六君子的血腥残害，居然标榜"法外之恩"；六君子为国为民的忠义之举，竟然诬蔑为"罔上沽名""崇奸谋利""紊乱朝政"。于此,人们对于"欲加之罪,何患无辞",有了更加透彻的理解。

崇祯皇帝即位以后,清查阉党逆案,魏忠贤和他的阉党帮凶们,永远被钉在历史的耻辱柱上。杨涟等六君子,以及后继的七君子——周起元、周宗建、缪昌期、高攀龙、李应昇、黄尊素、周顺昌,陆续得以平反昭雪,彪炳于史册,浩然正气至今回响不绝。

魏忠贤崇拜面面观

　　中国历史上宦官专权的事情，屡见不鲜。晚明的魏忠贤阉党专政，不仅登峰造极，而且十分独特，专擅朝政的同时，大大小小的官僚们演出了一幕幕崇拜魏忠贤的丑剧。个人崇拜在历史上并不罕见，奇怪的是，崇拜的对象不是皇帝，而是一向受人鄙视的太监。这不能不说是畸形时代的畸形政治生态，专制体制下人性的丑恶面，毫无遮掩地暴露在光天化日之下。值得注意的是，崇拜者与被崇拜者都不以为耻，反以为荣，岂非咄咄怪事！

一、"奢侈性成，服色僭制"

　　魏忠贤，北直隶河间府肃宁县 (今属河北省) 人，生于隆庆二年 (1568)，那一年是戊辰年，所以小名叫作辰生。长大以后娶妻冯氏，育有一女，却不务正业，沉迷于吃喝嫖赌。正如朱长祚《玉镜新谭》所说："肃宁人魏忠贤者，初名进忠，市井一无赖耳。形质丰伟，言辞佞利，目不识丁，性多狡诈。然有胆气，日务樗蒲（意为赌博）为计，家无担石而一掷百万。若其歌曲弦索，弹棋蹴踘，事事胜人。里中少年，竞相与狎。迷恋青楼翠袖之间，落魄无行，依人醉醒，不问妻子饔飧韦布（意为吃饭穿衣），游手好闲，以穷日月。"倾家荡产之后，妻子改嫁他乡，女儿卖给人家做童养媳。走投无路之际，他想到了进宫去当阉宦。从"小火者"（洒扫打杂）做起，再到"甲字库"（布匹染料仓库）当差。由于他精通江湖黑道那一套，擅长逢迎拍马，被提拔为朱由校生母王才人的典膳太监；王才人死后，他又成为朱由校庶母李选侍的近侍太监，与朱由校形影不离。朱由校登上皇位（即熹宗），他自然而然成为皇帝仰赖的心腹，与奉圣夫人客氏（朱由校的乳母）沆瀣一气，一举登上权力巅峰——司礼监秉笔太监兼任东厂总督太监。

太监刘若愚目睹他登上权力巅峰之后忘乎所以的样子，穿着打扮行为举止，模仿藩王乃至皇帝，恣肆放惮，了不畏忌。他在《酌中志》中写道：

▶ 魏忠贤画像

逆贤奢侈性成，服色僭制，出外戴

束发冠，端阳悬珍珠牌穗。而内织染局之掌印齐良臣，及南京内守备杨国瑞等，刘文耀、胡良辅、湖滨等，各代为绣造。或亵衣袄裤而金线蟒袍，或方补戎衣而苍龙头角，较藩王止欠一爪，比御服仅让柘黄。至于按节令应景制造，更从古以来所未有者，而晏然服饰，恬不为异。贤性贪饕，善饮啖，尤好啖犬肉。秉笔涂文辅、管事刘忠每自乡间烹来，于乾清宫大殿内以享逆贤。既饱饫，令其名下胡明佐等手夺口啖，须臾立尽，以为笑乐。说者曰殿内有神明，逆贤了不畏忌，其恣肆傲诞如此。

天启四年 (1624) 以后，魏忠贤与外朝官僚拉帮结派，又有内宫奉圣夫人客氏的庇佑，还有太监头子王体乾、李永贞、石元雅、涂文辅等人左右拥护，牢牢掌控内宫与外朝。为了炫耀自己的权势，扩大阉党的影响，他经常违反规矩，私自出巡，完全模仿皇帝巡幸的规格：

> 凡出外之日，先期十数日庀治储侍于停骖之所，赍带赏赐银钱，络绎不绝。小民户设香案，插杨柳枝、花朵，焚香跪接。冠盖车马缤纷奔赴，若电若雷，尘埃障天而声闻于野。有狂奔死者，有挤蹈死者。燕京若干大都人马，雇赁殆尽，凡达官戏子、蹴踘厨役、打茶牢役、赶马抬杠之人，其数不止数万。每遇逆贤远出，则京中街市寂然空虚，顿异寻常者将数日焉。

那些一心想巴结魏忠贤而无缘一见的外廷官僚和内廷太监，乘此机会拍马奉承，大献殷勤，前呼后拥，不亦乐乎：

> 大约外廷之欲亲炙逆贤，内廷之献谀乞怜者，凡四人之轿，将数百乘矣。怒马鲜衣束玉，而为之前后追趋、左右拥护者，又百千余矣。跑马射响箭，鸣镝之声不绝于耳。鼓乐笙管数十余簇，且行且奏。

显然是在为个人崇拜造势，炫耀权力，扩大影响。

魏忠贤早年微贱时，曾乞怜于涿州山神，每每处于饥寒交迫、颠沛流离的境地，必定来到神像下，卜梦祈签，神灵总是许以后福。不过眼前温饱都成问题，不得不向道士乞食，常遭侮慢。只有一个道童看他可怜，偷偷给他一些食物。魏忠贤铭感在心，显贵以后，思赎前耻，借着皇帝的宠荣，顶着奉旨进香的名义——上保圣躬清泰，下祈四海丰稔，所以他的朝山进香就带有特殊的政治意味：

> 得蒙谕旨前三日，谕令地方有司，修葺道途及安架桥梁，洁净城市，整备舆马。若外应之铺设供帐，州县日夜为之忧惕，奔走经营。军民大小任其勤劳，事事周详如上供，人人欣睹为驾幸也。是日侵晨，忠贤陛辞出城，以羽林三千，鲜衣利刃，站立旁道，各戒队伍，旗帜蔽天。中官百人蟒衣玉带，趋随夹马，

尽执旈檀，烟云映日，铁骑纷纷围绕其车，冠裳肃肃
拥护于道。五彩绚耀，屈曲羽幢垂地；一人游幸，飘
摇翠盖笼头。千骑竞指乎神州，万乐齐鸣于警跸。

清道警跸，一派皇帝巡幸的派头，无怪乎百姓以为皇
帝大驾光临。一路上皇帝派来人员络绎不绝，有的送来御
赐的饮食，有的带来公文请求指示，有的前来问安，有的
来入幕议事，有的来出谋献策。这些活动岂是"进香"二
字可以涵盖，简直是把朝廷搬了个地方。三天以后，皇帝
派遣使者接踵而至，馈遗筐篚络绎于途，催促他回京。此
时的魏忠贤简直有点飘飘然了。

魏忠贤显赫以后，每年生辰都要大庆，排场隆重。刘
若愚写道："自元宵节后送寿礼者，做法事祝延签字者，
每早乾清宫两丹墀几满。将至正日，绶带挤击挨摩之声
铿然，闻有挤伤衣带腿足者。'千岁千千岁'之声殷訇
若雷。"

天启七年（1627）正月，魏忠贤在私宅庆祝六十大寿，
"诞迷"达到巅峰，也成为绝唱，因为再过几个月他就命
归黄泉了。朱长祚《玉镜新谭》用很大篇幅叙述六十寿诞
的细节，排场堪比皇帝寿辰：

　　丁卯（天启七年）春三月，魏忠贤年六十，上赐彩
　　缎四表里，宫花二枝，金玉、羊酒甚厚。各藩府遣币
　　差官致贺，天下督抚总镇竞投，密献异宝谀词。廷臣

自三公、九卿、八座、兰省、柏台、戚畹、勋卫，称
觞者衣紫拖金，填街塞户。金卮玉斝，镂姓雕名；锦
屏绣障，称功颂德。珍奇充栋，筐筐盈庭。悬帨于层
门，五彩炫目以迷离；奏乐于高堂，八音振耳而喧
阗。貂珰蟒玉百人，侍立座旁；绯袍文武千官，罗
拜堂下。忠贤俨然南面受贺，总之半躬言谢。沉檀芳
馥，香烟舒卷成云；丝竹悠扬，飞声顿激飘尘。舞女
长袖，婀娜翩跹；歌童短拍，节奏依违。权阉荫尊，
广设山肴海错之佳宴；干儿义孙，纷上王乔、赤松之
誉图。穆穆熙熙，擅行一己之威福……

接下来笔锋一转，写到当年救济他的那个道童，居然
不请自来，颇有一点传奇色彩。当年的道童，如今的老道
登场，朱长祚写来有如武侠小说一般：

忽有一道人，幅巾布氅，藤杖尘拂，踵门求见。
阍者叱之曰："几许元老巨卿，竟日伫候，不能
接见。笑汝一游食之徒，如何便欲见我千岁爷乎！亟
走，免汝责。稍迟，遭乱梃。"
道人曰："我与魏公贫贱交，今日觌面一言，为寿
千秋也。"
阍者不敢报，以爪椎斧钺指其头颅，而詈逐之曰：
"汝辄敢狂言无忌，幸今寿日，若他时，当膏此器耳。"
道人以杖叩其鼓，众皆失色大惊而擒之。忠贤陡

闻，以为圣上传旨，否则孰敢乃尔。

众拥道人进禀云："此道求见不容，擅自击鼓，致犯天威。"众皆叩头请死。

道人长揖，厉声曰："与公久别，今日复得相见于此。公今富贵极矣，宁相忘耶？"

忠贤大怒曰："妖道何其肆妄，我岂与汝交乎？"叱左右缚付镇抚司严究。

道人曰："我风鉴一世，阅人多矣，独不识汝盗贼其形，而虎狼其心乎？第欲挽回，以全忠臣义士之多命也。"一手指天曰："汝能欺君欺人，彼苍（天）可能欺乎？吾当看汝寸磔，殆狗彘不食汝余也。汝岂能杀我耶？"将身振跃，绑索俱断，两袖拂空，清风骤至。举座咸惊，蓦地不见。盖前者相士，修真运气，精炼遁法隐去耳。

忠贤势成崛虎，略不自悔，意为当此士大夫之前，恐泄凤昔丑行，以辱没生平，而必置之死，以绝其迹也。忠贤是时，稍抑其威，而面色亦为之减。众乃竞捧觞解说："今上公贵诞，感动神仙，临凡称贺，特显其术，以骇吾辈凡夫耳。上公自膺永享遐龄，当与上仙并驾也。"忠贤顿为之喜，欢笑满堂，夜午而散。殊不省此相士之始以周济成其富贵，终以提醒，令其觉悟也。

朱长祚的文字极尽渲染之能事，把那个道人写得神乎

其神，意在点出"终以提醒，令其觉悟"，然
而"忠贤势成隅虎，略不自悔"。

二、无上名号："九千九百岁爷爷"

如果仅仅只有魏忠贤自吹自擂，难以形
成对他的崇拜运动。皇帝的态度如何最为关
键。昏庸的朱由校与魏忠贤平起平坐，在圣
旨中，口口声声"朕与厂臣"如何如何。皇
帝竟然不称他的姓名，而以"厂臣"（东厂总
督）代替，对"厂臣"的吹捧无以复加，诸如
"赖厂臣秘授神略""赖厂臣赤心忠计""赖厂
臣干国精忠""赖厂臣一腔忠诚"等，把他吹

得神乎其神。这就意味着，
皇帝带头宣传对魏忠贤的崇
拜。一切听凭"厂臣"摆
布，皇帝如同傀儡，魏忠贤
成了事实上的皇帝代言人。

既然皇帝都不直呼其
名，上行下效，大小官僚更
加不敢直呼其名，歌功颂德
唯恐不及。朱长祚说："凡
一切奏章不敢指忠贤姓名，
而云'厂臣'者，稽古迄

今，对君之言，未有此体格也。丙寅 (天启六年，1626)、丁卯 (天启七年) 间，诏旨批答，必归功厂臣，厂臣居之不疑。外廷奏疏不敢明书忠贤姓名，以尽废'君前臣答'之礼。"又说："臣子之章疏，有谁敢一事不誉颂厂臣而入奏者，又谁敢不称颂厂臣而举证者？甚而骈词对偶，称圣称神。止知有厂臣，不知有皇上；止知尊厂臣，不知尊皇上。"大小臣工只知有魏忠贤，不知有皇帝，这种局面的形成，皇帝难辞其咎。

紫禁城三大殿的修缮工程，与魏忠贤毫不相干，奇怪的是，大工完成之后，君臣上下一致归功于魏忠贤。内官监太监上疏称颂魏忠贤"殿工"干得好，引来皇帝一片赞誉声："皇极殿工，我皇祖迟延未举者三十余年，诚重之也。爰及朕躬，襄兹巨典，是皆厂臣魏忠贤心无二虑，算有定谋。惟断乃成，经始赞维王之卜；用人则裕，提衡致将作之勤。开节有方，财用赢于久诎；劳来不怠，庶民悦以忘劳。"

皇帝的调子如此之高，大臣岂敢落后。吏部尚书周应秋挖空心思地吹捧："皇穹烈宗，显佑阴隲，笃生元臣魏，盖诚映日，谋画规天。寰宇总入甄陶，而虑切宵旰之端拱；事功尽资冶铸，而计先旦接之趋跄。以治国之法治工，曲木不加梁柱；以课吏之条课艺，秋毫莫肆侵牟。凤夜在公，志气专而山川争献其珍异；综理精密，纪纲肃而工倕竞劝于恪恭。"协助工部主持三大殿修缮的官员们，对"厂臣"的吹捧，也无所不用其极："美奂美轮，不啻竹苞而松茂，一何神速至此耶？揆厥所由，皆赖厂臣擘画出之独断，经营运以真心。捐助首倡，兴作海内急公之义；省用式精，鼓舞群工趋附之诚。"

辽东战事不归东厂总督指挥，奇怪的是，所有的捷报统统记在魏忠贤的功劳簿上。天启六年（1626），袁崇焕在宁远击退努尔哈赤，而后又击败皇太极，是明朝用兵辽东十余年来从未有过的大捷，魏忠贤居然贪天之功为己有，并且嗾使言官排挤袁崇焕，于是乎朝廷上下争颂"厂臣"之功。文秉《先拨志始》写道："丙寅（天启六年）秋，宁远被围急，兵备袁崇焕固守不下，逾月围始解。内外文武大吏咸归功逆贤，金曰：仰赖厂臣指授方略，克奏肤功，不有殊典，曷酬大勋？吏部周应秋等，翰林杨景辰等，太常寺卿林宗载等，给事中吴弘业等，御史安伸等，南京吏部尚书王在晋等，俱具疏颂逆贤功德，或合辞，或单奏，揄扬铺张，欢呼舞蹈。旨亦应之如响。于是复晋魏良卿为宁国公，魏良栋为东安侯（时良栋止四岁），魏鹏翼为平安伯（时鹏翼止三岁）。大小九卿科道等官各加宫保、尚书、都御史、太常、太仆等衔，荫锦衣（卫）者几千。止升袁崇焕为右佥都御史、巡抚宁远地方。崇焕以赏薄触望，次年建祠矣，靳赏如故，乃引疾回籍。"

在一片赞歌声中，皇帝的声音最为响亮："近日宁锦危急，实赖厂臣（魏忠贤）调度有方，以致奇功，说得是。袁崇焕暮气难鼓，物议滋重，准引疾求去。"又说："这锦宁之捷，赖厂臣秘授神略，亟措军需，故获此奇胜。"再说：

"魏忠贤报国心丹，吞胡志壮。严正戒备，立三捷之奇功；雪耻除凶，洗十年之积恨。绩奏安攘，烈茂山河，宁晋彝典昭烈，世爵褒封允当。"

功劳既然如此之大，自然应该论功行赏，圣旨称："锦宁之捷，振起积靡，克畅天威，皆赖厂臣魏忠贤一腔忠诚，万全筹算，恩威迭运。手握治平之枢，谋断兼资；胸涵匡济之略，安内攘外，济弱扶倾。念殊勋之难酬，宜恩礼之申锡。着加恩三等，荫弟侄一人，与做锦衣卫指挥使世袭，给与应得诰命，赏银八十两，彩缎六表里，羊二只，酒三十瓶，新钞三千贯，仍赐敕奖励，以示优异。监臣王体乾、梁栋、李永贞、石元雅、王朝辅、郝隐儒、李实、涂文辅、崔文昇，功参密勿，绩茂储胥，着各加恩二等，荫弟侄一人，与做锦衣卫指挥同知世袭，给与应得诰命，赏银五十两，彩缎四表里。"

既然连魏忠贤的小兄弟都有嘉奖，岂能少了奉圣夫人客氏！皇帝的圣旨别出心裁："奉圣夫人事朕襁褓清弱之时，劳深调护，乃受顾托，益勤兢业，倍加节宣。近朕冲龄嗣服，倚毗周旋，更着劳绩。二十三年始终一心，忠慎不替。兼以捐俸急公，不一而足，德茂渊懿，真可嘉尚。兹殿工捷音两次叙赍，宜隆报元功，着加恩三等，赏银一百两，彩缎六表里，羊四只，酒六十瓶，新钞五千贯。赐敕奖励外，荫弟男一人与做锦衣卫指挥使世袭，给与应得诰命。"

皇恩浩荡之下，魏忠贤的无上名号节节攀升。从"厂臣""元臣"到"上公""尚公",这样的称呼已经有悖于祖制,当时的官员批评道:"尊忠贤为厂臣,尊忠贤为尚公,而诏布中外,不可解。盖宦官乃朝廷之奴隶,百官乃朝廷之臣子,以奔走于宫闱者,而与引冀于殿陛者,同一称诸可乎?且'尚'之义更不容窃,盖'尚'者无以加之谓也,尚公之称明与至尊相侔。历稽前代,惟周之太公望尊为'尚父',此千古以来未有之封号。以是而加之忠贤,其义何居?"分析得非常透彻,宦官不过是宫内的奴才,而臣子乃是朝廷命官,怎么可以称呼奴才为尚公呢?岂不是把魏忠贤与历史上尊为尚父的姜太公相提并论吗?

然而魏忠贤并不满足,意欲逐步升级。他的干儿义子投其所好,送给他各种"无上名号"。

阉党"五虎"之首的崔呈秀,称魏忠贤为"殿爷"。在他心目中,魏忠贤既是具有王侯崇高地位的殿下,又是他卖身投靠的亲爷。有人揭发:"崔呈秀在陵工,魏忠贤每每差官送饭,密语附耳,不知何事。语既毕,每每即云:'多拜上殿爷。'殿乃殿下之殿,奉阉人于王侯之尊,而且有亲爷之称,而且有崔二哥之唤,望望然不父其父而称其阉,意欲何为哉?"

苏杭织造太监李实称他为"祖爷",蓟州巡抚刘诏觉得意犹未尽,索性称他为"老祖爷"。刘诏为了诬陷遵化兵备副使耿如杞,送金杯玉器讨好魏忠贤,得到魏忠贤赏钱十千,喜气洋洋告诉家人:"老祖爷甚喜,遵化道(耿如杞)逮矣。"

"殿爷""祖爷""老祖爷"之类，似乎还不能够满足魏忠贤的权力欲望，于是乎便有"千岁""九千岁"这样的称颂。耿如杞揭发：密云商人陶文，命人制作魏忠贤巨幅画像，头上有帝王专用的冕旒，悬挂于喜峰口，巡抚、副总兵经过，"俱五拜三叩头，显呼'千岁'"。阉党分子甚至直呼魏忠贤为"九千岁"，据贾继春揭发："询之恶党之私呼魏忠贤也，除崔呈秀直呼为'亲父'外，其余皆以'九千岁'呼之者。"

　　一些无耻之徒高喊"九千岁"，还不足以表达崇拜之意，居然高呼"九千九百岁爷爷"。吕毖《明朝小史》说："太监魏忠贤，举朝阿谀顺指者，俱拜为干父，行五拜三叩头礼，口呼'九千九百岁爷爷'！"皇帝称为"万岁"，魏忠贤称为"九千九百岁"，距离"万岁"仅一步之遥，而且对他行五拜三叩头的礼，已经视同皇帝了。

　　称他为"九千九百岁爷爷"的，就是那些阉党骨干分子，即《明史·魏忠贤传》所说的"五虎""五彪""十狗""十孩儿""四十孙"之流。其中权力最大的首推兵部尚书兼都察院左都御史崔呈秀，拜倒在魏忠贤脚下，叫他"殿爷"，视同亲父，以儿子自居。其中职位最高的当推内阁首辅顾秉谦，他想效仿崔呈秀，做干儿义子，唯恐魏忠贤不收，觍颜对他说：恐怕您不肯收我这个白胡子老头做儿子，那么请收我的儿子做您的孙子吧！顾秉谦以"曲线"方式，达成了自己的心愿。

　　他们出卖的是灵魂与尊严，得到的是权势与利益，银货两讫，各得其所。魏忠贤这个阉割过的太监，膝下竟然儿孙满堂，奥秘就在于此。

三、"遍地立祠，设像祝釐"

许多官僚建造一个又一个生祠，把活着的魏忠贤当作偶像，顶礼膜拜，把个人崇拜运动推向高潮。荒诞迷信的声浪滚滚而来，举国上下几近癫狂状态，堪称历史上罕见的怪现象。

祠，也称祠堂，原本是祭祀死去的祖宗或先贤的场所。为活着的人建造生祠，是那个专制时代畸形政治的产物，是无耻政客为了迎合魏忠贤漫无底止的政治野心，而掀起的个人崇拜运动。为了某种政治目的，也为了个人的飞黄腾达，一向饱读儒家经典的官僚们，早已把伦理道德抛到九霄云外去了，做出了寡廉鲜耻的咄咄怪事。

始作俑者是浙江巡抚潘汝桢。他在天启六年（1626）闰六月初二日，向皇帝提出，为魏忠贤建立生祠，用致祝釐。他在奏疏中说："东厂魏忠贤，心勤体国，念切恤民。鉴此两浙岁遭灾伤，顿蠲茶果铺垫诸费，举百年相沿陋习积弊，一旦厘革，不但机户翻然更生，凡属兹土，莫不途歌巷舞，欣欣相告，戴德无穷。公请建祠，用致祝釐。"他不惜捏造事实，替魏忠贤虚构"百年相沿陋习积弊，一旦厘革"的丰功伟绩，而且公然粉饰"途歌巷舞"大好形势，为魏忠贤评功摆好。这种献媚之举正中下怀，得到的圣旨，其实就是魏忠贤的意思，不过用的是皇帝的口气："据奏，魏忠贤心勤为国，念切恤民，悯两浙连岁之灾伤，蠲百年相沿铺垫。宜从众请，用建生祠。着即该地方营造，以垂不朽。祠名'永恩'。"

文秉《先拨志始》评论道："此生祠之始，从此效尤成风矣。"此例一开，善于投机钻营的官僚敏锐地觉察到政治风向，争先恐后兴建魏忠贤生祠，一时间举国若狂。

孝陵卫指挥同知李之才奏请，在南京孝陵前建造魏忠贤生祠。孝陵是太祖高皇帝朱元璋的陵墓，在那里建造太监的生祠，颇有僭越的嫌疑。奇怪的是，皇帝竟然以"功德被于留都（按：指南京）"为由，当即批准："据奏，厂臣魏忠贤恤小民之艰，蠲不给之资，功德被于留都矣。至于捐俸以苏造作，筑垣以固边陬，裁革金赏，肃清弊窦，虽建祠允顺舆情，赐额宜昭盛典，其名祠曰'仁溥'。着南京守备孝陵掌印二监臣享祀春秋，永虔修祝。"

应天巡抚毛一鹭为魏忠贤建生祠于苏州虎丘。苏杭织造

▼ 魏忠贤的生祠碑

太监李实报请皇帝，按照江西先例，地方官春秋祭享。

　　蓟辽总督阎鸣泰为魏忠贤建生祠于蓟州，请求皇帝赐予亲笔题写祠额，振振有词地说："人心之依归，即天心之向顺。恭照厂臣魏忠贤安内攘外，举贤任能，捐金捐俸，恤军恤民，非但学识纲常之际犹萃其全，且于兵农礼乐之司共济其盛。治平绩著，覆载量弘，亟请祠名，用志功德。"信口开河地为魏忠贤脸上贴金，学识纲常超群，兵农礼乐全能，皇帝看了非常高兴，立即题写"广恩"二字。文秉《先拨志始》一针见血地指出阎鸣泰醉翁之意不在酒，意在"拥戴""劝进"："(阎)鸣泰铺张功德，足示拥戴矣。人心依归，天心向顺，尸祝之疏，几作劝进之笺。像安得不冕旒，礼安得不五拜三叩头也。照曰'恭照'，心不胜诛矣。"

　　蓟州的生祠建成后，举行隆重的仪式，迎接魏忠贤的"喜容"(宝像)，场面煞是热闹，巡抚刘诏行五拜三叩头礼——朝见皇帝的最高礼仪，恭敬之极。遵化道兵备副使耿如杞见魏忠贤的"喜容"垂旒执笏，一副帝王相，以为是僭越，只做长揖而不拜。刘诏立即打小报告。魏忠贤获悉后，马上派遣锦衣卫缇骑，把耿如杞逮入诏狱，对他严刑拷打后，送交刑部拟罪。刑部尚书薛贞阿谀逢迎，以为罪当大辟，应当论斩。文秉感叹道："嗟乎(耿)如杞，以谄媚成风之日，独能挺立不阿，冰霜之操，自足流芳千古。而薛贞以其见逆贤像揖而不拜，遂论大辟，忍心若此，与禽兽又何异焉。"

阎鸣泰一举成名后，再接再厉，越出其管辖的地盘，向皇帝奏请，在密云、昌平、通州、涿州、河间、保定等地建造魏忠贤生祠，请求皇帝题写祠额。皇帝当即照准，密云生祠名"崇德"，昌平生祠名"崇仁"，通州生祠名"章德"，涿州生祠名"弘爱"，河间生祠名"仰德"，保定生祠名"旌功"。

　　在总督阎鸣泰的影响下，宁远巡抚袁崇焕请求为厂臣建祠于宁远，并请皇帝题写祠额。皇帝御赐祠名"德芳"。

　　天津巡抚黄运泰请求为厂臣建祠于天津，并请祠额。皇帝有旨：祠名"威仁"。黄运泰特地到天津城外迎接魏忠贤的"喜容"，场面十分壮观：一行人等五拜三叩头，乘马前导，如同迎接皇帝诏仪。待到"喜容"在生祠安放完毕，黄运泰等人列队在丹墀下五拜三叩头。然后黄运泰到"喜容"前致辞，口称某年某月某事蒙九千岁（魏忠贤）扶植，叩头谢；又某年某月蒙九千岁提拔，叩头谢。致辞完毕，退回队列，再五拜三叩头。旁观者都汗下浃踵，黄运泰却得意洋洋。

　　大同巡抚王点跟风建造生祠，祠成上梁之日，王点为了避免跪拜，托病不出，当即被魏忠贤斥逐，起用张翼明。新任大同巡抚张翼明到任后，无可献媚，请求为魏忠贤建立牌坊。时人以为黔驴技穷，"愈奇而愈下矣"！皇帝却十分乐意批准："宣镇赤城共请坊额，以示华夏，着与做一代宗功。"

　　山西巡抚曹尔桢疏请为厂臣在五台山建生祠，皇帝赐予祠额"报功"。

登莱巡抚李嵩奏请为厂臣建生祠，皇帝当即批准建造两所："准于府城、水城各建生祠，以慰远人感德之诚。宁海县祠名'景仁'，蓬莱关祠名'留敬'。"

延绥巡抚朱童蒙疏请为厂臣建祠，有旨：祠名"祝恩"。

督理三山工部郎中何宗圣疏请为厂臣建祠于房山，有旨：祠名"显德"。

庶吉士李若琳等疏请为厂臣建祠于上林苑，有旨：祠名"广仁"。上林苑监丞张永祚疏请为厂臣建祠建坊于上林苑，有旨：良牧署祠名"存仁"，坊名"功高册府"；嘉蔬署祠名"洽恩"，坊名"洪恩流芳"；林衡署祠名"永爱"，坊名"一代元勋"。

督理卢沟桥事务工部郎中曾国祯疏请为厂臣建祠于卢沟桥，有旨：祠名"隆仁"。

巡视五城御史黄宪卿等疏请为厂臣建祠于京城宣武门外。顺天府尹李春茂疏请为厂臣建祠于宣武门内，并请御制碑文。"兴工之日，设毡满地，无一官肯拜肯揖，独一（府）尹八拜跪伏，意气扬扬自得，不半月升右都御史，仍管府事矣。当日（府）尹乃宣布：不揖者死，缩头后至者罪。在京大小臣工，痛心疾首。"

提学御史李蕃疏请为厂臣建祠于京城永安门，有旨嘉允。文秉评论道："时李蕃在逆贤名下，与李鲁生、周昌晋称为三杰。（李）蕃提挈大纲，发纵指示而已。（周）昌晋论人，语多暗刺，不甚指斥姓名。（李）鲁生则胸饶鳞甲，笔森戈戟，遭者无不立碎。时为之语曰：'一周二李，其权无比。'后（周）昌晋持斧出，易以刘徽，改语曰：'二李一刘，其权莫俦。'横行一时如此。"

更有甚者，不知从哪里冒出个无聊文人——国子监生陆万龄，献媚唯恐落后，居然向皇帝提出，让魏忠贤从祀孔庙，以魏忠贤配祀孔子，以魏忠贤之父配祀孔子之父，在国子监西侧为魏忠贤建造生祠。他的奏疏，把魏忠贤杀戮忠臣义士，比拟为孔子诛少正卯，把魏忠贤炮制《三朝要典》，比拟为孔子笔削《春秋》，振振有词地说，魏忠贤的功劳不在孟子之下。真正是一篇奇文：

一则说："臣闻纵横之世，杨墨充塞，圣道榛芜。子舆氏起而辟之，廓如也。故万世谓孟子之功不在禹下，至今千秋庙貌，比隆尼山。"

二则说："我明历圣相继，圣道昭明。不意显皇帝中年，东林始盛，自立旗帜，欲钓高名，忍捏浮词，污蔑君父，诬先帝为不得令终，陷陛下为不能善始。罪恶滔天，圣学坠地。此孔笔之所必诛，孟舌之所不赦也。"

三则说："督厂魏忠贤提不世之贞心，佐一朝之乾断。披丹开导，首劝銮舆视学；竭力匡襄，立补累朝缺典。而且清军实以壮国威，蠲逋税以甦民困。宸居递建，而九赋无增；藩邸同封，而四方不扰。其最有功于世道人心，为圣门攸赖者，芟除奸党，保全善类。自元凶就系，而天下翕然称明，此即厂臣之诛少正卯也。自《要典》昭垂，而天下翕然称明，此即厂臣之笔削《春秋》也。"

结论是：必须在国子监西侧建立魏忠贤生祠，以示表彰："朝廷之上，昔为魑魅纠结之区，今日何由开朗？孔孟之门，昔为邪慝冒借之窟，今日何由清明？是厂臣驱蔓延之邪党，复重光之圣学，其功不在孟子下。臣等涵濡厂臣之教，佩服厂臣之训，念帝都为起化之地，国学为首善之区，伏愿于（国子）监西敕建厂臣生祠。后楹即祀宁国先公，与启圣先圣之祀，同举并行。更愿皇上制碑文一道，勒石显扬。"

陆万龄颠倒黑白、混淆是非的议论，竟然得到皇帝首肯，立即批准在国子监建造生祠。圣旨写道："自东林邪人聚徒簧鼓，淆乱国是，构衅宫闱，朕甚恨之。赖厂臣独持正议，匡挽颓风。一时门户之奸，若镜照胆；两朝仁孝之徽，如日中天。功在世道，甚非渺小。至于安内攘外，剔蠹除奸，免税蠲逋，扶良抑暴。袗弁之徒，得以帖席缓带，家诵户弦，皆厂臣恩德所被。太学诸生请于国学建祠祝釐，具见彝好，即着鸠工举行。"

遵奉孔子为大成至圣先师的读书人和皇帝，竟然要在国子监孔庙建造魏忠贤生祠，要让文盲阉宦配祀孔子，简直是斯文扫地，辱没先师。孔子如果泉下有知，必定愤然痛斥：是可忍，孰不可忍也！

如此这般，在全国各地掀起了一场建造魏忠贤生祠的政治运动，有人策划，有人造势，有人献房，搞得昏天黑地。清初学者朱彝尊对此颇为感慨，在《静志居诗话》中写道：

逆祠之建始浙江，巡抚桐城潘汝桢择地于关壮缪、岳忠武双庙之间，祠成闻于朝，祠额"普德"。由是封疆大吏，尤而效之。清苑阎鸣泰巡抚顺天，总督蓟辽保定军务，于所部建魏珰祠七所。天津则巡抚永成黄运泰，长芦则御史合肥龚萃肃，蓟州则巡抚杞县刘诏，保定则巡抚代州张凤翼，房山则部曹何宗圣，卢沟桥则工部主事临川曾国桢，宣府则巡抚蒙阴秦士文，南直隶苏州则巡抚遂安毛一鹭、巡按蕲州王珙，扬州则巡盐御史藁城许其孝、巡按莆田宋桢汉，淮安则总督漕运户部尚书潍县郭尚友，徽州则知府祁县颉鹏，应天则指挥李之才，山东济宁则总督河道工部尚书南乐李从心，德州则巡抚颍州李精白，登州则巡抚荣河李嵩，山西大同则巡抚魏县王点，代州五台山则总督阆中张朴、巡抚兴州曹尔桢、巡按临邑刘宏光，河东则巡盐御史缙云李灿然，河南开封则巡抚大名郭增光、巡按余姚鲍奇谟、参政海宁周锵、祥符知县泰兴季寓庸，陕西延绥则巡抚莱芜朱童蒙，固原则巡抚武定史永安，湖广武昌则巡抚慈溪姚宗文、巡按东莞温皋谟。

短短一年多时间内，究竟建造了多少生祠？有人说四十处，其实不止，韩大成、杨欣在《魏忠贤传》中统计，有七十多处。看来远不止此数，据当时人钱嘉徵说"天下之请建祠百余所"。清初学者朱彝尊说，蓟辽总督阎鸣泰一人，"于所部建魏珰祠七所"；京城内外建造的生祠多得数不胜数："至都城内外，建祠尤多。勋臣则保定侯梁世勋、博平侯郭振明、武清侯李诚铭，词臣则庶吉士大兴李若琳，台臣则日照李蕃、庐陵黄宪卿、寿张王大年、旌德汪若极、平定张枢、河间智铤，府尹则阳城李春茂。余若主事张化愚，上林（苑）监丞张永祚，争先营建，六街九衢，祠宇相望。有建于内城东街者，工部郎余姚叶宪祖私曰：'此天子幸辟雍驰道也。驾出，土偶岂能起立乎？'侦者以告忠贤，即日削其籍。"清查阉党逆案后，不少生祠被百姓捣毁，究竟建造了多少生祠，恐怕谁也说不清了。

无论是四十处、七十多处，还是百余处，都足以表明，兴建生祠决非偶发事件，而是遍及全国的崇拜魏忠贤的政治运动。

有鉴于此，一般读者必定要问：在生祠中供奉的魏忠贤"喜容"，究竟是什么模样？

根据当时目击者的描述，它是泥塑木雕的人偶，大小和真人相仿，一副帝王相，垂旒执笏，头戴冠冕。和寺庙菩萨不太一样，不仅穿戴像皇帝，而且肚皮里充满了金玉珠宝，显示非凡的尊贵。朱彝尊说："祠以闳丽相尚，瓦用琉璃，像加冕服。有沉檀雕者，眼耳口鼻手足，宛转一如生人，肠腑则以金玉珠宝充之，髻空一穴，簪以四时花朵。"把一个活人作为偶像供奉起来，竟是这般怪诞模样。"喜容"的边上悬挂着镏金楹联：

> 至圣至神，中乾坤而立极；
> 乃文乃武，同日月以长明。

硬要把一个政治小丑打扮成"至圣至神"，如同日月乾坤一般。其他生祠楹联大同小异，比如：

> 至神至圣，中乾坤而立极；
> 多福多寿，同日月以常明。

有的吹捧他大慈大孝：

> 特地乾坤成两朝，
> 大慈大孝佐九重。

有的宣扬他功高鼎彝：

> 功既高于鼎彝，
> 报宜列于俎豆。

甚至"三朝捧日，一柱擎天"这样的词句都用上了。对魏忠贤的崇拜趋于疯狂，愈来愈离奇，称赞其功劳有如周公、召公，歌颂其道德有如夏禹、商汤。朱长祚慨叹道：

> 窃观一刑余之人，而天下贡谀献媚、忍心昧理之

徒，翕然附和而尊崇之，称其功如周、召，颂其德如禹、汤，以致遍地立祠，设像而祝釐焉。呜呼，当此岁祲民匮之日，一祠之费，奚若数万金哉！飞甍连云，巍然独峙于胜境；金碧耀日，俨如无上之王宫。各题其额，则曰"崇德懋勋，普惠报功"；两翼其坊，则曰"三朝捧日，一柱擎天"。嗟嗟从事，何其谬欤！怙威胁众，伤财劳民，竭人间之脂，起海内之怨，可胜道哉？若蒙面屈膝者，竞叨不次之擢；如强项掉臂者，即加不测之祸。是以人心惶惑，而希旨成风，清平世界，自此大坏，甚可畏也。

如果皇帝朱由校不是在天启七年 (1627) 八月死去，那么魏忠贤崇拜运动将会发展到何种地步，是难以预料的。一个目不识丁的流氓无赖，居然被君臣联手哄抬为众人顶礼膜拜的偶像，在中国历史上绝无仅有。张岱在《石匮书》中写道："魏珰祠遍天下，不特官竭帑藏，民竭赋徭，即朝廷所赐祠额，重至沓出，韵山字海，亦搜括尽矣。乃不移时，而嵽榭云崒，鞠为茂草，请祠之疏与建祠之官彰彰具在，不可复泯，则是以彼须臾争我千古也。呜呼，祠哉，人哉？"

这种畸形的政治现象确实是值得深思的。当时的工部主事陆澄源所说："祝釐遍于海内，奔走狂于城中，誉之以皋陶，尊之以周孔，且皋陶、周公当时亦未尝有是赞美。惟汉代王莽称功颂德者至四十八万七千余人，忠贤既贤，必不屑与之合辙，而无奈身为士大夫者，首上建祠之疏，以至市蠹儒枭在在效尤，士习渐降渐卑，莫此为甚。"

"士习渐降渐卑，莫此为甚"，这十个字刻画官僚为了飞黄腾达，不惜出卖灵魂与尊严的歪风邪气，可谓入木三分。

四、"九千九百岁"之死

天启七年 (1627) 八月二十二日，朱由校在乾清宫懋德殿病死，年仅二十三岁。由于朱由校没有子嗣，他的弟弟朱由检以"兄终弟及"的方式继承帝位，改年号为崇祯。

朱由检即位后，劈面遇到的棘手问题，就是如何对待专擅朝政、气焰嚣张的魏忠贤和奉圣夫人客氏。假使如同先帝那样倚为股肱，放任宠信，那么只能当个傀儡皇帝，这是刚毅自强的朱由检不能容忍的。但是，魏忠贤和客氏不是一般角色，一个以"九千九百岁"自居，一个以"老祖太太千岁"自居，在宫内宫外

▼明崇祯帝（朱由检）像

遍布亲信党羽，盘根错节。对付他们，必须讲究一点权谋韬略。

九月初一日，魏忠贤试探性地向皇帝提出辞去东厂总督职务，皇帝没有批准。九月初三日，客氏请求从宫中迁回私宅，皇帝同意了。这显然是把魏、客二人分离的重要一步，又不露痕迹，因为她是以先帝的乳母兼保姆的身份留居宫中的，先帝已死，她已经没有任何理由留在宫中了。客氏的出宫名正言顺，不带任何处分意味，对于魏忠贤而言，却是一记闷棍。

老奸巨猾的魏忠贤如堕五里雾中，为了试探虚实，他请人代写了一篇奏疏——《久抱建祠之愧疏》，假惺惺地说，自己对于建造生祠感到愧疚，请求立即停止。朱由检经过深思熟虑，谨慎地批示了一句话：各地要建而未建的生祠一概停止。措辞十分微妙，只是宣布停止新建，没有对此定性，似乎有点既往不咎的意思。即使如此，魏忠贤已经隐约感受到，危机随时都可能到来，为了化解危机，必须丢车保帅。阉党骨干分子心领神会，推出阉党"五虎"之首崔呈秀，作为替罪羊，企图把人们对于阉党专政的不满情绪全部转移到崔呈秀身上。

既然崔呈秀的罪状确凿无疑，对他加以严惩，是斩断魏忠贤左右手的第一步。朱由检将计就计，立即下达圣旨：免去崔呈秀兵部尚书、都察院左都御史两项重要职务。这一招起到了意想不到的效果，正直的官员们敏锐地察觉到，皇帝铲除阉党的决心已经初露锋芒。于是乎引发弹劾魏忠贤的高潮，揭发其罪状的奏疏，如同雪片似的飞进紫禁城。

在强大的舆论压力下，魏忠贤的心理防线崩溃了。天启七年 (1627) 十月二十七日，他向皇帝提交"引疾辞爵"的辞呈，妄图退守自保。朱由检迅速做出回应："许太监魏忠贤引疾辞爵！"

朱由检深知，仅仅轻描淡写的"引疾辞爵"，不可能消除他的权力与影响。十一月初一日再下一道圣旨，勒令魏忠贤到凤阳去看管皇陵 (太祖高皇帝朱元璋父母的陵墓)，彻底铲除他在京城的根基。随即发出一道敕书，表明拨乱反正，促成"维新之治"的决心，明确宣布以下几点：

第一，遭到魏忠贤迫害的人士，一律平反昭雪，应该褒奖的立即褒奖，应该抚恤的立即抚恤，应该起用的立即起用。

第二，下令拆毁魏忠贤的生祠，折价变卖，抵充边防军饷。

第三，公布魏忠贤罪状：逞私植党、怙恶作奸、盗弄国柄、擅作威福、窃攘名器。本当千刀万剐，念及先帝还未下葬，免除死刑，暂时安置凤阳，全部财产充公，弟侄发配边疆。

魏忠贤躲过一死，本该有所收敛，然而本性难改，离开京城时，摆出威风凛凛的架势，俨然昔日"九千九百岁"模样，私家卫队前呼后拥，押着几十辆大车，呼啸而去。朱长祚《玉镜新谭》提到这一情节，尖锐地指出：魏忠贤"意气扬扬，雄心未已"。皇帝岂能容忍他东山再起，立即向兵部发去谕旨：逆恶魏忠贤，本当处死，以平息民愤，姑且从轻发配凤阳。岂料他不知悔改，竟敢以私家武装随从护送，势如叛乱。命令锦衣卫当即派官兵前去逮捕，所有随从人员一律拘押，不得纵容！

魏忠贤一行经由良乡、涿州、新城、任丘、河间、献县，十一月初六日抵达阜城县南关，在旅店中过夜。他已得到密报，奉旨逮捕他的官兵很快到来，自知必死无疑，长吁短叹，坐立不安，午夜时分，悬梁自尽。他的贴身侍奉太监李朝钦从梦中惊醒，一看主子已死，随即自缢殉葬。

据说，在魏忠贤上吊之前，从京城来的白姓书生在旅店外面唱了一首《挂枝儿》小曲，为他催命：

听初更，鼓正敲，心儿懊恼。想当初，开夜宴，何等奢豪。进羔羊，斟美酒，笙歌聒噪。如今寂寥荒店里，只好醉村醪。又怕酒淡愁浓也，怎把愁肠扫？

二更时，辗转愁，梦儿难就。想当初，睡牙床，锦绣衾绸。如今芦为帷，土为炕，寒风入牖。壁穿寒月冷，檐浅夜蛩愁。可怜满枕凄凉也，重起绕房走。

夜将中，鼓咚咚，更锣三下。梦才成，还惊觉，无限嗟呀。想当初，势倾朝，谁人不敬？九卿称晚辈，宰相谒私衙。如今势去时衰也，零落如飘草。

城楼上，鼓四敲，星移斗转。思量起，当日里，蟒玉朝天。如今别龙楼，辞凤阁，凄凄孤馆。鸡声茅店月，月影草桥烟。真个目断长途也，一望一回远。

　　闹嚷嚷，人催起，五更天气。正寒冷，风凛冽，霜拂征衣。更何人，效殷勤，寒温彼此。随行的是寒月影，吆喝的是马声嘶。似这般荒凉也，真个不如死！

　　清初史家计六奇在《明季北略》中记录了这首《挂枝儿》小曲，相信这个传说是真实的，写下了这样的评语："时白某在外厢唱彻五更，形其昔时豪势，今日凄凉，言言讥刺。忠贤闻之，益凄闷，遂与李朝钦缢死。"

　　在同魏忠贤的较量中，崇祯皇帝朱由检显示了非同一般的胆识、魄力与韬略，引来明末清初文人学士一片喝彩声。

　　夏允彝《幸存录》说："烈皇帝不动声色，逐元凶，处奸党，宗社再安，旁无一人之助，而神明自运。"

　　文秉《烈皇小识》说："肘腋巨奸，不动声色，潜移默夺。非天纵英武，何以有此！"

　　朱由检即位不到三个月，就干净利落除掉了元凶巨奸，确实不同凡响。

　　魏忠贤已死，阉党土崩瓦解。号称"五虎"之首的崔呈秀，在蓟州老家得知皇帝命令刑部、大理寺、都察院对他进行审查，自知难逃一死，在家中上吊而死。崔呈秀自杀六天之后，太监奉旨逮捕奉圣夫人客氏，押解至宫中，严刑审讯，活活打死。她的儿子侯国兴和魏忠贤的侄子魏良卿，一并处死。

随之而来的是一场清查阉党逆案的斗争，从天启七年 (1627) 十一月持续到崇祯二年 (1629) 三月，几百名阉党骨干分子受到清算，堪称晚明史上值得大书特书的精彩一页。

文人结社与晚明文化生态

思南读书会是文人雅集之地，所以我选择这个题目，从文人结社的角度，剖析晚明的文化生态。

一、关于文人结社之风

文人结社之风，兴起于晚明。顾炎武在《日知录》中说：士人相会课文，建立文社，是万历末年的新事物。亭林先生关于文社的说明很确切，因为他本人就是文社的一员，朱彝尊《静志居诗话》说，顾炎武"早年入复社"，与昆山同乡归庄齐名，都"耿介不混俗"，所以有"归奇顾怪"的说法。

晚明的文社，与前朝的诗社不一样。诗人结社宋元时代就有，明朝趋于极盛；至于文社，始于天启四年（1624）常熟的应社。对晚明文人结社素有研究的谢国桢认为，应社的起源可以追溯到万历末年苏州的拂水山房社。但是嘉靖、万历时代的常熟人赵用贤说，早在嘉靖年间常熟就有文人结社的记载。

以上几种说法，时间先后有所出入，大体而言，最早或许可以追溯到嘉靖年间，但是高潮确实是在天启、崇祯年间。所以我们说，文人结社之风，兴起于晚明。

人们或许会问，为什么晚明会出现文人结社的风气？我以为，最重要的原因是，明中叶以来，在思想解放潮流的冲击下，文人逐渐形成自觉、自主的思想，追求结社自由、言论自由。正德、嘉靖时代的王阳明，提倡"学贵得之心"，主张以自己的心得来判断是非，不必按照孔子或朱子的是非标准来判断是非。黄宗羲认为，王阳明的思想，经过他的弟子王畿、王艮的发挥，而风行天下，到了再传弟子颜山农、何心隐一派，"非名教之所能羁络"，"诸公掀翻天地，前不见有古人，后不见有来者"。

王畿最能领悟王阳明思想的真谛，始终坚信"学须自证自悟，不从人脚跟转"，才有出息。如果不能自证自悟，一味追随前贤的脚跟转，人云亦云，重复前贤的语录，或者执着师门权法，不敢超越，就没有发展，没有创新。王艮强调"以悟释经"，按照自己的领悟来解释儒家经典。耿定向把他的思想概括为"六经皆注脚"——儒家经典不过是自己思想的注释。顾宪成把王门后学的这种思想，概括为"六经注我，我注六经"。他的本意是批评王门后学的流弊——"孔子大圣一腔苦心，程朱大儒穷年毕力，都付诸东流"。其实"六经注我，我注六经"的意义也正在此，挣脱传统思想的枷锁，获得每个人自觉自主的思想。

晚明文人结社，固然与科举考试有着密切的关系，成员为了考取举人、进士，而互相切磋，不少人也陆续中举人、成进士。但是他们目光犀利，看到了科举考试八股文的弊端，力图跳出来另辟蹊径。在一起切磋学问的同时，更关注现实的政治问题，探寻解决之道。

这是晚明文人结社最大的特点。谢国桢甚至认为，晚明文人结社成为一种社会上的政治运动。他在《明清之际党社运动考》中说：

> 结社这件事，本来是明代士大夫以文会友很清雅的故事。他们一方面学习时艺来揣摩风气，一方面来选择很知己的朋友……所以明季几社的成立，他们只师生通家子弟在一块结合，外人是不能参加的。后来才门户开放，"社集之日，动辄千人"。不意一件读书人的雅集，却变成了一种社会上政治的运动。

二、"济世安邦"的几社

名闻遐迩的松江文人结社——几社，成立于崇祯初年。明末清初松江人李延昰《南吴旧话录》专门有一卷介绍著名的文社，除了拂水山房社、几社，还有"十人社""六人社""十八子社"，大多活跃于嘉靖、万历之际。几社延续了十人社、六人社、十八子社的传统，与邻近的常熟应社、太仓复社遥相呼应，以文会友，不满足于科举制艺的训练，冲破学问的藩篱，急切地大声发出声音，触及时事，试图纠正时弊。

几社的文集《几社壬申合稿》，汇集了陈子龙、夏允彝、徐孚远等十一名成员的文章，谈的是历史，落脚点是当时的朝政利弊。例如夏允彝写的《拟皇明宦官列传论》，重点是在抨击天启年间魏忠贤阉党专政，其后果是：在内分散相权，在外管制将权。他所处的崇祯时代何尝不是如此！李雯写的《朋党论》，现实针对性更加明显。天启年间魏忠贤专政，把反对派官员一概扣上"结党营私"的帽子，编造《东林点将录》《东林党人榜》之类黑名单，整肃数以百计的"东林党人"。崇祯初年，皇帝朱由检拨乱反正，清查阉党逆案，并不彻底，阉党余孽时时刻刻都想翻案。深受皇帝信任的内阁首辅温体仁推行"没有魏忠贤的魏忠贤路线"，起用逆案中人，排挤正人君子，打出的旗号就是反对"朋党"。李雯对于这些事情记忆犹新，于是乎写了《朋党论》。在他看来，既然小人用"朋党"之名来整君子，而皇帝是非不分，一概打击"朋党"，其结果必然是"小人受其福，而君子蒙其祸"。何况当时有人指责几社也是"朋党"，李雯当然要辩个一清二楚。

几社诸君子在历史上留下最为辉煌的一笔，毫无疑问是崇祯十一年（1638）编成的五百卷巨著《皇明经世文编》。几社的台柱——陈子龙、徐孚远、宋徵璧主编的这部巨

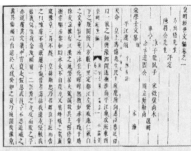

著，震惊文坛，并不是它的资料宏富，而是它的立意高远。在王朝走向末路的危急关头，把本朝两百多年来有识之士的经世致用文章汇编在一起，供当朝执政者借鉴。正如主编陈子龙在序言中所说，编辑此书的宗旨，不仅仅是"益智"，更重要的是"教忠"——担负起天下的兴亡之责。松江知府方岳贡指出，三位主编陈子龙、徐孚远、宋徵璧"负韬世之才，怀救时之术"，决定了本书的特色与众不同——"关于军国，济于时用"。应天巡抚张国维的观点与方岳贡相同，称赞三位主编"以通达淹茂之才，怀济世安邦之略"。近代学者朱希祖为该书写的跋文，赞扬几社诸子不"沾沾于功名利禄"，"精深博大，超出于诸书之上远甚"，尤为可贵的是，它是痛斥"浮文无裨实用，泥古未能通今"的发愤之作。可见复社追求的是"实用""通今"的境界，这与沉迷于背诵子曰诗云的腐儒，有天壤之别。

复社成立以后，几社和其他文社都以团体成员加入，成为复社联合体的一部分。不过他们的活动是有分有合的，复社的活动并没有取代其他文社自身的活动。崇祯年间复社的名声很大，几乎掩盖了其他文社，但是几社在松江的活动依然有声有色，从最初的十几人发展到上百人，后来还分出许多分社，活跃于松江地区。

三、作为文社联合体的复社

狭义的复社，是众多文社之一；广义的复社，是众多文社的联合体。朱彝尊说，"复社始于戊辰（崇祯元年，1628），成于己巳（崇祯二年）"。崇祯二年，复社发展为众多文社的联合体。加入联合体的文社有常熟的应社、松江的几社、浙东的超社、浙西的闻社、江北的南社、江西的则社、山东的邑社、山西的大社、湖广的质社等。

崇祯二年（1629），在苏州府吴江县召开的尹山大会，是复社成为文社联合体的标志性事件。复社领袖张溥宣布办社的宗旨：当今世风日渐衰微，士子不通经术，满足于道听途说，一旦进入仕途，上不能"致君"——辅佐皇帝，下不能"泽民"——恩泽人民，结果是"人才日下，吏治日偷"。有鉴于此，期待与四方有识之士共同努力，兴复古学，务为有用，所以命名为复社。

参加尹山大会的人员来自全国各地，据日本学者小野和子统计，南直隶（相当于现今江苏、安徽）二百三十四人，浙江一百六十八人，江西一百二十三人，湖广（相当于现今湖北、湖南）六十四人，福建四十人，山东二十人，广东十四人，河南八人，山西四人，四川三人，贵州一人，共计六百七十九人。这是具有划时代意义的事件，改变了先前文社局限于一隅之地的状况，形成全国性组织，其影响力超越文化层面，渗透于政治领域。复社成员大多游走于学术与政治之间，这种特质是以前文社所不具备的。

▼ 张溥碑刻像

崇祯三年（1630）的金陵（南京）大会，崇祯六年的虎丘（苏州）大会，规模与影响更加扩大。崇祯三年，适逢应天乡试，江南士子前往金陵参加考试，复社成员杨廷枢、张溥、吴伟业、吴昌时、陈子龙等，都高中举人，复社声誉迅速高涨。在这种背景下，金陵召开第二次大会具有别样的意义。次年京师会试，吴伟业、张溥金榜题名，皇帝钦赐吴伟业回乡完婚，张溥回乡葬亲，皇恩浩荡之下，复社在苏州虎丘召开第三次大会。陆世仪《复社纪略》描写虎丘大会的盛况堪称空前："癸酉（崇祯六年）春，（张）溥约社长为虎丘大会。先期传单四出，至日，山左、江右、晋、楚、闽、浙，以舟车至者数千人。大雄宝殿不能容，生公台、千人石鳞次布席皆满。往来丝织，游于市者，争以复社命名，刻之碑额。观者甚众，无不诧叹：以为三百年来从未一有此也！"岂止是三百年来所未有，简直堪称空前绝后。复社的社会影响已经超越了一般文社，成为栖身于民间的政治文化力量。据日本学者井上进统计，复社鼎盛时期，总人数有三千零四十三人，遍布全国各地，主要集中于太湖周边的苏州府、松江府、常州府、镇江府、嘉兴府、杭州府、湖州府，有一千二百二十六人；其中又以苏州府最多，有五百零五人。

虽说当时文社很多，但跨地域的全国性文社，闻所未闻。谢国桢感慨道："复社的同志，本来仅集合太仓等七郡的人物，后来由江南而蔓延到江西、福建、湖广、贵州、山东、山西各省，吴应箕编《复社姓氏录》，其孙吴铭道又为《续录》一卷，著录复社同志共二千二十五人，那真可以说是秀才造反了。""秀才造反"云云，似乎言过其实，他们想的是如何"补天"，而不是"拆台"，怎么会"造反"？后来改朝换代之际，许多复社成员都为反清复明而殉难，便是明证。

四、对复社的"谤读"

复社声誉蒸蒸日上，张溥、吴伟业等人没有料到，复社从此卷入政治斗争的漩涡，而且是最高层的权力之争。内阁首辅周延儒与内阁次辅温体仁的矛盾逐渐激化，他们互相倾轧的第一回合，围绕着崇祯四年 (1631) 的会试展开。按照惯例，会试的主考官应由内阁次辅担任，内阁首辅周延儒为了扩大自己的势力，破例担任主考官。科举考试的一向惯例，考生与主考官之间形成"门生"与"座主"关系，一直维系到官场，结成派系。进士及第的复社君子张溥、吴伟业等人不由自主地成了周延儒的门生。

崇祯六年 (1633)，温体仁抓住机会，把周延儒赶下台，顺利升任内阁首辅。为了把周延儒的复社"门生"拉到自己麾下，他想出绝妙主意，指使他的弟弟温育仁，在虎丘大会时申请加入复社。遭到张溥严词拒绝。恼羞成怒的温育仁依仗兄长的权势，雇人编写《绿牡丹传奇》，讽刺挖苦复社。基于这样的背景，社会上关于复社的流言蜚语沸沸扬扬：士子们都以太仓两张为宗师，称呼张溥为西张夫子，张采为南张夫子；把两张的家乡太仓称为"阙里"，与孔子故里相提并论，而且仿效孔庙规格，太仓也有类似孔庙的建筑，供奉西张夫子、南张夫子，他们的

▶ 明吴炳《绿牡丹传奇》书影
明金陵两衡堂刻本

弟子享受配祀的待遇，有"四配""十哲""十常侍"。

这样的流言蜚语难以置信。在当时的政治体制下，简直是胆大妄为的僭越，以张溥、张采的人品节操与学识涵养，断然不可能容忍或指使这种咄咄怪事。细细阅读《复社纪略》，就可以发现，谣言的来源就是对复社怀恨在心的宵小之徒（化名为嘉定徐怀丹），捏造一篇声讨复社十大罪状的檄文。所谓张溥、张采自比孔子，把太仓自拟为阙里，以及类似孔庙的规格等等，其源盖出于此。陆世仪把它定性为"谤讟"，所谓"谤讟"就是诽谤、怨言的意思。吴伟业写的《复社纪事》明确指出："无名氏诡托徐怀丹檄复社十大罪，语皆不经。"同样荒唐的谣言，竟然说张溥的一封介绍信，就可以决定士子科举考试的命运，甚至可以私下拟定等第名数，"发榜时十不失一"。稍有常识的人都知道，那个时代科场舞弊屡见不鲜，都是偷偷摸摸干的，如此光天化日之下公开操纵考试，简直是天方夜谭。毫无疑问，这也是"谤讟"。奇怪的是，谢国桢先生却信以为真，指责复社"借着民众的势力，来把持政权，膨胀社中的势力。因此复社本来是士子读书会文的地方，后来反变成势利的场所"。原因在于，没有看清"谤讟"背后的真相，问一个为什么。复社领袖张溥不过是小小的庶吉士，张采不过是小小的知县，不可能神通广大到"把持政权"的地步，千万不要把宵小之徒的谣言当成事实真相。

五、"朝廷不以语言文字罪人"

复社成员大多是生员或举人，少数精英分子通过科举考试进入官场，由于他们的言论文章影响很大，引起内阁首辅温体仁的反感，视为政敌，必欲置之死地而后快。逮捕钱谦益与诋毁复社两件案子，几乎同时而起，看似巧合，实质有着内在联系。在温体仁看来，从东林到复社，一脉相承，钱谦益是东林巨子，复社则号称"小东林"。温体仁和刑部侍郎蔡奕琛、兵科给事中薛国观策划，对东南诸君子下手，崇祯十年 (1637) 终于抓住了机会，买通常熟知县衙门的师爷张汉儒，诬陷早已罢官回乡的钱谦益五十八条罪状，温体仁随即下令逮捕钱谦益，同时发动对复社的攻击。吴伟业一语道破："(钱谦益) 锒铛逮治，而复社之狱并起。"

在温体仁的亲信刑部侍郎蔡奕琛的指使下，太仓市井无赖陆文声向朝廷上书，诋毁复社领袖张溥、张采"倡立复社，以乱天下"。苏州府推官周之夔向朝廷上书，诬蔑复社"紊乱漕规"，并且把先前流传的谣言，一并作为罪证。

崇祯十年 (1637) 六月，温体仁罢官而去；八月，钱谦益案件得以平反，复社一案自然不再追究。但是事情并未了结。此后担任内阁首辅的张至发、薛国观，继承温体仁的衣钵，依然把复社看作仇敌。张溥病逝以后，张采担当起辩诬的重任，他写了长篇奏疏，向皇帝申辩复社的真相，指责陆文声、周之夔"罗织虚无"，徐怀丹"假名巧诋"，表示愿意与他对簿公堂，"倘其人乌有，则事必诬构"。地方官的调查，也证实了对复社的"谤讟"毫无根据，复社不过是一个文社而已。

崇祯皇帝明白了真相，下达圣旨："书生结社，不过倡率文教，无他罪，置勿问。"御史金毓峒、给事中姜埰陆续为复社昭雪，崇祯皇帝再次下达圣旨："朝廷不以语言文字罪人，复社一案准注销。"

复社终于从皇帝那里讨回了公道，以前强加于它的种种诬陷不实之词，诸如"操纵朝政""把持科场""横行乡里""自拟阙里"等，统统都是站不住脚的。崇祯皇帝对于文人结社的宽容态度值得称道——"书生结社，不过倡率文教"，"朝廷不以语言文字罪人"，为文人结社提供了宽松的文化生态，复社在明末十几年的辉煌，于此可以获得索解。

后期复社最辉煌的业绩，莫过于《留都防乱公揭》。崇祯十一年 (1638)，复社人士乘金陵乡试的机会，在冒襄 (辟疆) 的淮清桥桃叶渡寓所，召开大会，通过了复社成员吴应箕、陈贞慧起草的《留都防乱公揭》，在这份檄文上签名的有一百四十二人，领衔的是东林书院创办者顾宪成的孙子顾杲，以及惨遭魏忠贤迫害致死的黄尊素之子黄宗羲。《留都防乱公揭》声讨阉党余孽阮大铖，妄图推翻阉党逆案，重登政治舞台的图谋。它伸张正义，宣示君子与小人不共戴天的浩然之气。阮大铖慑于清议的威力，不得不躲进南京南门外的牛首山，暂避锋芒，派出心腹到处收买《公揭》文本，孰料愈收愈多，传布愈广。彷徨无计之时，他想到了刚刚来到南京的侯方域 (朝宗)，企图利用这一人脉，来缓和与复社的紧张关系，不惜用重金撮合侯公子与秦淮名妓李香君，作为交换条件。侯方域与李香君婉言谢绝，大义凛然，令后人赞叹不已，孔尚任《桃花扇》写的就是这一段历史。思想解放的潮流培育了一大批文化精英，他们通过结社与言论，力图挽狂澜于既倒，在历史上留下了浓墨重彩的一笔。这样的现象，以后不曾再现，因而更加值得怀念，值得研究。

悲情的骨鲠之士
——文震孟与郑鄤

江南才子文震孟、郑鄤，天启二年（1622）进士及第以后，敢于向专擅朝政的东厂总督太监魏忠贤挑战，遭到降二级调外任的处分，拒绝降调，抛弃乌纱帽，回归书生本色。崇祯年间先后复出，又同推行"没有魏忠贤的魏忠贤路线"的内阁首辅温体仁正面较量。他们不畏强权，刚直不阿，宁折不弯的品格，令人敬仰，被人们誉为骨鲠之士，以悲剧结局，令后人扼腕叹息不已。万斯同《明史》写道："震孟刚方贞介，有古大臣风，扼于权奸，不竟其用，天下惜之。"张廷玉《明史》的写法与之相似——"震孟刚方贞介，有古大臣风，惜三月而斥，未竟其用"，可惜少了"扼于权奸""天下惜之"八个字，格调大为逊色。《明史》没有为郑鄤立传，黄宗羲写了《郑峚阳先生墓表》，为他申冤昭雪："己卯（崇祯十二年，1639）八月，拟辟，上命加等，公遂死于西市。从来缙绅受祸之惨未有如公者也。""公为奸相所陷，路人知之。""是故公之狱不明，则奸相之恶不著，此后死者之责也。"

一、"如傀儡之登场，了无生意"

文震孟，字文起，号湛持，
苏州吴县人。曾祖父文徵明是
和唐寅、祝允明齐名的才子，
祖父文彭是国子监博士，父亲
是卫辉府同知文元发。颇有家
学渊源，精通《春秋》经学。
清初学者邹漪在《启祯野乘》
中称赞他与邹元标、冯从吾、
赵南星，都是"麟凤在野"。他
少年时即以才华横溢而名噪江
南，科举仕途却很不顺利，参

▼ 文文肃（文震孟）像

加科举考试连续九次失败，迟至天启二年
(1622) 进士及第，以殿试第一名 (俗称状元)，授
予翰林院修撰。真可谓不鸣则已，一鸣惊人。
钱谦益说："胪传之日，儿童妇女皆知其名，
指目为忠孝状元。"

此时的文震孟已经年近五十，不再年轻，
依然锋芒毕露，对于朝廷不像朝廷，官僚不
像官僚，深恶痛绝。亲眼看见都察院左都御
史邹元标与左副都御史冯从吾由于创办首善

书院，遭到朱童蒙之流的无端诽谤。钳制舆论是魏忠贤的一贯伎俩，发展到登峰造极，就是捣毁全国所有书院，攻击首善书院不过小试牛刀而已。朱童蒙充当了他的急先锋，打着忠于职守的幌子，宣称"开讲学之坛，国家恐启门户之渐，大公之世偶生门户，则衅孽必作；职业之外分用身心，则责任不专"。其实他们最为担心的是，害怕首善书院成为东林书院的翻版，何况它身处京师，影响非僻处无锡一隅的东林书院可以比拟，又何况它的主持者是都察院的一、二把手，岂可坐视！不管邹元标、冯从吾如何解释，内阁首辅叶向高如何辩护，都无济于事，首善书院被取缔，邹元标、冯从吾先后罢官而去。

刚刚摘取状元桂冠的文震孟义愤填膺，写了奏疏为之声援，从国步蒙艰到杜绝乱源，侃侃而谈。状元写的文章果然不同凡响，汪洋恣肆，对创办书院宣讲道学的邹元标、冯从吾遭到排挤打击，深表不满，以为是南宋时诬陷朱熹"伪学逆党"之禁的再现："乃近日中朝举动则更有可异者，空人国以庇私党，几似浊流之投；置道学以逐名贤，有甚伪学之禁。唐宋末季可为用鉴，亦未有以明告我皇上者耳。"由此引申，皇帝朱由校有不可推卸的责任：

　　——若仅尊严若神，上下拱手，精神不振，提醒不灵，恭默之容或久而生倦，跛倚之众亦怠而欲休。
　　——皇上昧爽临朝，寒暑靡辍，于政非不勤矣，而勤政之实未见也。鸿胪（寺）引奏，跪拜起立，第如傀儡之登场，了无生意，则皇上之聪明何由开畅？

他所要表达的意思非常清楚，现在的上朝徒具形式，鸿胪寺官员主持礼仪，大臣们按照口令跪拜起立，每次都是固定程式的排演，没有君臣之间的对话交流，没有大政方针的讨论，所以他说"第如傀儡之登场，了无生意"，显然是在影射专擅朝政的魏忠贤在幕后操纵，有意为之。

魏忠贤心知肚明，把奏疏扣押下来（即所谓"留中"），以便上下其手。某日，乘皇帝看戏时，突然呈上这份奏疏，断章取义地攻击文震孟说：文状元疏中以偶人比万岁，不杀无以示天下。显然是故意歪曲，文状元的本意是指跪拜起立的大臣好像傀儡，而不是指坐在龙椅上的皇帝是傀儡。朱由校充分信赖魏忠贤，对奏疏的文字毫无兴趣，点头表示同意。

于是乎魏忠贤假传圣旨：廷杖文震孟八十！当天内阁首辅叶向高请假，在场的内阁次辅韩爌和礼部尚书盛以弘等大臣极力申救，才免于廷杖。

同科进士、庶吉士郑鄤，以新进后生的锐气为文震孟鸣不平。郑鄤，字谦止，号峚阳，江苏武进人。其父郑振先万历三十六年（1608）上"直发古今第一权奸疏"，弹劾内阁辅臣朱赓、李廷机继承沈一贯的衣钵，而名扬天下。郑鄤的奏疏一如乃父风格，尖锐泼辣，无所顾忌。

首先，表明支持文震孟的立场："顷见修撰文震孟一疏，私庆有为明主忠言之人，意皇上天佑圣明，必将逖思深悟，立见施行。"但是迟迟不见动静，他批评道：臣下的章奏与皇上的批答，是宫廷和政府之间的沟通渠道，理应"朝上而夕下"，或"夕上而朝下"，以期达到君臣相知之目的。如果君臣相知，"大臣不得以揽权"，"小臣不得以营窟"，"近臣不得以蔽明"。否则的话，后果很严重，由于章奏留中不下，导致宫廷和政府之间"壅遏不通"，而壅遏不通就为近臣提供了"窃弄之机"。

其次，提醒皇上，如今存在朝政祸乱的两大因素——内降与留中，已经成为近臣窃弄的手段："内降之屡旨，用以肆斥大臣，其机关使人骇；而留中之一线，用以阴淆圣虑，其径窦使人疑。"

郑鄤虽然没有指名道姓，通篇都在影射魏忠贤，什么"壅遏不通者，是窃弄之机"，什么"内降之屡旨，用以肆斥大臣"，莫不如此。

结果是可想而知的，即日颁下圣旨（当然是矫旨），把文震孟和郑鄤一并处罚："朝仪大典，累朝成规，如何辄肆轻亵，比拟傀儡，藐视廷臣如儿戏。文震孟好生可恶，郑鄤这厮党护同乡，窥探上意，本当重处，念朕首科取士，新进书生不知大体，姑从轻俱降二级调外任。"

文震孟、郑鄤出于公心，希望皇帝重振朝纲，不要大权旁落，竟然遭到降级的惩处。官员们纷纷表态，请求皇帝收回成命。内阁首辅叶向高带头呼吁，情真意切。

叶向高，字进卿，号台山，福建福清人。万历三十五年 (1607)、天启元年 (1621) 两度出任内阁辅臣，是颇有声誉的元老重臣。万斯同《明史》与张廷玉《明史》一致称赞他"为人光明忠厚，有德量，好扶植善类"。出于好扶植善类的秉性，他写了洋洋洒洒的奏疏，向皇帝求情：

一则说："翰林院修撰文震孟、庶吉士郑鄤因为上疏触忤皇上，致蒙降谪，举朝臣工无不惋惜，臣与同官冒昧申救，尚未知足动天听与否？"

再则说："震孟书生也，但见史册所载，前代帝王无不与臣下面议政事，臣下有所献纳，无不面奏，即在二祖时亦是如此。今百官奏事皆是常套，堂陛之分虽存，君臣之情未畅，故不胜款款之愚而欲效之。此书生泥古之过，非有他也。"

三则说："郑鄤亦三吴名士也，今与震孟同去，殊为可惜。窃窥圣心，或以为词臣言事非其职掌，故欲小示挫抑，以成就其才耳。"

措辞委婉，既为文、郑二位词臣辩解，又顾全皇帝的威信与面子，得到的圣旨却是："制科累朝所重，朕方作养人才，岂忍摧折？但书生不知忌讳，文震孟、郑鄤遵前旨行。"丝毫没有通融的余地，光明忠厚的叶向高不知道是魏忠贤从中作梗，再接再厉，继续上疏申救，针对圣旨所说"比拟傀儡""党护同乡"，摆事实讲道理：

> ——臣等私心亦尚歉然，不敢以震孟之说为尽迂。汉文帝贤主，贾生至痛哭流涕长太息，文帝亦恬然受之，不以为过，千古传诵以为盛事。皇上方为尧为舜，何论汉文？岂其有成心于震孟，终不可解哉？
>
> ——若论郑鄤所言，盖因震孟疏留中，为之申请，且鉴于向时留中之弊，欲杜其萌，亦书生之见。好名则有之，非敢党护文震孟。

三朝元老语重心长的进谏，说了等于白说。魏忠贤绝对不会放过任何一个向他挑战的官员，何况是扬言"傀儡登场""窃弄之机"的新科进士！

按照规矩，文震孟、郑鄤的奏疏如何处理，应该由内阁票拟意见，经皇帝审定后作为圣旨发出，如今魏忠贤专擅朝政，票拟谕旨的程序已经完全被破坏，一切由他说了算，所谓皇帝圣旨体现的是魏忠贤的旨意。给叶向高的圣旨如此写道："制科累朝所重，朕方作养人才，岂忍摧折？但书生不知忌讳，文震孟、郑鄤遵前旨行。卿还仰体朕意，不得再来申请。"

所谓"遵前旨行"，就是"降二级调外任"。文震孟、郑鄤不愧为骨鲠之士，宁折不弯，拒绝降调的圣旨，抛弃乌纱帽，愤然返乡，还我一介书生本色去也。

三年以后，阉党干将都察院左都御史（后升任吏部尚书）王绍徽，把反对魏忠贤的官员编入黑名单，仿照《水浒传》梁山一百零八将的名号，炮制《东林点将录》，要魏忠贤按照名单整肃清除。无名氏《遣愁集》说："王绍徽为魏忠贤干儿，官至吏部尚书，进退一人必禀命于魏忠贤，时称'王媳妇'。尝造《点将录》倾害东林诸君子，忠贤阅其书叹曰：'王尚书妖媚如阉人，笔挟风霜乃尔，真吾家之珍也。'"《东林点将录》的政治背景无可掩饰，路人皆知。

　　已经成为普通百姓的文、郑二人竟然也在《东林点将录》中，第四十九名"地文星圣手书生翰林院修撰文震孟"，第五十二名"地异星白面郎君翰林院庶吉士郑鄤"，所幸早已离开官场，躲过了杀身之祸。

　　而六君子和七君子就没有那么幸运了。在六君子之狱中惨遭杀害的，是黑名单中的第十名"天勇星大刀手左都御史杨涟"，第十一名"天雄星豹子头左佥都御史左光斗"，第七名"天杀星黑旋风吏科都给事中魏大中"，第十四名"天立星双鞭将河南道御史袁化中"，第十三名"天威星双枪将太仆寺少卿周朝瑞"，第六名"地机星神机军师礼部员外郎顾大章"。在七君子之狱中惨遭杀害的，是第四名"天机星智多星左谕德缪昌期"，第五名"天闲星入云龙左都御史高攀龙"，第九名"地周星跳涧虎福建道御史周宗建"，第十五名"天英星小李广福建道御史李应昇"，第十七名"天空星急先锋山东道御史黄尊素"，第五十三名"地满星玉幡竿吏部员外郎周顺昌",以及第六十六名"地刑星菜园子右佥都御史周起元"。

二、"当为朝阳之鸣凤,不当为抱叶之寒蝉"

朱由检即位以后,力挽狂澜,魏忠贤在流放途中畏罪自杀,朝廷随即榜示魏忠贤、客氏、崔呈秀罪状,大张旗鼓清查阉党逆案。夏允彝在《幸存录》中拍案叫绝:"烈皇帝不动声色,逐元凶,处奸党,宗社再安,旁无一人之助,而神明自运。"

文震孟于崇祯元年 (1628) 起用为侍读学士,担任皇帝朱由检的老师——日讲官,以讲求帝王之道为己任。复社领袖张溥称赞他:"早夜不敢堕衣冠、弛筋骨,纯臣所以答天子也。"邹漪肯定他:"力劝 (皇上) 培养士气,推心感人。"他向皇帝坦陈自己的为官准则和治国理念:"国步方艰,大小臣工当为在山之虎豹,不当为处堂之燕雀;当为朝阳之鸣凤,不当为抱叶之寒蝉;当视国如家,除凶雪耻,不当分门别户,引类呼朋。"这可以看作他的座右铭,要做山林的虎豹,不要做堂前的燕雀;要做朝阳的鸣凤,不要做噤声的寒蝉;要视国如家,不要结党营私。

崇祯三年 (1630),审定阉党逆案的大臣相继去国,京师上空阴云密布,逆流滚滚,阉党余孽吏部尚书王永光之流,妄图伺机翻案。文震孟敏锐地察觉苗头,迎头痛击:"群小合谋,欲借边才翻逆案,天下有无才误事之君子,必无怀忠报国之小人。今有平生无耻，惨杀名贤之吕纯如，且藉奥援，思辩雪。（王）永光为六卿长，假窃威福，倒置用舍，无事不专而济以狠，发念必欺而饰以朴。"他一一列举事实，说得有理有据，王永光窘迫得无言以对，买通太监王永祚，在皇帝面前疏通。皇帝将信将疑，没有追究王永光。

慑于文震孟的凛然正气，宵小之徒的翻案风有所收敛。推行"没有魏忠贤的魏忠贤路线"的温体仁，由此对文震孟怀恨在心。

崇祯七年 (1634) 二月，会试士子，内阁首辅温体仁与次辅吴宗达为主考官。文震孟是其中一个考场的考官，选中新昌士子漆园，漆某的试卷首题"其行己也恭"，篇末痛言时弊，在"不恭不敬之害"上大加发挥。文震孟欣赏他的胆识，毅然决定录取，倘若温体仁驳回，当据理力争。不料温体仁没有驳回，他心中有些疑虑。

果然，温体仁在内阁阴阳怪气地扬言："外人说我们要进场收几个门生，我们今日地位，也靠不着门生了，况场中即有人骂我。"

内阁同僚钱士升不解，问道："场屋中如何骂得？"

温体仁说："他篇末竟说，不敬之臣如何，

▼ 温体仁像

不义之臣如何，岂不是骂？"

钱士升问："老先生如何打发他？"

温体仁冷冷地说："本房（指文震孟）批'伸眉抗手，想见其人'，敢不中？"咬牙切齿，溢于言表，一时难以下手，毕竟文震孟是皇帝器重的老师。

按照惯例，皇帝的经筵要讲解儒家经典，唯独不讲《春秋》。朱由检以为此书有关于拨乱反正，传旨选择精通《春秋》的官员进讲。温体仁以《春秋》起家，自然知道文震孟精通《春秋》，担心他进讲必定有所讽谏，故意装糊涂。在一旁的钱士升没有揣摩温阁老的心思，贸然推荐文震孟，温体仁不便反对，故作惊讶喊道：几失此人！

文震孟进讲《春秋》，朱由检十分满意。某日讲到"宰咺归赗"，不拘泥于经典的文字训诂，有意触及时事，说道：宰咺是六卿首长，而坏法乱纪，为何要用他为宰相？朱由检颔首称许，提笔写道："宰咺一章，正见当时朝政之失，所以当讲，后以此类推。"既然皇帝关注历史上的朝政之失，文震孟一再触及时事，多次讲到"内君子外小人"，"人臣义无私交"，大惬皇帝心意。李逊之《崇祯朝记事》评论道："爰立之命基于此。"意思是说，皇帝因此有意任用他为内阁辅臣。

文震孟不想和温体仁在内阁共事，找个借口请求告假，皇帝没有批准。温体仁冷言冷语嘲讽道：马上要任命为宰辅了，何必躲避？

崇祯八年（1635）六月，皇帝打算用考试的方式选拔内阁大臣，试题是为几篇奏疏票拟谕旨，也就是为皇帝决策。文震孟淡泊名利，不想卷入竞争，托病请假，未去参加考试。倪元璐比他还要清高，认为阁臣岂可由考试选拔，即使考中也不光彩，因此拒绝参加考试，也不请假。

七月，皇帝用"特简"的形式，把文震孟提升为礼部左侍郎兼东阁大学士，进入内阁，与首辅温体仁等协同办事。文震孟两次上疏推辞未果，只得勉为其难，叹服倪元璐"每事高我一筹，早我一着"。此话确是肺腑之言，因为他入阁仅仅三个月，就被温体仁赶下台，早知今日，何必当初，倪元璐实在是高！

内阁辅臣位高权重，风险也大，以文震孟的个性难以驾驭。他长期担任讲官，宫中太监深知他为人耿介，对他的入阁前景并不看好，都说："文震孟到阁中倒好，只是他还是板金绦。"所谓"板金绦"，是形容他过于耿介而没有城府，恐怕难以和温体仁周旋。外廷官员也有类似担心：文震孟持性疏直，票拟或奏对往往直言无忌，倾吐唯恐不尽，难以在内阁站稳脚跟。杨士聪私下对友人说："文（震孟）决非久于位者。"朱彝尊评论他："相国晚达早归，崇祯五十辅臣，骨鲠称首。""骨鲠"二字可以为"板金绦"作一注脚，"晚达早归"四字是说他迟至暮年才拜相，却如昙花一现，匆匆离去。他的儿子文秉在《烈皇小识》中评论父亲，主张应该坚决推辞阁臣之职，因为一介书生难以对付政坛上的真小人与伪君子的两面夹击，无所措手足。正所谓知父莫如子，对他的困境了如指掌。

文震孟对官场高层的潜规则一无所知，不懂得新入阁者必须手持名帖礼单，拜会大内总管——司礼监太监曹化淳，请他多多关照；曹化淳为了表示礼贤下士，手持名帖礼单敬还，礼尚往来，彼此心照不宣。他过于疏阔迂腐，自以为是皇上"特简"，不必拘泥于此中陋规。曹化淳并非贪婪之辈，素来仰慕正人君子，托人向文震孟传话，谦称曹某早有皈依先生之意。司礼监太监是皇帝的耳目，一般官员逢迎唯恐不及，文震孟自恃清高廉洁，拒绝和太监交往。曹化淳碰了钉子，以为奇耻大辱，转而与温体仁联手，在皇帝面前吹风，使他逐渐失去皇帝的眷顾。

温体仁比曹化淳更难对付，每次票拟谕旨，必定装出虚怀若谷的样子，征求文震孟意见，有所改动，也必遵从。文震孟顿生错觉，喜滋滋对人说：温公如此谦虚，为何说他奸诈？同僚何吾驺提醒他：此人伏机甚深，不可轻信。他不以为意。十几天后，温体仁发觉文震孟的票拟有疏漏，要他改正，文震孟坚决不改。温体仁提笔抹去文震孟的文字，重新写过。这令饱学之士大为难堪，顿时大发执拗脾气，拍案怒吼，抓起一叠奏疏用力扔到温体仁面前。两人的矛盾由此明朗化。

崇祯八年 (1635) 十月的许誉卿事件，温体仁抓住大做文章，为文震孟挖了一个陷阱。

许誉卿在天启年间担任吏科给事中时，弹劾魏忠贤，直声满天下；崇祯初年又弹劾吏部尚书王永光依附魏忠贤，仇视东林人士，因此遭到阉党余孽薛国观攻击，罪名是"东林主盟，结党乱政"。他奋起反击：若要结党乱政，魏忠贤用事时何不卖身求荣，而要抗疏去国？薛国观为何不自己反省，昔日与魏忠贤、崔呈秀同朝，众危独安，有何品骨？激于义愤，许誉卿拂袖辞官而去。崇祯七年(1634) 再度起用，出任工科都给事中，因凤阳皇陵焚毁，追究温体仁、王应熊的责任。温体仁忌惮他的伉直，故意刁难，授意吏部尚书谢陞把他调往南京。杨士聪《玉堂荟记》写道：当时人一语道破其中玄机，为难许誉卿，就是为难文震孟。

文震孟欣赏许誉卿，公开扬言：科道官大多碌碌无为，许誉卿鹤立鸡群，贬往南京显然不公。谢陞秉承温体仁指示，纠弹许誉卿"营求美官"，"不欲南迁"，"把持朝政"。内阁次辅钱士升认为谢陞所说"营求美官"缺乏依据，拟旨责令谢陞回奏。温体仁突然抢去奏疏，径自在上面批示："大干法纪，着降级调用。"这一招十分阴险，表面上从轻发落，却说"大干法纪"，意在刺激皇帝。果然，次日皇帝朱批："许誉卿削籍为民。"文震孟据理力争无果，气愤至极，当着温体仁面狠狠讥讽道："科道为民，极荣之事，敬谢老先生玉成之。"

温体仁知道"许誉卿削籍为民"是皇帝亲笔朱批，便抓住此话大做文章。对皇帝说：皇上所以鼓励天下者，只有此爵禄名号，文震孟竟然说科道为民，极荣之事。以股肱心膂之臣，为此悖理灭法之语。皇帝勃然大怒，把先前对文震孟的眷顾之情一笔勾销，写了一道冷酷的谕旨：勒令文震孟冠带闲住！

正人君子文震孟以这种方式罢官，令大臣们惊讶不已，感叹圣意不测竟至如此！《崇祯实录》如此写道：文震孟刚方贞介，有古大臣风度，入阁不足三个月，就遭罢斥，未竟其用，有识之士无不为之惋惜。文震孟罢官虽然出于圣意，却是温体仁一手挑激而成。计六奇《明季北略》不无愤慨地写道："凡劾体仁者，无不见责；为体仁劾者，无不立罢。除佞如拔石，去贤若转丸，可为三叹！"

无怪乎当年北京流传民谣——"崇祯皇帝遭温了"，利用温体仁之"温"，与瘟疫之"瘟"谐音，嘲讽皇帝受温体仁蒙蔽而不自知，如同遭瘟一般。温体仁实在是神通广大，可以使颇有主见、事必躬亲的皇帝围着他团团转。事后，文震孟回忆这段往事，每每对人说："诸君子见予当国，放胆作事，无复前者兢业，遂为奸辅所窥，乘机相中。"他对朝廷高层钩心斗角的内幕，以一种书生意气漠然视之，结果成为明朝历史上任期最短的阁臣，由皇帝"特简"到"冠带闲住"，不到三个月，皇帝"遭瘟"的程度着实令人吃惊。原本与温体仁亦步亦趋的钱士升，因为此事，忽然顿悟，萌生退意，于次年四月辞官而去。

就在这一年，文震孟与世长辞，享年六十三岁。

三、"正直而遭显戮，文士而蒙恶声"

郑鄤退居林下十多年，始终未能忘却治国平天下的抱负。崇祯四五年 (1631—1632) 之际，言官连续抨击周延儒、温体仁，郑鄤仗义执言：周延儒决不可用，温体仁则大可用，言路不应当并攻。钱士升与他先后出于钱龙锡门下，对于他的观点很是欣赏，极力向温体仁推荐，温体仁不知道郑鄤的政治倾向是否变化，不置可否。

崇祯八年 (1635)，钱士升告诉郑鄤，已经在温阁老面前疏通，要他迅速抵京。郑鄤为了稳妥起见，向好友文震孟征求意见。文震孟深知温体仁为人机深刺骨，劝他别轻易相信，千万不要来做京官。郑鄤以为文震孟不如钱士升够朋友，不听劝告，贸然抵京求官。钱士升立即通报温阁老：郑某已来，此人可充当老先生药笼中物。

郑鄤进京后，立即拜谒心仪的内阁首辅温体仁，表示感恩戴德。温体仁却很冷淡，试探性问道：南方清议如何？

郑鄤毫无戒备，直抒己见：人人多说国家需要人才，而庙堂未见用才。

机敏的温体仁听出弦外之音，是对他的批评，不动声色反驳道：并非不用才，而是天下无才可用。

书生气十足的郑鄤毫不顾忌温阁老的脸面，侃侃而谈：用人则人才出，不用人则人才伏。方今内忧外患最急，能够如同萧何赏识韩信，宗泽赏识岳飞那样，何患不能成功？此话显然是在责备温体仁没有萧何、宗泽的博大胸怀。

如此咄咄逼人的口气，温体仁极为反感，内心在盘算：此人锋芒如刃，日后必定纠弹我，动摇我的相位，一定得设法剪除。

抱阳生《甲申朝事小纪》记载的上述对话，已经预示郑鄤的处境太高而不妙。何况又有温体仁的内阁同僚——郑鄤的舅舅吴宗达在一旁挑唆、诋毁，温体仁更加心生芥蒂，只愿意给郑鄤官复原职——翰林院庶吉士。

文震孟很不满意，对温体仁说："晚生叨冒至此，岂宜但复庶常！"那意思是，我和他是同科进士，我已入阁，他仅仅官复庶吉士，恐怕讲不过去。温体仁一味敷衍，推说：从容再议。

不久，温体仁排挤文震孟、何吾驺，京都舆论哄然不平。郑鄤这种士大夫，正直得近乎迂执，无法适应官场上层的权力争斗，毫无城府，又不知收敛，对于文震孟、何吾驺的罢官发表愤激言论。此事被温体仁侦知，决定狠狠整一下郑鄤，顺便打击文震孟的人气。

以温体仁的权力与手腕，要整垮小官郑鄤，易如反掌，何况还有吴宗达的密切配合。

崇祯八年 (1635) 十一月，温体仁根据吴宗达捏造的材料——郑鄤"杖母蒸妻"的不实之词，写成揭发郑鄤的奏疏。拿了这份奏疏去找推荐郑鄤的钱士升，对他说：今为郑某事具疏，当与老先生同题。钱士升欣然同意，看完奏疏全文，才知道是"杖母蒸妻"这样荒唐至极的事，顿时面红耳赤，双腿颤抖，张口结舌说不出话。温体仁冷笑道：固知老先生不愿参与。随即单独署名送交皇帝。

所谓"杖母蒸妻",是吴宗达编造的谎言,毫无事实根据。从郑鄤《天山自订年谱》、汤修业《郑鄤事迹》等文献来看,纯属诬陷不实之词。万斯同《明史》秉笔直书:"郑鄤继母,大学士吴宗达女弟也。鄤薄于宗达,故宗达讦之。体仁恶震孟,并怒及鄤,以宗达揭入告,卒磔鄤。其实鄤无杖母事也。"

　　皇帝朱由检当时正以孝悌风励天下,得知首辅控告郑鄤如此不孝不悌行为,非常恼怒,未经核实,就下令把郑鄤逮入刑部监狱审讯。皇帝的这一举动使得冤案步步升级,距离真相愈来愈远。

　　由于原告温体仁、吴宗达位高权重,刑部尚书冯英颇为棘手,既不能得罪阁老,又不能制造冤假错案,来个折中主义,向皇帝报告:"郑鄤假箕仙幻术,蛊惑伊父郑振先无端披剃,又假箕仙批词,迫其父以杖母。"又称郑鄤颇有才名,语气近乎回护。温体仁见他不肯严办,借故将他革职,把此案移交给锦衣卫镇抚司审理。锦衣卫都督同知吴孟明审理后,发觉温体仁的指控缺乏证据,案犯蒙受冤屈,又不能直接否定,只好将它挂起来,迟迟不予结案。直到崇祯十年 (1637) 六月温体仁罢官,此案仍旧悬而未决。

　　崇祯十一年 (1638) 夏,北京酷旱,皇帝要求各衙门救灾,致力于"陈弊政,宣冤抑"。吴孟明便把郑鄤案件作为"冤抑"上报。他说:郑鄤幽禁三年,应当释放,以召天和。又说:犯官郑鄤久患瘫痪,手足颤抖,不能转动,

若一加刑讯，难保无虞。朱由检虽然要求群
臣"宣冤抑"，却不愿意宽恕郑鄤，或许是
"遭瘟"的阴影还未散尽吧，对吴孟明严词谴
责："杖母逆伦，干宪非轻，如果无辜，何无
人为之申理？着常州府人在京者从公回话。"
吴孟明只得再次找常州人回话，得到的结论
是，事出有因，查无实据，向皇帝如实报告：
"事属影响，言出谤忌，革职太轻，遣戍太
重，惟候圣裁。"他建议皇帝在革职与遣戍之
间做出裁定。

　　令人惊讶的是，皇帝没有在革职与遣戍
之间选择，而是决定凌迟处死郑鄤。崇祯
十二年 (1639) 八月二十六日，圣旨下达："将
郑鄤脔割处死。"所谓"脔割"，就是千刀万

剐的凌迟，让人毛骨悚然的磔刑。温体仁早已罢官，一年前死去，然而阴魂不散，无怪乎史家要说：杀郑鄤者，始终温体仁一人也。皇帝罢了他的官，却遂了他的心愿，"遭瘟"之深令人震惊。

郑鄤被押解到京城西市四牌楼刑场，在都察院、刑部、大理寺官员的监督下，实施磔刑。辰时二刻，刑场上已经人山人海，声音嘈杂。囚车停在南牌楼下，郑鄤坐在筐篮中，披头光脚，对一童子吩咐家事。在人声鼎沸中，听得官员宣读圣旨，结尾一句高声喊道："照律应剐三千六百刀！"在场的兵丁齐声应和，如同雷震，围观者不寒而栗。炮声响后，行刑开始。计六奇《明季北略》描述行刑的情景，有如亲眼所见：

> 炮声响后，人皆跂足引领，顿高尺许，拥挤之极，亦原无所见。下刀之始不知若何，但见有丫之木，指大之绳勒其中，一人高踞其后，伸手垂下，取肝腑二事，置之丫巅，众不胜骇惧。忽而又将绳引下，而坐阳（郑鄤）之头突然而兴，时已斩矣。则转其面而亲于木，背尚全体，聚而割者如猬。须臾，小红旗向东驰报，风飞电走，云以刀数报入大内也。午余事完，天亦暗惨之极。

四十六岁的郑鄤，以这种方式结束生命，令人倒吸一口冷气。文章气节受人敬仰的名士，身上的肉竟被京城愚民买来当作医治疮疖的药料。计六奇感叹道："归途所见，买生肉以为疮疖药料者，遍长安市。二十年前之文章气节、功名显宦，竟与参术、甘皮同奏肤功，亦大奇矣！"奇就奇在群氓冷酷无情、麻木不仁、愚昧无知。

好在是非自有公论，他的文章气节当时就受到另一位骨鲠之士的高度赞扬。一向敢于直言的儒臣黄道周向皇帝直陈自己的"七不如"：品行不如刘宗周，至性不如倪元璐，远见深虑不如魏呈润，犯颜敢谏不如詹尔选，老成足备顾问不如陈继儒，朴心醇行不如李如灿、傅朝佑，文章气节不如钱谦益、郑鄤。朱由检大为不满，责问道："颠倒是非，甚至蔑伦杖母，名教罪人，犹曰不如，是何肺肠？"黄道周不以为然，遵旨回话，对郑鄤推崇备至："臣与郑鄤同为庶常时，文震孟疏论魏忠贤，郑鄤抗疏任之，削籍归山。每以臣为怯，臣心愧鄤也。每执笔不能明白，辄思郑鄤以为不如，真不如也。盖以此自贬，亦以此分规，非为累臣地也。"

郑鄤凌迟处死后，黄道周怒不可遏，大声疾呼："正直而遭显戮，文士而蒙恶声，古今无甚于此者！"

对郑鄤羞辱性处死，不仅是他个人及其家族的悲剧，更是时代的悲剧，社会的悲剧，是对整个国家的沉重打击。抱阳生《甲申朝事小纪》评论道："鄤死固冤，然祸止及一家。而思陵（崇祯皇帝）之亡国，实由体仁。以体仁阴贼险狠，貌为孤孑，结纳宦官，窥伺上意，冀翻逆案，斥逐正人，使有体有用之士，无一立于君侧，而后其心始快焉。"本来对朝廷充满期待的士大夫，此后彻底绝望，由同心同德走向了离心离德。所以王世德《崇祯遗录》慨乎言之："论者谓，亡国之祸，体仁酿之，良然！"

说亡国之祸是温体仁一手酿成的，此话并不错，人们肯定会逼问，难道"遭瘟"的皇帝不应该追责么？

为正人增华，为文人吐气

——倪元璐的才情与气节

一、引　言

　　晚明学者型官员倪元璐，为人们熟知的是他那颇有风骨的书法。散文家董桥说：台静农先生文章好，书法也好，沈尹默之后只数他了。董桥对台先生的倪元璐体书法推崇备至，在多篇文章中津津乐道。他认为，几百年来，只有台静农写得出地道的倪元璐书法，因为他的胸襟深得晚明名士的神髓，烈酒似的孤愤造就了笔下深山老林之气。"倪元璐的书法哪一个字不是一念的执着的看破？甚至家仇国恨的不甘也许夹杂着那份浑金璞玉的难舍。"

　　台先生自己说，他之所以学倪元璐体，是"喜其高古，借医俗笔，亦霜红盦所云'宁拙勿巧，宁丑勿媚'之意"。俗话说"文如其人"，其实，字亦如其人。台静农早年学习书法，模仿王铎。他的好友沈尹默认为王铎的字"烂熟伤雅"，劝他放弃。沈氏用"烂熟伤雅"四字品评王铎，可谓一针见血。

王铎其人一身媚气、邪气，在南明弘光小朝廷，一味以权奸马士英马首是瞻，毫无骨气。当时盛传崇祯皇太子辗转来到南京，福王朱由崧与拥有兵权的阁臣马士英，竭力扬言太子假冒，王铎为之摇旗呐喊，不遗余力。

却说弘光元年（1645）三月初一日，太子抵达南京，福王把他安插在兴善寺暂住，命北京南下的太监前往查探真伪。这两名太监一见太子就抱头痛哭，见他天寒衣薄，脱下衣服给他穿上。福王大为光火，喊道："真假未辨，何得便尔！太子即真，让位与否，尚须吾意，这厮敢如此！"一语泄露天机，害怕太子与他争夺皇帝宝座，把他的恋栈心虚暴露无遗。马士英安慰福王：皇上缵绪于先帝失守之后，名正言顺，何可疑虑？若此事果真，则谨慎防备，奸谋自然消解。

寡廉鲜耻的王铎附和马士英，讲出了马士英想讲而不敢讲的话，公然上疏，认定太子是假冒的。三月初二日，福王在武英殿召

▼ 弘光帝（朱由崧）像

见文武大臣，命保国公朱国弼率领相关官员，前往锦衣卫都督冯可宗官邸，审视太子真伪。由于马士英已经定调，少詹事方拱乾与兵科给事中戴英心领神会，用古怪问题刁难太子，太子拒绝回答。在场的其他官员还未问话，只听得大学士王铎大喊一声："假！"一场虚有其名的审视宣告结束。这当然是福王求之不得的结论，喜形于色，嘉奖王铎等人："具见忠诚大节！"

驻扎在武昌的宁南侯左良玉，抓住此事大做文章，打着"清君侧"的旗号发兵东下，声称"本藩奉太子密诏率师赴救"。大敌当前，南明内部因为太子真假的争议导致内讧，清军乘机大举南下，渡江逼近南京，朱由崧、马士英率先逃跑。南京陷于无政府状态，士民数百人擒获大学士王铎，强迫他承认太子是真的，打了他的屁股，拔了他的胡须、头发，发泄心头之恨。狡猾的王铎把责任推得一干二净，诿罪于马士英。士民们拥戴太子来到武英殿，用戏装翼善冠把他打扮一番，奉上宝座，三呼万岁。

几天后，清军进入南京，王铎以内阁大学士身份带领南京政府高官，向清军迎降。

这种人写的字，再好看，也不值得学习。连乾隆皇帝也说："王铎本系明季大臣，至我朝复为大学士，其身事两朝，人品无足取。"

台静农转而学习倪元璐，是有眼光的，确实可以"借医俗笔"。邹漪《启祯野乘》为倪元璐列传，称赞道："公不独为正人增华，尤为文人吐气。"他的一生，高风亮节，一身正气，文章好，书法好，其来有自。

张瑞田的文章《"逸民"之书——作为书法家的台静农》指出：张大千对台静农的书法评价甚高，说："三百年来，能得倪书神髓者，静农一人也。"也许，在张大千看来，台静农是倪元璐真正的追随者，1968年，他把倪元璐的书法《古盘吟》送给了台静农，希望他临摹倪书真迹，得其真传。

二、持论侃侃，中立不阿

倪元璐，字玉汝，号鸿宝，浙江上虞人。少年时即颖异绝伦，弱冠乡试中举，天启二年 (1622) 成进士，馆选为庶吉士，才名噪天下。名声自然来自文章。吴门后学顾予咸在《倪文正公遗稿》卷首的《小言》中说："鸿宝倪先生，天下皆知其大文章人也，大经纶人也，大节义人也。"文震孟为他的文集写序，盛赞道："鸿宝之于文章，其天性也，

▼ 倪元璐像
（清）曾鲸绘
上海博物馆藏

所为制辞，无一靡语，无一滥语，盖凛乎其王言焉。复无一尘语，无一剿语，无一凡语，又无一语不严且庄也。"可贵的是，他的文章不随俗流，一如他的人品，特立独行。陈子龙在《倪文正集》的序言中说："其为文也，无溢美，无虚誉，所由与世之作者殊矣。"那么究竟"殊"在什么地方呢？他的挚友黄道周一语道破——有天下观："修其文而不足以明天下，则不若蓬巷而处；修其质而不媲于天下，则不如椎髻而舂。"

他的才华与黄道周齐名，一时推为双璧。黄道周是经学家，对《春秋经》《易经》《孝经》都有精深研究。倪元璐则专治一经——《易经》，撰有《儿易内仪》《儿易外仪》。他对冬烘先生注经的学究气颇为不屑，在序言中写道："汉人说经，舌本强橛，似儿强解事者。宋人疏剔求通，遂成学究。学究不如儿，儿强解事，不如儿不解事也。"倪元璐研究《易经》，并非为《易经》而《易经》，而是触及时事的。《四库全书》总纂官纪昀等为此书所写的按语，引用蒋雯阶的评论："元璐是书作于明运阽危之日，故其说大抵忧时感世，借《易》以抒其意，不必尽为经义之所有。"他自己也说："大贤大奸共用《易》，即必有非《易》之《易》起而乱《易》者。"研究《易经》，而能发表忧时感世之论，是倪元璐的一大发明。这恐怕也是晚明"六经注我，我注六经"风气的另一个例证吧！

这是一个小人得势、魑魅魍魉横行的时代，他秉持君子气节，宁折不弯，特立独行。

张岱《石匮书后集》为倪元璐立传，强调他此时"屹然孤立"："元璐初第时，权珰窃柄，群奸肆行，元璐屹然孤立。"

纪昀为倪元璐文集写提要，强调此时的他"持论侃侃，中立不阿"："然当天（启）、崇（祯）之时，君子小人，杂遝并进，玄黄水火，恩怨相寻，大抵置君国而争门户。元璐独持论侃侃，中立不阿，故龃龉不得大用。"尽管龃龉不得大用，倪元璐依然我行我素，持论侃侃。天启四年（1624），吏科都给事中魏大中弹劾魏忠贤结党树威，专权乱政。魏忠贤大怒，矫旨把他罢官。倪元璐写诗送别：

> 水有浮萍石有苴，霜风一夜剪扶疏。
> 知消几量东山屐，莫便逢人说遂初。

他担任翰林院编修时，阉党专政，魏忠贤气焰嚣张，既被尊称"尚公""殿爷""九千九百岁"，又是遍地建造生祠，大搞偶像崇拜。国子监生陆万龄向皇帝建议魏忠贤从祀孔庙，以魏忠贤配祀孔子，以魏忠贤之父配祀孔子之父，在国子监西侧为魏忠贤建造生祠。他把魏忠贤杀戮忠臣义士比拟为孔子诛少正卯，把魏忠贤炮制《三朝要典》比拟为孔子笔削《春秋》，振振有词地说，魏忠贤的功劳不在孟子之下。一派无耻谰言，居然得到天启皇帝朱由校的首肯。

倪元璐特立独行，无所附丽，奉命前往江西主持乡试，以"皝皝乎不可尚矣"命题，讥刺时事，影射魏忠贤个人崇拜。同僚为之咋舌，他却泰然处之。

崇祯皇帝朱由检即位，魏忠贤畏罪自杀，清查阉党逆案运动开启。阉党分子为了护持旧局，竭力攻击东林党，把阉党与东林党混为一谈，一概称为邪党，企图浑水摸鱼。其中气焰最为嚣张的首推杨维垣，此人名列阉党逆案，罪名是"交结近侍次等"。他为了蒙混过关，倒打一耙，"并诋东林崔、魏"，把东林君子与魏忠贤、崔呈秀之流，说成一丘之貉，一则曰邪党，再则曰邪党。

崇祯元年 (1628) 正月，倪元璐愤然写了《首论国是疏》，痛斥杨维垣。文章写得气势如虹：

——夫以东林诸臣为邪人党人，将复以何名加崔、魏之辈？崔、魏而既邪党矣，向之首劾忠贤，重论呈秀者，又邪党乎哉？

——东林则亦天下材薮也。其所宗主者，大都禀清刚之操，而或绳人过刻；树高明之帜，而或持论太深。谓之非中行则可，谓之非狂狷则不可也。

——自以假借、矫激为大咎，于是彪虎（按：指阉党骨干"五虎""五彪"）之徒，公然背叛名义，毁裂廉隅矣。于是连篇颂德，匝地建祠矣。夫颂德不已，必将劝进；生建祠不已，必且呼嵩。而人犹宽之曰：无可奈何，不得不然耳。嗟乎，充此无可奈何、不得不然之心，将何所不至哉！

邹漪记载此事，赞誉倪元璐的奏疏："海内传诵，以为快论。"然而当时朝廷掌权者大多是魏忠贤的余党，为了自保，不但没有谴责杨维垣，反而斥责倪元璐"论奏不当"。杨维垣见有人撑腰，气焰更加嚣张，写了奏疏批驳倪元璐。

倪元璐不屈服于柄国者的权势，再写《驳杨侍御疏》，站在客观中立的立场，批驳杨维垣的谬论：

——盖陛下之论，一则曰"分别门户，已非治征"，一则曰"化异为同"，一则曰"天下为公"。而（杨）维垣之言则曰孙党、赵党、熊党、邹党。是陛下于方隅无不化，而维垣实未化；陛下于正气无不伸，而维垣不肯伸。

——维垣怪臣盛称东林，盖以东林之尊李三才，而护熊廷弼也。然亦知东林中有首劾魏忠贤二十四罪之杨涟，及提问崔呈秀，欲追赃之高攀龙乎？

倪元璐毫不客气地揭露杨维垣的阉党真面目：

若以今日之事例之，以魏忠贤之穷凶极恶，积赃无算，而维垣犹尊之曰"厂臣（魏忠贤）公""厂臣不爱钱""厂臣为国为民"，而何况李三才以"五虎""五彪"之交结近侍，律当处斩，法司奉有严谕，初拟止于削夺，岂不如骄儿护之？维垣身系言官，不闻驳正，又何尤昔人之护熊廷弼者乎？

说得有理有据，朝廷当权者再难说"论奏不当"，退一步以"互相诋訾"为由，各打五十大板。万斯同《明史·忠义传》评论道："当是时，元凶虽殛，其徒党犹盛，无敢颂言东林者。自元璐疏出，清议渐明，而善类亦稍登进矣。"

倪元璐大义凛然，爱憎分明，从天启到崇祯，一以贯之，与阉党不共戴天。被阉党迫害致死的正人君子，他引为知己，为他们伸张正义，撰写墓志铭、行状、传记，使之彪炳于史册。在他的文集中，此类文章写得最有思想、最有文采，笔下带着感情。

在《赠太子少保都察院右副都御史浮丘左公行状》中，他如此描摹杨涟、左光斗威武不能屈的形象：

> 其时，杨公、左公并为御史中丞，两公又相与谋，今京贯连串，指鹿日甚，天下事不可言。于是杨公先上疏列（魏）忠贤二十四罪。左公继之草三十二斩疏，未上而谋泄。小人乃窃为忠贤谋，矫旨斥杨公、左公，并为编氓。既以逐二公为端，于是谴正人无虚日。其既尽，小人又为忠贤谋，置狱如宋同文，别立私人为缇帅长，四出捕骑，首逮杨公、左公及魏公大中等。时左公居桐（城），诏使至，公如遇其素期者，容词闲缓。而桐民哭且噪，又数百人密赍粮，欲从公伏阙。公果辞之不得，至欲自引，乃返。其时道路为沸。闻杨公之出应山也亦然，小人乃益忌且惧，又为忠贤谋，必急杀两公。

在《封太子少保都察院右副都御史碧幢左公墓志铭》中，刻画左光斗与父亲碧幢公心灵相通、视死如归的品格，栩栩如生：

逆珰魏忠贤者，方张乱政，中丞（左光斗）忧之，日与杨公涟谋击忠贤。纳一疏怀中，痛胪忠贤三十二罪当斩，须杨公疏上三日后乃奏之。俄为家僮福生者泄其事，忠贤因得先计斥公，并杨公俱为民。中丞既归，服褐衣拜公（其父碧幢公）膝下。公笑慰中丞曰："儿安得是斑衣而舞之，真吾儿也。"中丞心知珰祸未艾，无免理。一日置酒，使小僮于公前作乐为商声，歌舞杨忠愍。忠愍者杨公继盛，以劾奸嵩得罪，死都市者也。公已晓中丞指，慨然叹曰："杨公丈夫哉，即不知杨公父在何如者？且夫范滂母妇人也尚尔，须眉吾安能娓娓巾帼乎？"已而逮者至，中丞使人观公，容词坦施，不改往常。以是心益定，其在槛车也洒洒然。

"七君子之狱"，遭阉党迫害致死的周宗建，倪元璐为他立传——《太仆寺卿周来玉先生传》，特别强调，天启元年（1621），魏忠贤还未登上权力巅峰，他就力排众议，警告朝廷，此人是大可寒心的隐祸。倪元璐写道："逆阉魏忠贤尚名进忠，已得用事，与上保姆客氏朋倚为奸。然人犹以为易与，云：'此壁鼠耳，无能为也。'公曰：'不然，虺已为蛇矣，乘雾则不可制。'"周宗建愤然上疏："千人所指如魏忠贤者，目不识丁，心存叵测，借皇上之震叠以肆机锋，假窃蔽炀，邪正颠倒。朝端之上，壅蔽将成，声影之通，毒流何已，甚而巧立虚名，上无顾忌，离间起于蝇营，谗构生于长舌。其为隐祸，大可寒心。"从"疏上，忠贤恚甚"推断，周宗建显然击中要害，魏忠贤企图矫旨惩处，由于内阁首辅叶向高多次回护，才得以幸免。倪元璐接着写道："时正人尚多在位，巩等并谋悉去之，乃援进党徒，弹击四出。公患之曰：'羽翼既成，祸不远矣，吾不惜死。'因上言：'臣观先朝汪直、刘瑾，其人虽皆枭獍，然幸言路清明，臣僚隔绝，故不久终败。今乃有（其党户科给事中）郭巩者，结连胶合，取旨如寄，权珰之报复，反借言官以伸，言官之声势，反假中涓而重……忠贤且横行愈甚，奸谋愈深。臣若尚顾微躯，不为攻击，将内有忠贤为之指挥，旁有客氏为之操纵，中有（太监）刘朝等为之市威，而外复有（郭）巩等从而蚁附蝇集。内外交通，驱除善类，天下事尚忍言哉？'"后来的事实证明，周宗建的预判是准确的，眼光是犀利的，无怪乎倪元璐要对他推崇备至了。

三、力陈销毁《三朝要典》

魏忠贤指使亲信炮制《三朝要典》，企图用篡改当代历史的手段，为镇压异己势力制造舆论。他的重点就是全面推翻梃击案、红丸案、移宫案的结论，为万历、泰昌、天启三朝的邪恶势力溻白。

御史杨维垣首先提出这个话题，诬陷处理梃击案有功的王之寀，魏忠贤立即以圣旨的名义把王之寀革职为民。给事中霍维华比杨维垣更进一步，着眼于一大批"邪臣"，全面推翻"三案"，矛头直指刘一璟、韩爌、孙慎行、张问达、周嘉谟、王之寀、杨涟、左光斗、周朝瑞、袁化中、魏大中、顾大章等人，显露腾腾的杀气。无怪乎魏忠贤要大声喝彩："这本条议，一字不差！"

天启六年（1626）正月开馆纂修，几个月之后，《三朝要典》炮制完成，由礼部刊刻发行。全书围绕"三案"展开，卷一至卷八为梃击，卷九至卷十六为红丸，卷十七至卷二十四为移宫。卷首有三朝要典序、圣谕、圣旨。所谓御制序，其实是内阁首辅顾秉谦草拟的，企图以"钦定"的形式来钳制舆论，镇压正人君子。吴应箕《启祯两朝剥复录》说得好："故三案者，实一事也；而借三案以杀人者，实一事也……故《要典》

《御制三朝要典序》明天启六年（1626）礼部刻本

者，逆珰借以杀人之书也。""杀人之书"四个字，可谓入木三分。与此同时发生的"六君子之狱""七君子之狱"，从侧面印证了确实是一部杀人之书。

倪元璐多次撰写文章，表彰六君子、七君子的高风亮节。杨涟弹劾魏忠贤二十四大罪，左光斗准备弹劾魏忠贤三十二大罪，与之呼应。魏忠贤矫旨将杨公、左公革职为民，旋即又把他们逮捕，押入锦衣卫诏狱，用酷刑折磨致死。由杨、左二公牵连魏大中、袁化中、周朝瑞、顾大章，先后迫害致死。对杨、左二公的审判，与"三案"密不可分。倪元璐说："三案之立议，始于梃击，中于红丸，终于移宫。此以杨公、左公为后劲。三案之承祸，始于移宫，而梃击、红丸以类而求之，此又以杨公、左公为权舆。"可见《三朝要典》真是一部杀人之书。至于《三朝要典》颁布以后，发生的"七君子之狱"，迫害黄尊素、高攀龙、李应昇、缪昌期、周顺昌、周宗建、周起元七君子，既与杨、左二公有关，更与《三朝要典》有关。

崇祯皇帝即位之后，严惩魏忠贤、客氏和崔呈秀，清查阉党逆案的斗争逐渐向纵深发展。如何对待披着先帝钦定外衣的颠倒黑白的《三朝要典》，在当时无疑是敏感的政治问题。就其内容而言，这部杀人之书充满了诬陷不实之词，必须彻底否定。要否定它，如何面对先帝的御制序，颇为棘手；如果绕开它，那么清查阉党逆案势必虎头蛇尾，不了了之。

崇祯元年 (1628) 三月，南京兵部主事别如纶首先触及这一难题，指出：仍然把《三朝要典》看作信史，还有是非可言吗？魏忠贤指使许显纯之流迫害杨涟、左光斗等正人君子的所谓供词，都记录于《三朝要典》，难道不应该删削吗？由于别如纶过于强调《三朝要典》断案多与皇上圣意矛盾，使得崇祯皇帝很不高兴，在朱批中反问道：有何矛盾？

时隔一月，翰林院侍读倪元璐再次提及此事，并且把"删削"升格为"销毁"，崇祯皇帝欣然同意。关键在于，倪元璐奏疏的主题是"公议自存，私书当毁"，击中《三朝要典》的要害：此书并非天下之公论，而是魏忠贤之私书。义正词严，理直气壮。这篇《请毁要典疏》，秉持他一向的风格，尖锐泼辣，酣畅淋漓。他说：杨涟弹劾魏忠贤二十四大罪状，于是逆珰杀人则借"三案"，群小求富贵又借"三案"，经此二借，而"三案"之面目全非。于是魏忠贤、崔呈秀诸奸，乃始创立私书，标榜为"要典"，其险恶用心在于："以之批根今日，则众正之党碑；以之免死他年，即上公之铁券。"意思是说，《三朝要典》既是阉党分子仿效《元祐党人碑》炮制《东林党人榜》，杀害正人君子的法理依据，又是魏忠贤自封为上公的免死铁券。因此，他列举销毁《三朝要典》的四条理由：

其一，"以阉竖之权，而屈役史臣之笔"；

其二，"未易代而有编年，不直书而加论断"；

其三，"矫诬先帝，伪撰宸篇"，"假窃诬妄"；

其四，"《实录》有本等之书，何事留此骈枝，供人唾詈"。

基于上述理由，他向皇帝建议，立即销毁《三朝要典》，开馆纂修《天启实录》，"捐化成心，编纂信史"。

经过充分的舆论准备，崇祯皇帝逾越"御制序"的障碍，不顾"忍心狠手"之讥，于崇祯元年 (1628) 五月初十日，毅然决定销毁《三朝要典》，颁布谕旨："可将皇史宬内原藏一部取出毁之，仍传示天下各处官府学官，所有书板，尽毁不行。自今而后，官方不以此书定臧否，人才不以此书定进退。"真是快刀斩乱麻，痛快淋漓，毫不拖泥带水，《三朝要典》从此退出人们的视线，彻底消除了它在现实政治中的影响，为清查阉党逆案扫清道路。在这场政治斗争中，倪元璐功不可没。

不久，倪元璐升迁为国子监祭酒，有所条陈，均蒙皇帝采纳，雅负时望，位渐通显。内阁首辅温体仁奉行"没有魏忠贤的魏忠贤路线"，排挤正人君子不遗余力，倪元璐因此落职闲住。此前，讲官姚希孟参与清查阉党逆案，遭到温体仁打击报复，降职为南京少詹事。倪元璐写《送前辈姚孟长先生赴官南都》，为他送行：

> 为说人生非聚麇，长安道上恋何棋。
> 独饶识具三毛颊，不合时宜一肚皮。
> 文帝贾生时不见，神宗苏轼本相知。
> 知君能看钟山色，一样金门莫戒诗。

以贾谊、苏轼比拟姚希孟，何尝不是以贾谊、苏轼自诩。说姚希孟"不合时宜一肚皮"，自己何尝不是"不合时宜一肚皮"。姚希孟逝世，倪元璐写祭文，慨乎言之："君子所依，先生多才，忮者欲杀，亦以多才。"他自己又何尝不是"亦以多才"而遭权臣忌恨。落职闲住期间，他写《家居即事》诗，抒发胸中郁闷：

闲来自觉颇仙仙，门外青山屋里泉。
收二百秫已了酒，卖三十饼不论钱。
攀花槛谏无春尽，卧月辕留到晓前。
如此豪酣如此韵，道人元不喜枯禅。

四、"三做堂"：实做、大做、正做

崇祯十四年（1641）四月，皇帝下旨，召前大学士周延儒入朝。周延儒奉召，九月入京，出任内阁首辅，皇帝加他少师兼太子太师，进吏部尚书、中极殿大学士，对他寄予厚望，希望出现中兴气象。周延儒自己也想以面目一新的姿态重现于政坛，俨然"救时之相"，向皇帝建议起用先前罢废的大臣，郑三俊出掌吏部，刘宗周出掌都察院，范景文出掌工部。如此中兴气象，引来众人期许，正如万斯同《明史·周延儒传》所说："中外翕然称贤。"

周延儒邀请倪元璐出山，倪元璐考虑时局艰难，婉言谢绝。他的回信直抒胸臆，别具一格：

——帝求旧德，天欲治平明甚，薄海歌舞之象，比于宋之再相温国（按：指司马光），物情则有然者。顾其势会，微似不同，何者？熙宁弊政，罢之而已，但一举手，立致欢呼。若在今日，灭灶更然，先须惜薪钻火。即如一日见上，为上言者，一及宽政，上必先责之足用；一及宥过，上必先责之致功。足用致功，非一日可副之责，而天下之以宽政宥过望老先生者，似不可须臾而待也。

——某窃谓，难易之势，可以相权。在天下所求于老先生者，不必皆甚难，在老先生之所自处者，不必皆甚易。

——某鬓毛已衰，明农逾量，无论其他，即八十一岁老母在堂，万无出虎溪（浙江绍兴上虞县）一步之理。老先生药笼中所最不足留意者，某一人而已。

倪元璐把周延儒的复出与司马光的复出，相提并论，希望再现一次"元祐更化"。不过他深知，周延儒面临的艰难险阻要大得多，必须重起炉灶，重燃薪火。他对周延儒人品不佳的弱点知之甚深，坦率地说道："在老先生之所自处者，不必皆甚易。"推说有八十一岁老母在堂，婉拒了周延儒的好意。

力挺周延儒复出的复社领袖张溥写信给倪元璐，劝他出山。倪元璐再次婉拒："宜兴（周延儒）出山，比于温国（司马光）之复相。来教谓：向以第一流声望相推许。不知鄙性硁硁，不可为依草附木之小人，亦岂可为游光扬声之君子。猿鹤沙虫，各自存其本相。况弟臃肿日衰，只八十一岁老亲萦回胸中，遂无复抵掌掀髯之气。"

他的婉拒，并非畏难，而是无望。在给杨嗣昌的信中，流露对朝廷衮衮诸公极度失望："以瞆眊为老成，以顽钝为谨慎，以阴柔为和平，以肉食素餐为镇定，一切疆事、朝事置之度外，而日与传灯护法之流弥缝补苴，以固其富贵。"在他心目中，周延儒也不过尔尔，所以他对张溥说"鄙性硁硁，不可为依草附木之小人"。

当他看到清军南下，畿辅震惊，四方勤王之师纷纷入援，热血沸腾，立即奋然应召入京，出任兵部右侍郎兼翰林院侍读学士。

崇祯十六年 (1643) 五月，皇帝特简倪元璐为户部尚书兼翰林院侍读学士，同时起用冯元飚为兵部尚书，希望仰仗两位名臣，挽狂澜于既倒。皇帝在中左门接见倪元璐，对他说："卿忠诚敏练，朕知卿久，诸奏议无不井井有条。古帝王用才致治，只一二人。"又说："今擢卿户部，为朕力致太平。"倪元璐不负所望，为朝廷献计献策，把自己的施政纲领概括为"三做"：

一是实做——先准饷以权兵，因准兵以权饷，则数清而饷足；

二是大做——凡所生节，务求一举而得巨万，毋取纤涩，徒伤治体；

三是正做——以仁义为根本，礼乐为权衡，政苟厉民，臣必为民请命。

三做堂記　爲大司農署額

崇禎十六年癸未歲五月十二日上面諮臣元璐司計經畫臣璐泰陳三說一曰實做一曰大做一曰正做實做者期與樞部通盤合算先軍倒以權兵因準兵以權飽破寇之地餉多蔚折敗軍之鲞兵亦銷亡彼此相權則救清用足而浮冒之弊削所謂實做也上曰樞臣焉元魃尸兵合一之説正是此意臣璐又奏大做又必為利于小飾無益於民求一舉卻可得數十百萬又必為小生囤無害於民者悉心講求以圖有濟此所謂大做也上曰總是生財大道四言盡之臣璐又奏正做者以皇上

▶ 明倪元璐《三做堂记》（局部）
选自《倪文贞公文集》卷十五，清乾隆三十七年（1772）刻本

皇帝对于他的"三做"颇为赞许，褒叹为真学问之言、根本之计。得到皇帝嘉奖，他在户部尚书办公室挂上了"三做堂"匾额，还特地写了《三做堂记》，"崇祯十六年癸未岁五月十二日，上面谘臣元璐司计经画，臣璐陈三说，一曰实做，一曰大做，一曰正做"云云。

历史学家黄仁宇的论文《倪元璐：新儒家官僚的"现实主义"》，对此的解读很有意思："被任命为户部尚书后，倪元璐在三点原则上得到崇祯帝的认可：第一，财政管理必须是务实的，而不是仅仅纸上谈兵；第二，财政管理要体现公平；第三，财政管理必须集中在重大问题上。得到崇祯皇帝的同意之后，倪元璐把这三条原则写了下来，把它们挂在堂上。他甚至将户部尚书的办公场所称为'三做堂'。显然，倪元璐将这些原则视为他与皇帝之间的协议，而这样的一种态度在明朝历史上之前从未有过。"真是神来之笔！

当务之急是"实做"，狠抓三件事：

一是"慎饷司以清兵"——先前的三饷

（辽饷、剿饷、练饷）加派，一年共计一千二百二十万两白银，竭尽天下之力供养军队，军队却愈来愈弱。为了防止将校虚冒军饷，成立横跨户部与兵部的饷司，监督军饷开支，杜绝虚冒侵渔。因此必须清兵，核实士兵实数。

二是"并三饷以驭纷"——把辽饷、剿饷、练饷合而为一，统一征收，防止将校官吏借口练兵，侵吞军饷。

三是"定差规以杜竞"——不正己无以率属，不率属无以致功。为了防止户部下属各司官员苞苴舞弊，必须制定差规，由他亲率僚属在神祠宣誓。

至于"大做""正做"，强调的是理财的观念。前者强调的是：小生小节无益于数，求其一举而即可得数十百万，又必有利于国、无害于民者，锐意讲求，必图有济。后者强调的是：重在安民，奉行朝廷德意，宣仁义于天下。

八月，倪元璐向皇帝提出开源节流建议十条。其中"漕折"一条，将北京附近八府征收的田赋银两，改征本色（粮食），以抵充江南漕粮的数量，价格给予优惠（以七当十）。可谓一举两得，既使近畿农民获利，又能减轻江南运送漕粮的沉重负担。其中"洋政"一条，主张开征对外贸易进出口税，可使朝廷少收养兵之费。

倪元璐的财政改革时间虽短，成效已经显现。正如黄仁宇所说："在1643年农历八月，倪元璐成功地制定了次年的军事预算：预计收入将低于一千六百万两白银，而开支将超过两千一百万两白银。倪元璐建议通过增加售盐、折银赎罪、出卖官阶等法以弥补其间不足。他还敦促崇祯皇帝提升那些负责各边粮储官员的地位，使各边粮储官员同时对兵部和户部负责。倪元璐希望，通过户部、兵部的紧密联系，军俸、军需最终能按照军队实际人数发放，而不是按纸面上的人数发放。实现这个目标，也许要花费两年的时间。然而，仅仅在倪元璐在户部尚书任上的九个月中，有两个军队将领将他们浮夸的军队人数总共减少了一百三十万人。"（编者按：据中华书局徐卫东编审提示，此处所述"两个军队将领将他们浮夸的军队人数总共减少了一百三十万人"疑有误。黄仁宇先生所引《倪文贞公年谱》卷四之原文，本是讲清厘兵饷，宣府饷司孙襄、宁抚黎玉田共清汰一百三十多万两。）

倪元璐的所作所为，表明了朝廷对于力挽狂澜并没有丧失信心。崇祯十七年（1644）二月，皇帝朱由检下诏罪己。这次的罪己诏，比以往更加深刻、更加诚恳，把局面瓦解的责任全部揽到自己身上，一再说"朕之过也"：

　　——使民罹锋镝，蹈水火，殣量以壑，骸积成丘者，皆朕之过也。
　　——使民输刍挽粟，居送行赍，加赋多无艺之征，预征有称贷之咎者，又朕之过也。
　　——使民室如悬磬，田卒污莱，望烟火而无门，号冷风而绝命者，又朕之过也。

皇帝全方位检讨自己的过错，力图收人心、养民力，挽救王朝的命运。可惜，他觉悟得太迟了，所有的正心诚意，不过是一纸空文、于事无补的马后炮。

五、君亡与亡，以身殉国

黄宗羲《南雷文定》谈到明末系天下安危的六位名臣——刘宗周、黄道周、范景文、李邦华、倪元璐、徐石麒，推崇备至："崇祯末，大臣为海内所望，以其进退卜天下之安危者，刘蕺山、黄漳海、范吴桥、李吉水、倪始宁、徐檇李，屈指六人。北都之变，范、李、倪三公攀龙髯上升，则君亡与亡。蕺山、漳海、檇李在林下，不与其难，而次第致命。蕺山以饿死，漳海以兵死，檇李以自磬死，则国亡与亡。所谓一代之斗极也。"

倪元璐在户部尚书任上竭尽全力，为国理财。他虽是一介文人，却始终秉持学问与事功的统一，在此国家多故之际，农田水利、边防厄塞、钱赋出入，既是事功，也是学问。一些高官对他多所非议，以为他不适合担当户部尚书，皇帝多次对他表扬，维护他的威信。张岱《石匮书后集》写道："噂沓者日益进，谓'词臣不任钱谷'，劝上撤大司农（户部尚书），还讲幄。上曰：'倪尚书好官，肯任事。但时势甚艰，未能速效。即撤，谁代之者？'诸臣结舌。上一日品诸臣，至计臣（户部尚书），笑曰：'计臣却好，有心思做文字。且公忠体国，无如计臣者。'而诸臣排之不已。"

皇帝朱由检认为倪元璐是好官，肯任事，公忠体国，但是迫于压力，他妥协了，解除了倪元璐户部尚书职务，专任翰林院侍读学士。倪元璐并不气馁，恪尽讲帷的职守，直至一个月后以身殉国。

崇祯十七年（1644）三月十五日，农民军抵达居庸关。监军太监杜之秩和总兵官唐通，不战而降，轻易地让出捍卫北京的最后一道关隘。次日，农民军攻下昌平，当天夜晚沿沙河挺进，直达北京外城平则门。兵临城下，原先看上去似乎上下一心的官僚群体，迅速分化瓦解。一些投机分子秘密策划应变措施，司礼监太监曹化淳和兵部尚书张缙彦等文武大臣"公约开门迎贼"（一致约定打开城门，迎接农民军）。三月十八日，守卫宣武门的太监王相尧、守卫正阳门的兵部尚书张缙彦、守卫齐化门的成国公朱纯臣，按照"开门迎贼"公约，不约而同地打开城门投降。到了夜里，农民军控制了整个内城，离紫禁城只有一步之遥了。三月十八日后半夜，也就是三月十九日子时（凌晨一时左右），崇祯皇帝朱由检在司礼监太监王承恩陪同下，来到煤山（今景山），在寿星亭附近的一棵大树下，上吊自尽，王承恩随之上吊殉难。

崇祯十七年（1644）三月十九日黎明，人马喧嘶，农民军大部队进入北京城。中午时分，闯王李自成头戴毡笠，身穿缥衣，骑乌驳马，在一百多骑兵簇拥下，进入德胜门。太监王德化带领宫内残存人员三百人，在德胜门迎接。太监曹化淳引导李自成和他的随员牛金星、宋献策、宋企郊等，从西长安门进入大内，改朝换代的时刻到来了。

突如其来的政局剧变，雷霆万钧的巨大压力，使得明朝官僚集团迅速分化瓦解。大多数官僚贪生怕死，留恋荣华富贵，向新主表示改换门庭之意。一部分崇尚传统士大夫气节的人，选择了杀身成仁的归宿。他们当中，有勋戚六人，文臣二十三人。倪元璐是二十三名文臣中的佼佼者。

无论是作为户部尚书，还是作为皇帝的讲官，倪元璐始终关注京城的防务。形势危急时，他写诗给负责京城防务的襄城伯李国祯，激励他尽心尽责：

上将星光依太微，隆墀召虎拜稽时。
此来不是闲钟鼓，为听彤弓三奏诗。

遗憾的是，李国祯并没有尽到责任，还是成了"闲钟鼓"，听任京城陷落。

京城陷落后，倪元璐身穿纱帻衣，北向拜阙，朗声说："臣为大臣，不能报国，臣之罪也。"又南向再拜，遥辞南方家乡的老母。然后换上便服，祭祀汉寿亭侯关公像。

门弟子金子廷问：何不出外举兵图光复，奈何轻自掷？

他回答：身为大臣，而国事至此，即吾幸生，何面目对关公？

于是在案头题字："南都尚可为。死，吾分也。慎勿棺衾，以志吾痛。"转身对家人说，必须等到大行皇帝殡殓后，方可收吾尸。说罢，倪元璐从容走到厅前，上吊自缢。众人想上前解救，老仆哭着劝阻：此主翁成仁之日，嘱咐再三，勿可违命！

倪元璐杀身成仁，决非一时冲动之举。他在崇祯元年(1628)写《首论国是疏》时，就留下诗篇，表明以身许国的决心：

> 世局枭卢喝，以官注者昏。
> 黄师呵自了，孔子击夷蹲。
> 谁任千秋担，公推五父樽。
> 无将忠义死，不与吃河豚。

与顾予咸一起编辑《倪文正公遗稿》的会稽门人唐九经，如此点评这首诗："落语收住通篇，生平品概不觉骨露，先生殉节之志，熟且久矣。"由此可见，他的以身殉国并非一时冲动，而是深思熟虑的抉择——"无将忠义死"，"熟且久矣"。所以黄宗羲把他与范景文、李邦华三公，称之为"攀龙髯上升，则君亡与亡"。

李自成得知这一情况，传令箭告诫：忠义之门，勿行骚扰！

黄道周获悉噩耗，叹息道："呜呼，以天子十七载之知，不能使一词臣进于咫尺；以五月三召之勤，不能从讲幄致其功。卒抱日星，与虞渊同殒。呜呼，岂非天乎！"
对身处乱世的挚友难以为朝廷一展才华，感慨不已。

南明弘光皇帝抚恤死节诸臣，下诏褒奖倪元璐忠烈第
一，赠特进、光禄大夫、太保、吏部尚书，赐谥号文正。

清初，顺治皇帝发布一篇洋洋洒洒的祭文："维尔元
璐，遭时不遇。尔骨欲寒，尔名不朽……寇躏都门，维绝
柱崩，君死社稷，而尔死君。呜呼，衣裳楚楚，结缨不
苟。附髦攀鳞，喜随君后。泰山鸿毛，死为重轻。畴能似
尔，不愧科名。地有河岳，天有日星，尔名并垂，振古如
生。"把倪元璐的气节比拟为河岳日星，赐谥号文正。乾
隆时，为避讳"雍正"，《四库全书》把他的《倪文正集》
改为《倪文贞集》。文正或文贞，在表彰人格这点上，并
无二致。

不同阶级、不同集团对于倪元璐的表彰，如此一致，
决非偶然，其中必有共同遵循的道德标准。

"半世文章百世人"

——复社名士吴应箕

　　崇祯年间的复社，与万历年间的东林书院，后先辉映，在历史上留下了耀眼的身影。复社成员都是年轻的知识精英，以文章、道德、气节相标榜，引领时代精神，澄清社会风气，时人誉之为"小东林"。继张溥、张采之后，吴应箕是复社的第三位领袖人物。

　　吴应箕，字次尾，号楼山，池州府贵池县（今安徽池州）人。面对岌岌可危的时局，慷慨激昂，指点江山。挚友周镳说他，"每抵掌时政，奋髯垂涕，悲愤交作"。最令人称颂的是，顶住压力起草《留都防乱公揭》，为惨遭阉党迫害的东林诸君子伸张正义，声讨妄图翻案的阉党分子阮大铖，在明末的南京掀起了一场轰轰烈烈的政治运动，全国为之震动。复社之所以称为"小东林"，吴应箕身上印证得淋漓尽致，把复社的声望推向新的高潮。温睿临《南疆逸史》给他高度评价："复社领袖也。言论风旨，士争趋之，公卿以下视其臧否以为荣辱。阮大铖在南都，应箕率诸名士噪而逐之。"

一、"朝廷不以语言文字罪人"

晚明文人结社的风气很盛，人杰地灵的江南尤其如此，先后有常熟的应社、松江的几社、太仓的复社，宗旨是"以文会友，以友辅仁"，围绕科举考试，切磋学问；以后发展到关注社会，议论时政，影响超越一时一地。初创于崇祯元年 (1628) 的复社，原先是众多文社之一，由于"娄东二张"——张溥、张采无比强大的号召力，第二年扩大为众多文社的联合体，正如朱彝尊《静志居诗话》所说："阅岁，群彦胥来，大会于吴郡，举凡应社、匡社、几社、闻社、南社、则社、席社，尽合于复社。"它的标志性事件就是崇祯二年在吴江县召开的尹山大会。

崇祯六年 (1633) 的苏州虎丘大会，使复社的声势达到前所未有的高潮，来自全国各地的社友，"以舟车至者数千人，大雄宝殿不能容，生公台、千人石鳞次布席皆满"。盛况空前，人们赞誉为"三百年来从未一有此也"！

朱希祖《钞本复社姓氏传略跋》认为当时复社成员有三千余人，井上进《复社姓氏校录》统计出复社总人数为三千零四十三人，如此庞大的规模，是以前文社绝无仅有的。

这其中有吴应箕的一份功劳。撰写《明通鉴》的历史学家夏燮，在《忠节吴次尾先生年谱》中写道："崇祯元年

（1628）戊辰，先生三十五岁。是年，娄东张天如吉士（张溥）与同里受先大令（张采）始创复社之会，苏松名士杨解元（杨廷枢）、夏考功（夏允彝）、陈黄门（陈子龙）皆附之；大江以上则先生（吴应箕）及刘伯宗（刘城）预焉。一时有'小东林'之称。"

夏燮的主要依据有两条，其一是刘城《贵池吴应箕传》所说："当崇祯初元，三吴中创为复社，才十余人耳，不佞（刘城）与次尾（吴应箕）实共之。十余人者尚名谊、摈逆节同，而次尾好讥诃特甚。"其二是冒襄（辟疆）追记吴应箕的文字："（复社）大江以上为吴楼山（吴应箕）、刘伯宗（刘城），大江以下为杨维斗（杨廷枢）、张天如（张溥）。然则此十余人皆执牛耳，主坛坫，为东林之中兴。先生（吴应箕）其一也。先生是时未至吴中，而声气之通若合符节。追庚午（崇祯三年，1630）金陵大会，复社之名遂闻于朝野。"

吴应箕是复社"执牛耳"者之一，他有诗称颂"主坛坫"的社友：

……

同时太仓张太史，下笔顷刻布蝼卷。

华亭陈子工作赋，宣城沈生书翩翩。

吾邑公干有逸气，吴门杨雄独草玄。

吾曹兄弟尚六七，眼前穷达相后先。

……

（自注：太仓张公溥，华亭陈公子龙，宣城沈公寿民，吴门杨公廷枢，吾邑公干刘徽君城也。）

崇祯三年 (1630) 金陵乡试时，吴应箕与同乡刘城率领复社成员成立"国门广业之社"，参加金陵乡试的生员 (秀才) 逢此大比之年，在南京国子监的广业堂中，论文考艺。吴应箕《国门广业序》写道：

南京，故都会也。每年秋试，则十四郡科举士及诸藩省隶国学者咸在焉。衣冠阗骈，震耀衢街……自崇祯庚午 (三年) 秋，吾党士始合十百人为雅集。

崇祯三年 (1630) 金陵大会之后，复社名闻朝野，与"国门广业之社"的助推有着密切的关系，于是才有崇祯六年虎丘大会数千人的盛况。

正当复社声誉蒸蒸日上之时，内阁首辅温体仁企图把复社纳入自己的控制之下，指使其弟温育仁在虎丘大会时申请加入复社，遭到张溥严词拒绝。显而易见的原因是人事关系，深层的原因是政见分歧。

崇祯四年 (1631) 会试，内阁首辅周延儒担任主考官，复社的张溥、吴伟业被录取为进士，成为周延儒的"门生"。崇祯六年温体仁把周延儒赶下台，升任内阁首辅，为了把周延儒的"门生"拉到自己麾下，指使他的弟弟温育仁加入复社，遭到拒绝。恼羞成怒的温育仁依仗兄长的权势，雇人编写《绿牡丹传奇》，讽刺挖苦复社；继而炮制谣言，污蔑复社。甚而至于捏造一篇声讨复社十大罪状的檄文，罪名十分吓人——"僭拟天王""妄称先圣""煽聚朋党""招集匪人""伤风败俗""谤讪横议""污坏品行""窃位失节""召寇致灾"，完全是毫无根据的诬陷不实之词。

温体仁执政以后，推行"没有魏忠贤的魏忠贤路线"，打击东林君子不遗余力，钱谦益、钱龙锡、文震孟、郑鄤都是被他整肃的。在他心目中，复社是东林的延续，必欲除之而后快。崇祯十年（1637），温体仁与蔡奕琛密谋策划，指示陆文声、周之夔攻击复社"把持武断"，干预政府事务，成为轰动一时的大案件。

其中细节颇堪回味。太仓望族王时敏是前内阁首辅王锡爵的后人，与温体仁有两世通家之谊，由于张溥倡立复社之后，门墙炽盛，许多望族子弟多赘居门下，王时敏因此蓄怨于复社，对陆文声说："相君（温体仁）仇复社，参之正当其机。但相君严重，不轻见人。而主局者，惟德清（蔡奕琛）为政，宜就商之。"陆文声起草了一份奏疏，编造张采"结交上官，把持武断"等事，交给了蔡奕琛。温体仁看了蔡奕琛送来的疏稿，回应道："谁为张采？不过三家村兔园学究耳，乌足渎圣听。今朝廷所急者张溥耳，能并弹治溥，当授官如（陈）启新也。"陆文声获悉此意后，修改疏稿，集中火力攻击张溥"结党恣行"。

皇帝看了奏疏后，命令苏松提学御史倪元珙查究。倪元珙请求苏松道冯元飏调查此案。冯元飏秉公办理，结论是："复社多高材生，相就考德问业，不应以此定罪。"倪元珙据此报告皇帝："结社会友，乃士子相与考德问业耳，此读书本分事，不应以此为罪。"

这是一个转折点，社友冒襄非常感谢冯元飏的正直气概："即复社一案，先生（冯元飏）独不阿权贵，不奉严行，毅然抗疏为士子表正谊明道之功，于世道挽拔山举鼎之力，保全善类，曲庇清流。"吴应箕对此是有同感的。对于秉公办案的倪元珙，后人给予高度评价："时张太史溥，张仪部采，倡立复社，四方名士络绎奔会。而苏州推官某，以漕兑事与张讦口，遂迎执政（温体仁）意，举以入告，几构党祸。事下提学御史勘议，公（倪元珙）力护持，辨言：'诸生引徒众讲习，实非党，无可罪者。且文章为士精心，即国元气，厉治士不便。'"

案件并未了结。温体仁下台后，继任内阁首辅张至发、薛国观传承温体仁衣钵，紧追不舍，复社岌岌可危。在家养病的张采挺身而出，力挽狂澜。

崇祯元年（1628）进士及第，次年出任江西临川县知县的张采，告病归家十余年。在复社危急之际，写了《具陈复社本末疏》，强调复社是为了科举应试而倡立的文社，遵循"楷模文体,羽翼经传"的原则,没有一丝一毫"出位跃冶之思"。他义正词严地指出,陆文声、周之夔之流"罗织虚无","事必诬构",愿意和他们在公堂对质,辨明是非曲直。

御史金毓峒、给事中姜埰等官员据理力争,还复社清白。皇帝终于明白真相,下达圣旨:"书生结社,不过倡率文教,无他罪,置勿问。"继而又明确指示:"朝廷不以语言文字罪人,复社一案准注销。"这位皇帝或许有这样那样的过错,但关于复社的表态令人敬佩,敢于直言朝廷不以语言文字罪人,了不起!

二、触及时事的史论与策论

吴应箕二十五岁参加金陵乡试,到四十六岁第八次参加金陵乡试,都没有中举,始终是一名生员(秀才)。这令意气横厉的才子颇为郁闷,《题贡院壁》诗流露了此种心情:

> 自我低眉入,蹉跎二十年。
> 临文嗟战蚁,仰屋想飞鸢。
> 意气何堪此,功名况未然。
> 徒怜常抱足,起视月初圆。

是他没有学问吗?是他不通世务吗?非也。由《忠节吴次尾先生年谱》可知，天启年间的三次落第，明显是政治因素——阉党头面人物把持科场，有两种情况，一种是"论策触珰忌"——考卷所写策论触犯阉党的忌讳；另一种是"阉党钻营，试差关节，贿赂公行"，最明显的例子是阉党头面人物崔呈秀之子在顺天乡试中举，周应秋之子在金陵乡试中举，当时称为"秽榜"。吴应箕"以不第为幸"。至于崇祯三年 (1630)、六年、九年三次不第，原因在于科场舞弊，考生买通关节——开后门通路子，没有买通关节的考卷，考官根本不批阅，遑论录取！吴应箕《留都录》写道："南都贿赂公行，司房多取夹袋之关节充数，余皆弃不阅。即予一人甲子、癸酉、丙子三科之卷，皆未动一笔。"至于崇祯十二年的落第，他认为原因在于"主考为张维机、杨观光。张眊不省事，所出论策题皆浅俚不成文"。

久困场屋之后，吴应箕有闭门著书之志，之后眼见时事日艰，又把注意力转移到有关时务的策论。挚友陈子龙说他"博极群书，通世务，善古文，独慷慨负大略"。门人刘廷銮说他"于制艺外，发愤为古文，上陈王霸大略，下该近今之务"。

他的《楼山堂集》卷一至卷六，是历年所写的史论，点评先秦到唐宋的著名历史人物近五十名，夹叙夹议，透过历史评论，阐述对现实政治的看法。先哲有言，史论即政论，对吴应箕的史论亦应作如是观。

更加直接论述现实政治的看法，莫过于他的当代史著

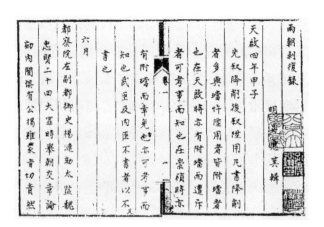

作。写于崇祯二年 (1629) 的《两朝剥复录》，
是对这年三月公布的"钦定逆案"的呼应。
崇祯皇帝朱由检即位以后，顺应舆论的呼
声，开展持续两年的清查阉党运动，崇祯二
年三月十九日公布阉党逆案名单，阉党骨干
分子按照罪行分为首逆、首逆同谋、交结近
侍、交结近侍次等、逆孽军犯、交结近侍又
次等谄附拥戴，分别惩处两百多人。皇帝要
求无一漏网，除恶务尽。但是要真正做到除
恶务尽谈何容易！魏忠贤遍置死党，盘根错
节，参与清查逆案的官僚，与阉党有着千丝
万缕的关系，阻力重重。李逊之《崇祯朝记
事》说，主持此事的内阁首辅韩爌"持正有
余，刚断不足"，具体操作者吏部尚书王永光
曾经为魏忠贤歌功颂德，由他清查逆案，显

然有"私庇同党"的嫌疑。吴应箕的《两朝剥复录》揭示天启年间的阉党专政到崇祯初年的清查阉党逆案的历史。夏燮《忠节吴次尾先生年谱》崇祯二年条写道:"三月,钦定逆案示天下。先生（吴应箕）著《两朝剥复录》叙至'南北二京察'止。盖二察即逆案之张本也。按:二察皆以除逆案为主。"

写成于崇祯十二年（1639）的当代史著作《东林本末》,显然是针对温体仁推行"没有魏忠贤的魏忠贤路线",以及张至发、薛国观推行"没有温体仁的温体仁路线",有感而发的。他态度鲜明地指出:"东林者门户之别名也,门户者又朋党之别号。夫小人欲空人国,必加之去朋党,于是东林之名最著,而受祸为独深,要亦何负于人国哉!"又说:"尝观国家之败亡,未有不起于小人倾君子之一事;而小人之倾君子,未有不托于朋党之一言。"小人用"朋党"的帽子打压君子,万历时已经形成风气,到了天启时登峰造极,炮制黑名单《天鉴录》《东林点将录》和《东林党人榜》,请求司礼监秉笔太监魏忠贤按照黑名单镇压反对阉党的正人君子。因此之故,吴应箕说:"近时所角者皆朝臣,角之不胜,至借宦竖（太监）以扑之……然则不有东林,其可谓世有士人哉?"所以他要为东林书院正名,恢复它的本来面目——"人品理学遂擅千百年未有之盛"。

到了魏忠贤专擅朝政的时候,"东林"二字成了阉党迫害正人君子的一项罪名,六君子之狱和七君子之狱,就是典型的冤案。为了给他们平反昭雪,吴应箕在崇祯十三年（1640）写了《熹朝忠节死臣列传》。他在引言中说："初魏忠贤乱政，首撄祸杖死者万燝也。后因汪文言狱，逮死者六人：杨涟、左光斗、魏大中、袁化中、周朝瑞、顾大章。后又因李实诬奏，逮死者七人，则周起元、周顺昌、高攀龙、李应昇、黄尊素，并先逮周宗建、缪昌期也。以吏部尚书遣戍遇赦，为逆珰所抑，卒死于戍所者赵南星；以争梃击首功，为逆珰论劾逮死狱中者王之寀，各有传，共十六人。""诸臣死十有余年矣，余恐后此听闻之言或失其实，则死者有知，谓当世何？"

为东林正名，也就是为有"小东林"之称的复社正名，其现实意义是不言而喻的。

针对当时朝政的弊端而写的一系列策论，旨在为朝廷出谋画策，较之史论更加直接而尖锐地触及时事。刘城《贵池吴应箕传》说："又见国事日棘，中外大小诸臣碌碌取充位，无一能办者，既摩切历砥之，遂好奇计画策……"

《楼山堂集》收录了"拟进策"十篇，序言中说明："崇祯丙子（九年，1636），臣从邸报见天下吏民言事者甚众，上皆报闻，至有骤荷进用者。臣窃览其章，于天下大计俱有未当也，私以为言者皆负上，又以为天下事非一疏能尽，于是退而拟策十首……"他的策论不同凡响，正如门人刘廷銮所说，"他人揣摩十数年，淹留而未就者，先生直以不虑得之；他人嗫嚅踌躇，首鼠而不敢尽者，或乃冲口出之，虽触忌讳、犯势家，而不辞也"。

他的拟进策十条，第一条是最要紧的"持大体"，以张居正的过于操切来反衬神宗皇帝朱翊钧的宽大，看起来似乎是"倦勤"，其实是"得体"，知道持大体，所以几十年海内晏如。然后话锋一转，一面表扬当朝皇帝远超励精图治的汉宣帝，一面批评他治国颇为失体。九年来大权独揽，过于操切，反而导致欺罔奸佞丛生，何以故？请看他的分析：

> 然臣固有虑焉。事无大小俱自上操，使天下皆重足而立者，欺罔之藉也；言无是非俱得达陛，使天下皆裹足不至者，奸佞之丛也；大臣无所执持，小臣相为朋比者，衰乱之征也。是故欲惩贪而贪以风之，欲革弊而愈以启之。何也？失体也。

他批评皇帝不善于"别邪正"，结果使得君子日趋孤立："而其病由于人主不分邪正。夫不分邪正，使君子小人杂进，于是君子以小人为小人，小人亦以君子为小人。"如果能使"力攻朋党"的阴险小人无以售其奸，国家之治理可以计日而待。

此外，诸如谨信任、审言术、励廉耻、重变更、储边才、罢无用、养民财、塞贪源，都是有的放矢、针砭时弊、指明改进的方策。

比吴应箕年轻二十四岁的侯方域，为《楼山堂集》写序，特别推崇他对于时势的忧危之言："当明神宗时，天下太平无事，而《楼山集》多忧危之言，何其早见也。迨其后，天狼塘鼠，祸机将发，大臣将相又皆畏罪持禄，不为补救，甚且不惜以身为饵。余则尝见吴子张目奋袂而言之，祸福利害一不少动，盖其素志之定也审矣。"确实，吴应箕本人对于自己的文章是很自负的，曾说："文章自韩、欧、苏没后，几失其传，吾之文足以起而续之。"侯方域是认同的，联系到他以身殉国的结局，感慨系之："韩、欧、苏之三公者，皆能守道，不随于时，亦尝遭贬谪弹射，然固未至断颈绝脰以殉之也，而当世见其片言只字，皆爱而重之不衰。设以若韩若欧若苏，而且以大义断颈绝脰而死，则当世之爱而重之，后世之凭而吊之者，又何如也？"侯公子写这段话时，吴公早已碧落黄泉，无须阿谀，当是发自肺腑之论。

三、《留都防乱公揭》始末

崇祯元年 (1628) 清查阉党逆案，户科给事中瞿式耜向皇帝请求，为惨遭迫害致死的杨涟、魏大中、周顺昌等正人君子平反昭雪。死难诸臣的遗孤纷纷为亡父湔雪冤情，原任吏科都给事中魏大中的次子魏学濂的伸冤奏疏，特别强调，阮大铖、傅应星、傅继教、傅櫆之流，务必严惩。他写道："先臣（魏大中）之嫉奸者既甚，奸人之嫉先臣者亦从此眈眈。而倾危之阮大铖遂兄事忠贤之甥傅应星、傅继教，以固援于内，并率傅櫆兄事应星、继教，以植党于外。既夜叩忠贤于涿州，进《百官图》，旁签王振、刘瑾故事，导之杀人，以肆毒于外。"揭发阮大铖乘魏忠贤前往涿州进香的机会，卖身投靠，进献类似于《东林点将录》的《百官图》，要魏忠贤仿照王振、刘瑾的榜样，杀戮异己分子。倘若说阮大铖之流是谋害杨涟、魏大中诸君子的帮凶，并不为过。然而崇祯二年颁布的钦定逆案名单，阮大铖仅仅以"交结近侍又次等"，定罪为"颂美赞导"，从轻发落，判处削籍而已。到了温体仁当权之时，为阉党翻案的妖风甚嚣尘上，阮大铖蠢蠢欲动，妄图东山再起，成为众矢之的。

乘崇祯九年 (1636) 金陵乡试之机，吴应箕在南京举行"国门广业之社"的第三次大会，与会的有冒襄 (辟疆)、陈贞慧 (定生)、顾杲 (子方) 等人。会后，冒襄在秦淮河桃叶渡寓所，招待天启死难烈士魏大中、左光斗、缪昌期、周顺昌、高攀龙、黄尊素、李应昇遗孤十三人。魏学濂向社友出示血书与疏稿，血书中提及，魏大中之死与阮大铖有关，与会众人义愤填膺，齐声痛骂阮大铖。冒襄回忆道："丙子 (崇祯九年)，子一 (学濂) 以荫入南雍 (南京国子监)，怀宁 (阮大铖) 欲甘心焉。予大开桃叶渡寓馆，挟子一大会死事同难诸孤儿……共十三人。陈 (定生) 则梁兄长歌，末句有'独恨杨家少一人'，以应山 (杨涟) 公子不至为恨。观者如堵。子一出血书、疏稿及《孝经》共展，书画淋漓，齐声痛骂，怀宁意阻，楼山 (吴应箕) 大快。"

夏燮在吴应箕年谱中提及此事："值大铖方居金陵，欲以新声高会，招徕天下，为夤缘起用地。复社诸君子适睹此疏，公愤填膺，于是始起留都防乱之议。"说得很正确。吴应箕起草《留都防乱公揭》在崇祯十一年（1638），留都防乱之议早在崇祯九年的桃叶渡大会已经酝酿了。

崇祯十一年（1638）六月，吴应箕东游无锡，住在顾杲家中两月。这期间，在顾杲陪同下瞻仰被阉党捣毁的东林书院废墟，感慨系之，吟诗道：

> 同展道南祠，而伤东林址。
> 东林何负国，草色已及纪。
> 不见崔魏时，金碧连云起。
> 巍巍九千岁，蓬蒿安所倚。
> 万古此东林，子无忘所始。

七月，陈贞慧（定生）也从宜兴来到顾杲家中，吴、顾、陈三人一起商议防乱公揭之事，吴应箕当即提笔起草《留都防乱公揭》。

崇祯十二年（1639），又逢金陵乡试，吴应箕召集复社成员，正式发布《留都防乱公揭》。在公揭上签名的有一百四十二人，领头的是东林书院创始人顾宪成的孙子顾杲、遭阉党迫害致死的黄尊素的儿子黄宗羲。这篇檄文揭露阮大铖阉党逆案的老底——"献策魏珰，倾残善类"；钦定逆案公布以后，图谋翻案，"其恶愈甚，其焰愈张"，"日与南北在案诸逆交通不绝，恐喝多端"。复社诸君子誓与阮大铖不共戴天，公开声明：

> 杲等读圣人之书，附讨贼之义，志同义慨，言与愤俱，但知为国除奸，不惜以身贾祸。若使大铖罪状得以上闻，必将重膏斧锧，轻投魑魅。即不然，而大铖果有力障天，威能杀士，杲亦请以一身当之，以存此一段公论，以寒乱臣贼子之胆，而况乱臣之必不容于圣世哉！

真是大快人心事。夏燮如此描述当时的盛况："夏五月，(吴应箕) 至金陵，始与归德侯公子方域定交。时四举国门广业之社，凡揭中一百四十余人大半入会中，周仲驭以至焉。于是留都防乱之揭传播南中。大铖欲求解于侯公子，不得，遂与社中人为水火之仇。"又说："揭中之执牛耳者，布衣则推先生 (吴应箕)，荐绅则推仲驭 (周镳)，贵胄则推定生 (陈贞慧)，而东林之后推子方 (顾杲)，忠臣之后推南雷 (黄宗羲)，日置酒高会，辄集矢怀宁 (阮大铖)，嬉笑怒骂以为常。"

《留都防乱公揭》刊刻成"大字报"形式的传单，公之于世，成为轰动一时的政治事件。此举并非一帆风顺，有人反对，有人不以为然，签名的人面临的压力可想而知。吴应箕在给朋友的信中议论道："当刻揭时，即有难之者二，谓揭行则祸至。此无识之言，不足辩矣。又谓如彼者何足揭，我辈小题大做，此似乎有见，而亦非也。"他深刻分析批判阮大铖之流的必要性："夫法加于人，有时而尽，邪根中于人心，逆气流为风俗，天下之患可胜道哉？使我辈不言，则将来变为从逆世界，必有以钦定者为非，而恨魏忠贤之不复出也。足下以为此可已乎，不可已乎？"在大是大非面前，复社诸君子义无反顾。人们津津乐道的明末四公子明辨是非，投身这场轰轰烈烈的政治斗争。他们是：吏部左侍郎陈于廷之子陈贞慧（定生），湖广宝庆副使冒起宗之子冒襄（辟疆），湖广巡抚方孔炤之子方以智（密之），户部尚书侯恂之子侯方域（朝宗）。

阮大铖慑于清议的威力，不得已躲进南门外牛首山，暂避锋芒，派遣心腹四出收购《留都防乱公揭》文本，孰料愈收愈多，传布愈广。彷徨无计之时，想到了刚刚来到南京的侯方域。阮大铖与侯恂有年谊，算是侯公子的父执辈，试图利用这一层人脉来缓和与复社的关系，派亲信王将军代他出面示好，用重金撮合侯公子与秦淮美女李香君的好事。李香君大义凛然，敦促侯公子抵制阮大铖的图谋。侯方域为李香君的气节所感动，拒绝了阮大铖的收买，写了一篇《李姬传》，收在《壮悔堂集》中，追记此事：

> 大铖不得已，欲侯生为解之，乃假所善王将军，日载酒食与侯生游。姬曰："王将军贫，非结客者。公子盍叩之？"侯生三问，将军乃屏人述大铖意。姬私语侯生曰："妾少从假母识阳羡君（陈贞慧），其人有高谊，闻吴君（应箕）尤铮铮。今皆与公子善。奈何以阮

公负至交乎？……"侯生大呼称善，醉而卧。王将军者殊怏怏，因辞去，不复通。

夏燮《忠节吴次尾先生年谱》说，王将军代阮大铖做说客一事，成为孔尚任《桃花扇》"却奁"一折的蓝本，所不同的是做了文学性虚构——王将军变成了杨文骢。他认为可以理解："传奇之体，装点排场，巧配脚色，义亦无嫌。"

由"却奁"中的一段对白和唱词，可以看到侯方域的犹豫和李香君的坚贞。请看《桃花扇》的原文：

杨文骢："近日复社诸生，倡论攻击，大肆殴辱，岂非操同室之戈乎？圆老（阮大铖）故交虽多，因其形迹可疑，亦无人代为分辩。每日向天大哭，

▼ 李香君小像
（清）陈清远绘
清华大学美术学院藏

说道:'同类相残,伤心惨目,非河南侯君,不能救我。'所以今日谆谆纳交。"

侯方域:"原来如此,俺看圆海(阮大铖)情词迫切,亦觉可怜。就便真是魏党,悔过来归,亦不可绝之太甚,况罪有可原乎!定生、次尾皆我至交,明日相见,即为分解。"

杨文骢:"果然如此,吾党之幸也。"

李香君怒道:"官人是何说话,阮大铖趋附权奸,廉耻丧尽,妇人女子无不唾骂。他人攻之,官人救之,官人自处于何等也?"随即唱道:"不思想,把话儿轻易讲。要与他消释灾殃,要与他消释灾殃,也提防旁人短长。官人之意,不过因他助俺妆奁,便要徇私废公,那知道这几件钗钏衣裙,原放不到我香君眼里。脱裙衫,穷不妨;布荆人,名自香。"

侯方域唱道:"平康巷,她能将名节讲;偏是咱学校朝堂,偏是咱学校朝堂,混贤奸不问青黄。那些社友平日重俺侯生者,也只为这点义气;我若依附奸邪,那时群起来攻,自救不暇,焉能救人乎!节和名,非泛常;重和轻,须审详。"

说"却奁"以史事为蓝本,并不错,错的是时间弄颠倒了。这一点,夏燮已经指出:"惟以侯生纳李姬,大铖办装,系之癸未(崇祯十六年,1643)三月,则不然也。"各种史料表明,此事发生在崇祯十二年,决不可能发生在崇祯十六年。

《桃花扇》中"侦戏"一折，也有蓝本，巧的是，时间也弄错了——系之癸未 (崇祯十六年，1643) 三月，应该是崇祯十五年七月。汪有典《吴副榜传》根据冒襄的回忆，写道："壬午 (崇祯十五年)，予 (冒襄) 又同楼山 (吴应箕)、子一 (顾杲)、李子建 (嘉兴)，看怀宁 (阮大铖)《燕子笺》于鱼仲 (刘履丁) 河房。(楼山) 大骂怀宁竟夜，多侧目。楼山者，惟予知。楼山五岳在胸，触目骇心，事与境忤，潦倒拂逆，奋袖激昂，或戟髯大噱，卧邻女旁，挝鼓骂座，皆三年后死事张本也。"夏燮所写年谱，提及此事，考证道："按：此见冒序，即《桃花扇》'侦戏'一剧之所本，其误与'却奁'同。"但是夏燮没有注意到，"侦戏"一折中，看戏的只提到宜兴陈定生、桐城方密之、如皋冒辟疆，遗漏了大骂阮大铖的主角吴应箕。不过，剧本中骂阮大铖的话倒有点像吴应箕的口气：

为何投崔魏，自摧残。

呼亲父，称干子，忝羞颜，也不过仗人势，狗一般。

四、"半世文章百世人"

崇祯十五年 (1642) 八月，吴应箕第九次参加金陵乡试，这次没有落空，中了副榜。所谓副榜，是科举考试的附加榜示，又称为备榜，并不授予举人身份，不能与举人同赴京城参加会试；如果下次乡试中举，方可参加会试。据说，此次副榜有一百余人，似乎是考官大发慈悲，给屡次落第的士子们一点安慰。这对于才高八斗，自诩韩愈、欧阳修、苏轼再世的吴应箕而言，简直是另一种形式的羞辱，即使退一步想，也只能说是聊胜于无，人们对他的称呼，从吴秀才一变而为吴副榜，仅此而已。

然而报国之心并没有丝毫减退。

崇祯十七年 (1644) 五月，南明弘光政权建立，福王朱由崧登上帝位，实权掌握在马士英手中，阮大铖报仇的机会来了。

却说崇祯十四年 (1641) 周延儒复出，第二次出任内阁首辅，得力于复社名士张溥、吴昌时的助推，又得到冯铨、侯恂和阮大铖的资金赞助，多方打点。事成之后，阮大铖向周延儒讨官，周延儒回应道，你的名声不佳，碍难照办，不妨推荐你的代理人如何。阮大铖举荐自己的门生马士英，马随即出任兵部右侍郎、凤阳总督。计六奇对马士英的评语是"手长智短，耳软眼瞎"，这八个字可谓入木三分，此人大权在握，丝毫没有忧患意识，成天考虑党同伐异，结党营私，为了报答房师阮大铖的举荐之恩，起用他出任兵部右侍郎。

一旦权在手，阮大铖便谋划打击报复复社诸君子，编造《蝗蝻录》，凡是在《留都防乱公揭》上签名的一百四十多人，全部编入黑名单，仿照当年的《东林点将录》《天鉴录》，如法炮制。周镳、陈贞慧、黄宗羲被捕入狱，吴应箕得到消息，逃亡避难。他在《党录》中一针见血地指出《蝗蝻录》政治报复的实质：

> 天启间有所谓《东林点将录》及《天鉴录》，皆逆党籍朝臣之公忠清执者，号为党人，以肆其一网之术者也……于是前遗党未尽者则益恐，又作《蝗蝻录》一书……予闻其所籍姓名大要，谓"蝗"者多前二录之遗老，及今缙绅素有称之人；而"蝻"则皆未通籍之名流，以其为物害多而种繁，是即向者一网之故智，而但欲下锢草野，则意尤恶矣。

陈贞慧《山阳录》描绘阮大铖杀气腾腾的架势："将尽杀天下，酬所不快，下周镳、雷演祚于狱发其端。时语所亲曰：'吾五六年来，三尺童子见我姓名，辄詈而唾者非若若耶？若知有今日。'以揭中最切齿者十人列于上，曰：'此拥戴潞藩以图不逞者。'又造为十八罗汉、七十二金刚之目，曰：'此其羽翼者，如王绍徽《点将录》故事，一网杀之。'"第一个被处死的是周镳，正当阮大铖准备大开杀戒时，迫于内外交困的马士英立即叫停，释放了逮捕入狱者。

由于吴应箕起草《留都防乱公揭》，阮大铖恨之入骨，故意放出风声，如果向他道歉致谢，可以不再追究。吴应箕岂肯向阮胡子屈膝，对侯方域说："今有欲吾谢大铖，可转祸为福者，岂不为范滂所笑哉！"真是掷地有声，铮铮铁汉！范滂是东汉清流名士，不畏强暴，伸张正义，遭受"党锢之祸"；出狱还乡，南阳士大夫自发出城迎接，车辆达几千辆之多，显然把他看作衣锦荣归的英雄。吴应箕以范滂为榜样，决不玷污清流名士的英名。

朝廷要迫害他，当朝廷处境危险时，他却不计前嫌，挺身而出。

崇祯皇帝朱由检死后，他的太子下落如何，成为明朝遗老遗少关注的焦点，关系到明朝国祚的延续。朱由崧和马士英出于自身权益考虑，讳莫如深。弘光元年 (1645) 三月，太子抵达南京，朱由崧和马士英极力扬言太子是假冒的。此举引起南明封疆大吏的强烈反弹，左良玉以此为借口，打出清君侧的旗号，从武昌发兵东下，声称"本藩奉太子密诏率师救援"，声讨马士英八大罪状。马士英一意孤行，把左良玉当作头号敌人，集中全部兵力去对付左良玉，竟然在朝堂之上大喊："宁可君臣皆死于清，不可死于左良玉之手！"

在此紧要关头，吴应箕写信给长江沿线四省总督袁继咸，希望他以朝廷大局为重，在九江阻挡左良玉："今因左兵东下，南中一日数惊，而又实无一备，公卿虽多，事权不一，且大度者实少。"希望他从社稷起见，本着《春秋》出疆之义，力挽狂澜。

鹬蚌相争，渔翁得利。江北的清军如入无人之境，逼近南京。五月初七日，朱由崧在清议堂召开御前会议，南京政府的掌权者马士英、王铎、蔡奕琛、钱谦益等十六人，竟然主张投降，美其名曰"纳款于清""降志辱身"。南明小朝廷的都城竟然如此这般不设防、不抵抗，等待清军来接收。朱由崧、马士英、阮大铖之流率先逃跑。五月十五日，清朝豫王多铎率领清军进入南京，弘光小朝廷分崩离析。

国破山河在，各地义勇奋起抗击清军。都察院左佥都御史金声在徽州绩溪起兵抗清，吴应箕在池州发兵响应。这是他生平第一次担任官职——南明唐王政权授予的池州府推官监纪军事，在家乡招集义勇攻打池州府城，后又攻打建德县、东流县。

金声兵败被杀，形势岌岌可危。十月间，吴应箕写信给家族父老："夫尽忠而妻死节，夫何憾乎？但恐乡里不安耳。死者为我收敛，生者烦为我安顿，我此身已置之度外矣。"这年深冬，他在泥湾山中兵败被俘，死于贵池县之石灰冲，时年五十二岁。

他的绝命词已经散佚，只留下一句"半世文章百世人"。

这一年，他的长子孟坚十一岁，次子穉圭十岁。多年以后，孟坚带领儿子整理编校《楼山堂集》和《楼山堂遗文》，使得吴应箕的声音流传于世。

改朝换代之后，朋友们没有忘记他，侯方域的祭文写道："呜呼，次尾死矣，余早决次尾之死，而次尾果死矣。然余时时见吾次尾之面冷而苍，髯怒以张，言如风发，气夺电光，坐于我上，立于我旁。"

"朝廷舍臣，非臣舍朝廷"

——黄道周的坎坷仕途

清初学者邹漪《启祯野乘·黄学士传》，称赞黄道周"人文为前朝第一"，并非过誉之词。黄氏写了《易象正》《洪范明义》《月令明义》《表记集传》《坊记集传》《缁衣集传》《儒行集传》《孝经集传》《榕檀问业》《三易洞玑》等，称为著作等身毫不为过。

学问贯通古今，并非不谙世事的书呆子。纪晓岚为《儒行集传》写提要，特别强调，其经学研究具有强烈的现实关怀——"意不主于解经，不过目击时事之非，借经以抒其忠愤"。一生关注朝廷时局，念念不忘为国尽忠，却仕途坎坷，抱负未尽。

黄道周，字幼玄，一字细遵，号石斋，福建漳浦人。在铜山岛石室中读书讲学，门下士尊称为石斋先生。张岱称赞他好学攻苦，才思敏捷，为文援笔立就，璀璨惊座，声籍八闽大地。然而功名姗姗来迟，万历四十六年(1618) 三十四岁得中举人，天启二年 (1622) 三十八岁成为进士。或许是由于政治主张过于理想化，或许是秉性过于耿直迂执，与朝廷主流格格不入，一再罢官，几起几落。崇祯十四年（1641），他回首往事，概括为十个字："通籍二十载，历俸未三年。"宦海浮沉二十年，真正享用朝廷俸禄的日子加起来不足三年，为官的时间短而又短。当改朝换代之际，义无反顾地挺身而出，为王朝送终。洪思《黄子年谱》（《黄石斋先生年谱》）篇末伤感道："殿有明二百七十五年之终局，贤人与国互为存亡。"

▼ 黄道周六十岁像
（明）曾鲸绘
福建博物院藏

一、讥刺阁臣周延儒、温体仁，削籍为民

天启二年（1622）进士及第后，黄道周成为翰林院庶吉士，与同科进士文震孟、郑鄤一起议论时局，意气风发，决定直言进谏。文震孟率先批评朝政："今日非皇上独奋精明，大破常格，以鼓舞豪杰之心，发舒忠义之气，天下事固未知所终也。""皇上昧爽临朝，寒暑靡辍，于政非不勤矣，而勤政之实未见也。

鸿胪（寺）引奏，跪拜起立，第如傀儡之登场，了无生意，则皇上之聪明何由开畅。"郑鄤立即表态支持，分析君臣之间壅遏不通，为近臣提供窃弄之机，排挤正直大臣，影射专擅朝政的魏忠贤。结果是可想而知的，即日颁下圣旨，文震孟与郑鄤降二级调外任。

为了响应文、郑二位的进谏，黄道周先后写了三份奏疏，犹豫不决，害怕引来祸水，都付之一炬。为什么呢？洪思《黄子年谱》提供了一些细节：

> 子为庶常时，魏珰虐焰方炽，文湛持（讳震孟）、郑峚阳（讳鄤）与子约，同尽言报国。湛持请以身先之，死而后继之。子疏稿已具，既而弗果上。故子后有疏云："郑鄤者，天启时与臣同为庶常，鄤与震孟后先抗疏，臣以迎母且至，三疏三焚。郑鄤常以为怯。"

《黄子年谱》的校订者林广穆在这段文字上面写了眉批："时子以迎养太夫人在途，惧祸发及母，疏弗果上。"原来是迎养母亲进京，害怕牵累亲人，退缩了。

对于这件事，黄道周始终自责不已，一再公开承认自己不如郑鄤。

由于胆怯，焚毁奏稿，躲过一劫。当文震孟、郑鄤罢官回乡之后，他升任翰林院编修，参与编修国史实录。直到天启五年（1625）四月，为了安葬父亲青原公，请告归里。

阉党干将卢承钦感到王绍徽炮制的黑名单《东林点将录》，只点了一百零八人太少，仿照北宋末年"元祐党籍碑"的样板，炮制了三百零九人的黑名单——《东林党人榜》，天启五年（1625）十二月以皇帝谕旨的形式，向全国刊布。从未弹劾魏忠贤的黄道周竟然也名列其中，刺激了他日后对阉党余孽妄图翻案的敏感，义无反顾地卷入反逆流的斗争。

崇祯三年（1630），四十六岁的黄道周复出，因《神宗实录》修成，晋升为右春坊右中允。此时京城内外刮起了推翻阉党逆案的阴风，日讲官文震孟向皇帝指出"群小合谋，必欲借边才以翻逆案"，企图由辽东督师大臣袁崇焕，牵连已经退休的阁臣钱龙锡。显而易见，这是一场政治报复。钱龙锡当年主持清查阉党逆案工作，以皇帝谕旨形式颁布"钦定阉党逆案名单"，惩处了几百名阉党分子。阉党分子对他恨之入骨，以诬陷不实之词，必欲置他于死地，达到推翻逆案之目的。夏允彝《幸存录》一言蔽之："当袁崇焕之下狱也，攻东林之党欲借钱龙锡以遍织时贤，周（延儒）、温（体仁）实主之。"幕后策划者就是颇受皇帝器重的阁臣周延儒和温体仁。

崇祯三年（1630）八月十六日，皇帝朱由检在平台召见群臣，宣布处决袁崇焕，谴责钱龙锡"私结边臣，蒙隐不举"，命廷臣议罪。此举无异于给阉党余孽提供了"兴大狱，翻逆案"的极佳时机，立即以纵容袁崇焕"斩帅"（处死毛文龙）、"讲款"（与满洲议和）的罪名，逮捕钱龙锡，把他从华亭县押解到北京锦衣卫诏狱。蒙受不白之冤的钱龙锡，在狱中申诉："斩帅、讲款，本不与谋"，"未尝主张其事"。

钱龙锡的处境岌岌可危，很有可能步夏言的后尘。嘉靖二十七年 (1548) 十月初，内阁首辅夏言遭到严嵩诬陷"怨望讪上"，被绑赴西市斩首示众。阉党余孽妄图仿照夏言故事，处死钱龙锡，连斩首的刑场都准备好了——"议龙锡大辟，决不待时，且用夏言故事，设厂西市以待"。千钧一发之际，皇帝突然改变主意，降旨"龙锡无逆谋，令长系"，把死刑改为无期徒刑。

促使皇帝改变主意的是黄道周。当时廷臣没有一个敢为钱龙锡讲几句公道话，黄道周力排众议，奋不顾身为钱龙锡讼冤。十二月十三日连夜赶写奏疏，次日清晨送进宫中。他对当时的政治形势看得很透彻，每一句话都直击要害。

——"今累辅所坐昏庸疏率，为罪督攀染耳。"钱龙锡并无大逆之罪，仅仅是昏庸疏率，受到督师大臣袁崇焕的牵连而已。

——"今阁臣以边事坐诛，后之阁臣必顾盼踟蹰，不敢任事。又令边臣得以瑕纇卸阁臣，后之边臣有事，必撼阁臣只语单词为质，则是使纶扉之内割边墙为殊域也。"如果以边防事宜处死阁臣，必将使得今后阁臣左顾右盼，前后踟蹰，不敢担责。如果容忍边臣把责任推诿给阁臣，今后边境出事，必将援引阁臣的片言只语做挡箭牌，无异于把内阁置于边防第一线。

——"陛下御极以来，辅臣负重谴者九人矣。一代之中有几宰相，而三年每降愈下至此。"皇帝求治之心操之过急，内阁辅臣接二连三遭到重谴，是不祥之兆。

黄道周晓之以理，动之以情，为朝廷全局和国家前途考虑，令皇帝感悟，有意从宽发落钱龙锡。但是为了维持皇帝的权威，以"曲庇罪辅""诡词支饰"的说辞，给黄道周降三级调外任的处分。黄道周为了申救钱龙锡换来了不公平的处分，引起翰林院编修倪元璐的不满，向皇帝进谏：这样一位学行双至的词臣，因申救辅臣而遭受处分，实在于理不通。当道周抗疏之时，同辈视为畏途，而道周以为惟圣主可与忠言，坦然进言，难能可贵。今日用人应当取其伉直有气者，否则的话，恐怕海内士大夫之气必将化为乌有。

皇帝拒绝了倪元璐的请求，黄道周索性向皇帝乞休。

关于此事，洪思《黄子年谱》写道："同官倪公（讳元璐）抗疏称，子（黄道周）为古今第一词臣，愿以职让子。子因属之以诗，其序曰：'文网未释，乞休，为劳倪鸿宝（倪元璐）特疏见白，为诗言谢。'"黄景昉《黄道周志传》赞扬黄、倪二位词臣敢于直言，给予高度评价，把他们与欧阳修相提并论："曩时词林不言事，徒合门眷望，无咎无誉，需数次迁。公（黄道周）偕其同门倪公元璐出，数十年顽滞之习为之一洗，后进益发舒志气，折槛引裾，大都自公启之。宋人之颂欧阳子曰：'天下士争自濯磨，以通经学古为高，救时行道为贤，犯颜敢谏为忠。'"诚然，学富五车的词臣，应该学以致用，敢于救时行道、犯颜直谏，黄道周、倪元璐二位都堪称古今第一词臣。

崇祯五年 (1632) 正月，四十八岁的黄道周束装南下。临行前，呈上《放门陈事疏》，向皇帝坦言治国之道：

> 臣入都以来，所见诸大臣皆无远猷，动寻苛细。治朝廷者以督责为要谈，治边疆者以姑息为上策，序仁义道德则以为迂昧而不经，奉刀笔簿书则以为通达而知务。一切磨勘则葛藤终年，一意不调而株连四起。陛下欲整顿纪纲，斥攘外患，诸臣用之以滋章法令，摧残缙绅；陛下欲剔弊防奸，惩一儆百，诸臣用之以借题修隙，敛怨市权。

皇帝对如此锋芒毕露的话语，尤其是"葛藤""株连"两句，很不满意，令他说明。黄道周遵旨回话，措辞更加尖锐，指向更加明确：

> 迩年诸臣所目营心计，无一实为朝廷者，其用人行事不过推求报复而已。自前岁春月以后，盛谈边疆，实非为陛下边疆，乃为逆珰而翻边疆也……此非所谓葛藤株连乎？

一针见血地指出，别有用心者大谈边疆，其实是为了推翻阉党逆案，并无实据的钱龙锡案，不断上纲上线，"葛藤终年"，"株连四起"，难道不是事实么？他提醒皇帝不可不提防这种逆流："三十年来酿成门户之祸，今又取缙绅稍有器识者，举网投阱，即缓急安得半士之用！"意思是说，长此以往，朝廷将无可用之人。万斯同《明史·黄道周传》引用这段话，评论道："语皆刺大学士周延儒、温体仁。"皇帝视周、温二人为股肱之臣，对讥刺他们的话很反感，谴责黄道周"挟私逞臆"，驳回乞休请求，把他削籍为民。

二、与皇帝当廷辩论，降六级调外任

削籍为民之后，他回到家乡读书讲学，学问更加精深："任看山山树树，仍是老至倦来。一部《易》书，只是乾乾终日。"

崇祯九年 (1636)，皇帝想起这位儒臣，有司敦促上道。他秋末动身，十二月抵达京城，出任经筵日讲官、詹事府少詹事兼翰林院侍读学士。

兵部尚书杨嗣昌极力主张攘外必先安内，为了集中全力平定内乱，向东北的满洲表示和平谈判的愿望，以缓解边境压力。辽东巡抚方一藻、辽东太监高起潜按照杨嗣昌的意图，派遣一名算命先生周元忠，前往满洲试探口风。这些秘密活动得到皇帝的默许，特别关照悄悄地干："奏内事机，着该抚监便宜酌行，不许传抄。"但是秘密还是泄露了，引起人们的揣测怀疑。

崇祯十一年 (1638) 六月，皇帝提名杨嗣昌与程国祥、蔡国用、方逢年、范复粹一起进入内阁，于是乎反对杨嗣昌的声浪达到高潮，影响最大的声音来自大名鼎鼎的黄道周。

七月初三日，他连上三本奏疏，其一弹劾杨嗣昌，其二弹劾陈新甲，其三弹劾方一藻。其实目标全部对准杨嗣昌，因为提拔丁忧在家的陈新甲出任宣大巡抚，是杨嗣昌的主张，日后顶替他出任兵部尚书，与之一搭一档；方一藻与满洲和谈，是推行杨嗣昌方针的得力干将。总而言之，三本奏疏的主题可以概括为一句话：反对杨嗣昌与满洲和谈。

围绕是否与满洲和谈，对立的两派已经剑拔弩张，皇帝朱由检不能再保持沉默。七月五日，他召开御前会议，统一思想，听取六部尚书汇报之后，话锋一转，叫黄道周出列跪下。

大殿内一片肃静，只听得朱由检训斥道："凡圣贤千言万语，不过天理人欲两端耳。无所为而为之，谓之天理；有所为而为之，谓之人欲。多一分人欲，便损一分天理。天理人欲，不容并立。你三疏不先不后，却在不点用之时，可谓无所为乎？"指责黄道周连上三份奏疏动机不纯。此次有关部门推举内阁候选人名单有黄道周，朱由检以为学问虽好，却性情偏执，不能胜任救时之相，没有点用。所以他以为黄道周是未用而怨望，向朝廷发牢骚。

这显然是主观揣度，曲解黄道周的本意。一向淡泊名利的他，根本不在乎是否点用，平静地回答："若论天人，只是义利分别。为利者以功名爵禄私之于己，事事专为己之私，此是人欲。为义者以天下国家为心，事事在天下国家上做，便是天理。臣三疏皆是为天下国家纲常名教，不曾为一己之功名爵禄，所以自信其初无所为。"回答得滴水不漏，毫不偏执。

朱由检问他为什么不早上疏，偏偏要在未点用之后才上疏？

黄道周解释，五月中旬南京御史林兰友、工科给事中何楷先后上疏，反对杨嗣昌的和谈主张，指责他忠孝两亏。如果立即上疏，恐涉嫌疑。

朱由检追问：如今就没嫌疑么？

他答辩：今日不言，以后就没有机会。如果臣保持缄默，亦可滥叨俸禄，但可惜陛下之纲常名教。

机敏过人的杨嗣昌见皇帝在大庭广众之下辩论纲常名教，显然不是黄道周的对手，自作主张出列跪奏，打断两人的辩论，只字不提和谈之事，由守转攻，非议黄道周的品行学术，企图把他搞臭："臣入京闻黄道周品行学术为人所宗，意其必有持正之言，可以使臣终制而去。不谓其疏上自谓不如郑鄤，臣始叹息绝望。"这一招非常厉害，直击要害。

朱由检见杨嗣昌扭转话题，正中下怀，说道："朕正要问他此事。"

杨嗣昌的话语越说越重："人言禽兽知母不知父，今郑鄤杖母，禽兽不如，道周又不如彼，还讲甚么纲常！"

黄道周被侮辱性话语激怒了，反唇相讥："大臣闻言，应当退避，使人得毕其言。……未有大臣跪在上前争辩，不容臣尽言者。"

朱由检反驳道："你说了多时候，辅臣才奏。"

杨嗣昌紧跟一句："臣为纲常名教，不容不剖陈。"

黄道周辩称："臣生平耻言人过，闻人之过，如闻父母之名。今日在上前与嗣昌角口，亦非体。臣知为天下后世留此纲常名教、天理人心而已。"

朱由检训斥道："对君有体？这本前边引纲常，后边全是肆口泼骂。"

黄道周把话题扯到杨嗣昌夺情的话题上，朱由检反问他为何要说自己不如郑鄤？

黄道周辩称："臣谓文章不如郑鄤。"

朱由检指责："说不如郑鄤就是朋比结党。许曦说郑鄤罪状甚明，你却说他无罪，岂不可耻。"

黄道周说："纲常名教自是陛下纲常名教，如今独立敢言人少，谗谄面谀人多，不得不言。"

朱由检指责他无端诬诋大臣，他拒不接受，高声说："臣今日不尽言，则臣负陛下；陛下今日杀臣，则陛下负臣。"

这几句话分量很重，朱由检忍无可忍，厉声道："你都是废话，一生学问，止学得这佞口。"说到"佞口"二字，加重语气，重复道："佞口！"

黄道周还要争辩，朱由检更加怒不可遏，边上的锦衣卫官员以为皇帝要把他逮捕惩治，不料朱由检止住怒气，命跪在地上的黄道周起来，退回到官员行列中去。

黄道周叩头起立，又跪下，要和皇帝辩论忠臣和佞臣的区别，不认为自己是佞口："人臣在上前独立敢言者为佞，岂谗谄而不言者为忠耶？敢争是非、辩邪正者为佞，岂容悦顺旨而不争辩者为忠耶？"

这几句话掷地有声，直接顶撞皇帝，不承认自己是佞臣，理由是显而易见的：在皇帝面前独立敢言、争辩是非的是忠臣，而谗谄不言、容悦顺旨的才是佞臣。在皇帝已经怒不可遏的当口，还敢于争辩，坚持己见，是要以身家性命为代价的。

朱由检不接受他的答辩："朕非轻加汝佞，但问此遁彼，非佞如何？若论红牌，支吾当斩！"说罢，转向在场的群臣，责问道："近来诸臣专党同伐异，假公济私，朝廷用一人，便百端诋毁，律之以法当如何？"随即命令内阁辅臣拟定黄道周罪状。御前会议到此结束。

次日，皇帝下旨：黄道周降六级调外任。

这场御前会议，朱由检为黄道周提供陈述观点的机会，却没有雅量接受批评，听不得不同意见，把独立敢言的黄道周谴责为佞口。

身历其境的李清在《三垣笔记》中写道："上因杨辅嗣昌请，勉从款议，然犹欲隐其名。会黄翰林道周疏驳，中寝。及北兵入犯，上抚膺叹曰：'大事几成，为几个黄口书生所误，以至于此。'道周之逮肇此。"

三、贬谪·囚禁·廷杖·流放

遭到降六级调外任的处分，贬为江西布政司都事，黄道周心灰意冷，临行前向皇帝提出退休的请求。乞休奏疏写得情真意切，没有丝毫怨气：

——陛下怜臣孤苦，虽加创艾，犹畀俸钱，俾就一官以图报效。臣思此生禄养之荣不及父母，顶踵之报总为君亲。自赐环而赐谪，均非微臣之躯；由再死而再生，弥戴如天之惠。

——臣通籍十七载，犹然书生；立朝五百日，未酬犬马。倘奄忽半途，流播他土，将使千古上下，不知陛下忧恤之恩，仁悯之泽。恳乞还山，以就医药。苟残喘之尚存，何余年之足惜。

皇帝不为所动，不同意他乞休，坚持要他到江西布政司当差。

崇祯十三年 (1640) 春，江西巡抚解学龙即将调任南京兵部右侍郎，按照惯例，离任前可以荐举下属。解学龙写了《荐举人才疏》，称赞黄道周忠孝两全，为我明道学宗主，可以重用。皇帝对两年前"为几个黄口书生所误"耿耿于怀，接到解学龙的荐举奏疏，勃然大怒，下令逮捕解学龙、黄道周。

此时黄道周正在家乡扫墓，获悉逮捕令，五月二十三日出门，前往水口，挥笔写诗感谢送行的同人：

> 臣罪如倾河，当于何者起？
> 亲朋但道古，引涕便不是。

匆匆赶往南昌，陪伴前来的门生依依不舍，欲一同北上。他毅然推辞，作诗曰：

生离死别不可知，
友道君恩已如此。

又曰：

斯文未丧应能来，
汤花火花仍复开。

　　黄道周在锦衣卫缇骑押解下抵达京城，户部主事叶廷
秀闻讯，毅然向朝廷进言，愿意以身代罪。叶廷秀与黄道
周素不相识，听说已经关入镇抚司诏狱，嚎啕大哭，对同
僚说：吾辈头戴进贤冠，如今名贤罹厄，岂能坐视不救！
　　八月，圣旨下，黄道周与解学龙各廷杖八十。叶廷秀
向监督廷杖的锦衣卫官员表示，愿意代替黄道周接受廷
杖，已经准备了棺材和寿衣，郑重其事地说：吾老母已去
世，又无妻子贴累，今日只须诸公一了此事。监督廷杖的
官员大为感叹："异哉，千古乃有如此人！"执杖的兵丁也
受到感动，惊愕得不忍下手。廷杖以后，叶廷秀削籍回到
家乡濮州。黄道周写诗为其送行：

乳血在君亲，霜露不敢侵。
总此未坠生，呱啼亦古今。

　　不久，有司追究叶廷秀，把他逮至镇抚司诏狱，对簿

公堂，叶公与黄公、解公才有机会相遇。洪思《黄子年谱》描述当时情景，令人感慨万分：

> 乃又追论叶公廷秀，复逮至北寺，同日对簿。诸君子累累然相望司廷，而未能相识。叶公乃前俯而揖问："谁为黄老先生者？"子（黄道周）却就谓之曰："是，其为叶老先生矣。"叶公乃以次鞠身更揖曰："斯当为解（学龙）老先生乎？"于是相与谛视唏嘘，俱伏堂下听质。

国子监生涂仲吉向朝廷上言："道周通籍二十载，半居坟庐，一生学力止知君亲。虽言尝过戆，而志实忠纯。今喘息仅存，犹读书不倦。此臣不为道周惜，而为陛下天下万世惜也。昔唐太宗恨魏徵之面折，欲杀而终不果；汉武帝恶汲黯之直谏，虽远出而实优容。陛下欲远法尧舜，奈何出汉唐主下？"皇帝拒不接受，下旨廷杖涂仲吉。

在狱中，黄道周写信给门生，坦然谈论仁义。他一向廉洁，以清苦闻名天下，没有钱打点狱卒，每天抄写《孝经》相送，权充役钱。

十一月，刑部审理此案。黄道周对"党邪乱政"的罪名表示异议："今刑部定臣何罪，臣不敢辩，亦不敢知。然臣自计生平，无门外交游，无一介取与。铅椠终年，不知马足。"

十二月，他在奏疏中回顾自己的仕途："臣生于海隅，轻蹈狂瞽，然自戊寅降谪而外，未有过犯。直以抚臣（解学龙）例荐，万里逮杖；又以诸臣申救，严拷数番，事出意表，非臣所料。忆臣曩昔召对平台，遑遽之余，进不择言，拊心何及……通籍二十载，历俸未三年。今垂老髀消，与囚对泣，即欲洗骨涤髓，纂书自赎，谁肯信者？"希望皇上以仁悯之心再次宽宥。

刑部尚书刘泽深请求从宽发落，皇帝批准，得以出狱，永远充军辰州。

这就意味着，他将在充军地了此余生，无论如何想不到会有翻身的机会。此事与吴甡有点关系。

却说周延儒再度复出，担任内阁首辅，向同僚吴甡请教当务之急。吴甡提议宽赦黄道周，行宽大之政，以收拾民心。

崇祯十五年（1642）八月二十四日，皇帝在文华殿召见阁臣周延儒、陈演、蒋德璟、黄景昉、吴甡，议论政事。机敏的周延儒抓住时机，把话题转移到黄道周身上，说："张溥、黄道周皆有些偏，只是会读书，所以人人惜他。"

皇帝朱由检沉默不语，黄道周是他亲自处分的，岂止有些偏。

蒋德璟立即插话，为黄道周求情："黄道周蒙皇上放他生还，他极感圣恩，只是永远充军，家贫子幼，还望皇上天恩赦回，或量改附近也好。"

黄景昉附和道："永远充军，子孙要世世承当，也极可怜。"

周延儒见皇上并不反感，紧盯一句："道周在狱中，尚写许多书，即向前奏章皆系亲手写的。"

蒋德璟说："道周写有《孝经》一百本，每本有一篇文字，各一样，共一百样，多是感颂圣德。"

周延儒说："道周也，不在永戍不永戍，就是读书，也还用得。""道周愚憨书生，遣戍不过主上惩创之意，久当复用，何必又移近地？"

吴甡提议重新起用黄道周："道周刻励清勤，学问渊博，皇上圣学缉熙，经筵讲幄必得如道周者左右备顾问，足资启沃。今诸臣才品，皆不及他。"

朱由检自始至终只是微笑，最后说了一句："既是卿这等说，岂止赦他，就是用他也不难。"

次日，朱由检给内阁发去一封亲笔敕书："昨先生每面奏，永戍黄道周清藻博学，见今戍远子幼，朕心不觉怜悯。彼虽偏迂，经此一番惩创，想亦改悔。人才当惜，宜作何释罪酌用，先生每密议来奏。"周延儒当即回奏，人才难得，应当官复原职——詹事府少詹事。

此时黄道周正在遣戍途中，在九江发了一场疟疾，病卧萧寺，缠绵病榻六十日。原本摧颓的身体，更加委顿，自念将死于江楚之间。十月初，友人从南京来，告诉他"特准赦罪还职"的谕旨。在万念俱灰中听到这一消息，他大吃一惊，从床上跌落下来，恍惚如梦。于是乎，摆设香案，叩头谢恩，随即应召北上。在途中，给皇帝写了《天恩至重疏》，感激道："自古人臣未有迂狂贾罪如臣，而得起于戍籍者也。"感恩之余，向皇上报告百病交侵，心有余而力不足，乞求皇上容许他骸骨归乡。

抵达京城后，接受皇帝召见。此次意外赦罪复职，令这位耿介之士发自内心感激不尽，一见到皇上，就哭泣不已：臣不自意得见陛下，可惜犬马之疾尚未痊愈，希望请假疗养。皇帝慨然允诺。

崇祯十六年（1643）春，他回到了久别的家乡漳浦，写诗抒发心情：

> 岂有不平事，但存未坏身。
> 只言天下合，孤影鬼神亲。
> 世道余青史，春风足故人。
> 无多谈往迹，愚叟旧西邻。

四、"有殒自天，舍命不渝"

崇祯十七年（1644）三月十九日，李自成进入北京，朱由检在煤山自缢，被遗老们称为甲申之变。僻处漳浦一隅之地的黄道周得知这一消息，已是五月二十七日。他在读书讲学的邺园（邺山书舍），率领门生弟子披头散发号哭三日，写信给好友陈子龙，一吐心头之痛："蛰处天末，无殊聋聩。五月廿七日，乃闻神州陆沉，鼎湖血战。此自臣子奸回，陷我君父，剖肝沥髓，莫赎其辜。"

却说福王朱由崧在南京即皇帝位，宣布以明年为弘光元年（1645）。专擅朝政的马士英起用阉党余孽阮大铖、杨维垣，小人当道，君子纷纷落马。小朝廷从上到下腐败透顶，"清歌漏舟之中，痛饮焚屋之下"。朱由崧醉生梦死，"深居禁中，惟渔幼女，饮烧酒，杂伶官演戏为乐"。

南明小朝廷起用黄道周为吏部左侍郎，继而晋升礼部尚书。在其位而谋其政，黄道周建议联合江西、福建、广东各地兵力，谋求光复，未蒙采纳。而后又获悉一向正直敢言的刘宗周遭到马士英排挤，罢官而去。阮大铖每天都在和杨维垣密谋——"必欲尽杀东林、复社诸人"，杀气逼人。这一系列事件令黄道周深感失望，请求前往绍兴祭祀禹陵。

弘光元年（1645）四月，他决定离开这个浑浊的官场，向朝廷请辞。某夜，做了一个梦，梦到了太祖高皇帝朱元璋。黄景昉《黄道周志传》写道："公自云，初出都，泊龙江湾，梦高皇帝至，厉声曰：'卿竟舍朕去耶？'公对：'朝廷舍臣，非臣舍朝廷。'寤，彷徨而泣。"

"朝廷舍臣，非臣舍朝廷"，是黄道周坎坷仕途的总体感受，在天启朝如此，在崇祯朝如此，到了弘光朝还是如此。但是为国效忠之心并未泯灭，尽管已经乞休，却并未南下，徘徊于江边，不忍离去。

五月十五日，南京陷落，弘光小朝廷覆灭，黄道周和郑芝龙等拥立唐王朱聿键监国。闰六月十五日，朱聿键在福州即皇帝位，改元隆武，任命黄道周为武英殿大学士，与蒋德璟、黄景昉等入阁辅政。掌握兵权的郑芝龙指使亲信诋毁黄道周迂腐，"不可居相位"。朝中没有立足之地，黄道周自告奋勇，请求前往江西招兵买马，徐图恢复。他在奏疏中说："臣今挟三五秀才，欲出豺狼之道，未尝于户部取食，未尝于兵部取兵。臣事济，则为中外所挠；事不济，则为中外所笑。笑之与挠一也，而臣犹且为之者，臣以高皇八百三十年之历，有所未罄，至愚极昧，溴涩无所逃之下耳。"明知不可为而为之，一片赤胆忠心，为了救亡图存，自己的性命也在所不顾了。

受他的义举感动，远近百姓响应，募集义兵九千余人，分兵三路，一出抚州，一出婺源，一出休宁。毕竟寡不敌众，三路皆败，形势岌岌可危。他向朝廷表示，誓死为国家守卫藩篱：

> 臣今年六十有一，才能智勇不如中人，而自请行边，拮据关外，譬之鸡然，风雨如晦，鸣声不已。即有不瘳之人起而刀俎之，亦无可奈何而已。臣少而学道，于物无竞，所以茌苒嘹哓，瘁毛锻羽，为朝廷守一日之藩篱，非曰能之，亦各尽其义耳。

十二月，在婺源被清兵俘虏。前来捉拿他的是投降清朝的明将许汉鼎，和他有门生座主的关系，诡称愿意带领几百人马前来归顺。黄道周大喜过望，随他前往军营，立即被绑，许汉鼎下马泥首，连称死罪，说这是洪督师的计策。随即押往南京，早先投降的明朝官员秉承清朝贝勒的旨意，前来劝降。

黄道周说："吾手无寸铁，何曾不降？"

劝降者说："降须剃发。"

黄道周佯装惊讶，讥讽道："汝剃发耶？幸是剃发国来，若穿心国来，汝穿心耶？"

几年前在辽东松山兵败投降清朝的督师大臣洪承畴也来劝降，黄道周厉声喝止："承畴死久矣。松山之败，先帝痛哭遥祭，焉得尚存？此无籍小人冒名耳！"那意思是说，崇祯十四年 (1641) 松山陷落的消息传到京城，朝廷以为洪承畴已经"殉国"了。崇祯皇帝对他"尽节"深感悲痛，为他举行隆重的祭奠仪式。其实他没有"节烈弥笃"，而是变节充当清军的开路先锋。

金声抗清失败，洪承畴前来劝降，金声怒斥为冒牌货。史惇《恸余杂记》写得非常风趣："乙酉 (弘光元年，1645) 南都溃，先生 (金声) 在黄山首倡大义，事败被囚。见洪 (承畴) 内院，先生大笑曰：'汝是何奴才？假冒洪亨九 (洪承畴字亨九)，亨九受先帝大恩，闻其死事，予祭予葬，加至十三坛，封妻荫子，隆礼厚恤，累朝未有，而乃反面事虏乎？此必假洪承畴无疑！'洪无以应之，辄杀之。"想不到这一幕再次在这里上演，不知洪承畴有何感想。看来他降清后的日子很不好过，在明朝遗老眼里是变节分子，在清朝当权者眼里不过是朝秦暮楚的"贰臣"。

黄道周做好了为国献身的准备，留下了遗言："蹈仁不死，履险如夷。有殒自天，舍命不渝。""纲常万古，性命千秋。天地知我，家人何忧？”在最后的日子里写了“致命词”：

> 诸子收吾骨，青天知我心。
> 为谁分板荡，不敢共浮沉。
> 鹤怨深山浅，鸡啼终夜阴。
> 南阳山路远，怅作卧龙吟。

三月五日，黄道周在南京街头被处死，时年六十二岁。

邵廷采《东南纪事》为黄道周立传，赞扬备至：“道周说经议事，与匡衡、刘向相类，而直节则李膺、范滂之流，虽才不及济乱，要亦三百年之元气所留也。”

"一代完人"刘宗周

　　"一代完人"四字，是乾隆皇帝弘历对刘宗周的评语，很值得细细玩味。

　　乾隆时代动用举国之力编纂《四库全书》，缘于政治原因，禁毁了大批珍贵书籍。从如今整理出版的"四库禁毁书"可知，当时遭到禁毁的书籍数量是惊人的。刘宗周著作并未禁毁，《四库全书》收录了《论语学案》《人谱》《刘子遗书》与《刘蕺山集》。弘历亲自为《刘蕺山集》撰写序言，对明清鼎革之际投降变节又谬托前明遗民的人，投去鄙视的目光，而对宁死不屈的抗清志士推崇备至。

　　《刘蕺山集》卷首，弘历写的"御题"，振振有词地为禁毁书籍辩解：

　　　　夫为明臣而指斥我朝，所谓吠非其主，本无可罪。其或人品无系轻重，言事又剽窃无据，及已入本朝，苟活求生，又谬托为明遗民，如屈大均之流者，毁之诚不足惜。

有了这样的铺垫，他话锋一转，大力赞扬黄道周与刘宗周为"一代完人"：

> 若黄道周之《博物典汇》，刘宗周之疏稿，则不可毁。盖二人当明政不纲，权移阉宦，独能守正不阿，多所弹劾，至今想见其风节凛然，而且心殷救败，凡有所指陈，悉中时弊。假令当日能用其言，覆亡未必如彼之速。卒之致命遂志，以身殉国，允为一代完人。

乾隆御用文人纪昀为《刘蕺山集》撰写提要，阐发"一代完人"的旨意，洋洋洒洒议论道：

> 东林一派始以务为名高，继乃酿成朋党，小人君子杂糅难分，门户之祸延及朝廷，驯至于宗社沦亡，势犹未已。宗周虽亦周旋其间，而持躬刚正，忧国如家，不染植党争权之习。立朝之日虽少，所陈奏如除诏狱、汰新饷、招无罪之流亡、议祔循以收天下泮涣之人心、还内廷扫除之职、正懦帅失律之诛诸疏，皆切中当时利弊。一厄于魏忠贤，再厄于温体仁，终厄于马士英，而姜桂之性介然不改。卒以首阳一饿，日月争光。在有明末叶可称皭皭完人，非依草附木之流

所可同日语矣。

纪晓岚用"一厄于魏忠贤，再厄于温体仁，终厄于马士英"，概括刘宗周的政治生涯，最后落实于"皦皦完人"。其实，厄于奸臣是表象，最终还是厄于皇帝。纪先生只说对了一半。

一、"奈何以天下委阉竖"

刘宗周，字启东，号念台，绍兴府山阴县（今浙江绍兴）人。家境贫寒，父亲刘坡英年早逝，母亲章氏带着遗腹子投靠外家，以纺纱织布守护弱息。万历二十九年（1601），他得中进士，孰料母亲突然病故，遂丁忧回籍守制。万历三十二年服除，赴京出任行人司行人。次年，因祖父刘燿年迈病危，请假回籍送终、守制。七年后，再度出任行人司行人。

当时朝廷党争蜂起，昆党、宣党、浙党之类出于小团体利益，固执于门户偏见，不择手段攻击东林书院诸君子，一时间闹得乌烟瘴气。万历四十年（1612），东林书院的创始人顾宪成在一片诽谤声中病逝，宵小之徒对东林书院的围攻仍不停息。刘宗周忍无可忍，愤然发声，向朝廷进呈题为《修正学以淑人心，以培国家元气》的奏疏。

他早年通过好友刘永澄、丁元荐的介绍，进入东林书院，与高攀龙等人讲习切磋，对东林诸君子的道德学问十

▼ 刘宗周肖像
（明）陈梦鹤绘
上海博物馆藏

分敬仰，旗帜鲜明地表明自己不随波逐流的立场：

一则说，东林书院是一个讲求学问的场所："夫东林云者，先臣顾宪成倡道于其乡，以淑四方之学者也。从之游者，多不乏气节耿介之士，而真切学问如高攀龙、刘永澄，其最贤者。"

再则说，东林书院倡导澄澈清明的风气："宪成之学，不苟自恕，抉危显微，屏元黜顿，得朱子之正传。亦喜别白君子小人，身任名教之重，挽天下于披靡。一时士大夫从之，不啻东汉龙门。"

三则说，围攻东林的党同伐异之风

不可长："东林之风概益微，而言者益得以乘之。天下无论识与不识，无不攻东林，且合朝野而攻之，以为门户云。""遂使廷臣日趋争竞，党同伐异之风行，而人心日下，士习日险。"

这样的谠言宏论触到了当权派的要害，非议之声哗然。刘宗周在朝廷无法容身，罢官而去，这一去就是十多年。张岱《石匮书后集》写道："先后匿迹林下者十有余年，授徒僧舍，足迹不至公庭。有造庐者拒不见，当道到门，必强再三，然后出见。"因此名重海内，可谓有失有得。

万历皇帝朱翊钧去世，泰昌皇帝朱常洛即位，朝廷出现了"众正盈朝"的局面。刘宗周应召出山，出任礼部仪制司主事，依然锋芒毕露，直言无忌。天启元年（1621），他敏锐地察觉到内廷的问题——太监头子魏忠贤联手皇帝乳母奉圣夫人客氏，沆瀣一气，专擅朝政，上了一本言辞尖锐的奏疏。

首先批评皇帝朱由校沉迷于声色犬马："还宫以后颇事宴游，或优人杂剧，不离左右，或射击走马，驰骋后苑，毋乃败度败礼之渐欤？优人杂剧之类，不过以声色进御，为导欲之媒，此其为害何啻毒药猛兽！"

接着指出，这背后是魏忠贤和客氏在搞鬼，故意诱导皇帝痴迷声色，不理朝政，以便他们上下其手。所以他说：臣于是有感于宦官专权之祸，首先是蛊惑皇帝无所不用其极：每天弄些狗马鹰犬，摇荡陛下之心；每天送进声色货利，蛊惑陛下之志。凡是可以博得皇上欢心的手段，无所不用其极，使皇上是非不分，视正直大臣如仇雠，而后得以指鹿为马，盗陛下之威福，或者假传圣旨，或者兴钩党之狱，生杀予夺，为所欲为，国家命运一蹶不振。

他语重心长地告诫皇帝："今东西方用兵，奈何以天下委阉竖乎！"

在阉党专政初露苗头之际，就察觉到问题的严重性，显示了刘宗周犀利的眼光和敏锐的嗅觉，一举击中要害。其时魏忠贤羽翼未丰，脚跟未稳，颇为忌惮这位名重海内的儒臣，加官晋爵，百般笼络，接连晋升他为光禄寺丞、尚宝少卿、太仆少卿。刘宗周不愿同流合污，请病假辞官回乡。

天启四年（1624），朝廷起用他为通政司左通政。刘宗周鉴于正人君子已被魏忠贤斥逐殆尽，拒绝出山，在辞职奏疏中为诸君子伸张正义，抨击腐败的政治风气：世道已经衰败之极，士大夫不知礼义廉耻为何物，往往知进而不知退，举天下贸贸然奔走于声名利益之场，因此庙堂无真才，山林无姱节，陆沉之祸何所底止？

魏忠贤大怒，矫旨严惩，把他革职为民。

在阉党心目中，刘宗周是所谓的"东林党人"，为了防止他东山再起，必须永远禁锢，列入黑名单。

阉党干将王绍徽秉承魏忠贤旨意，仿照《水浒传》梁山一百零八将的名号，炮制《东林点将录》，罗列一百零八名东林君子。《遣愁集》说："王绍徽为魏忠贤干儿，官至吏部尚书，进退一人必禀命于忠贤，时称'王媳妇'。尝造《点将录》，倾害东林诸君子。忠贤阅其书叹曰：'王尚书妩媚如闺人，笔挟风霜乃尔，真吾家之珍也。'"

刘宗周在《东林点将录》中排在第七十二位，名号是"天异星赤发鬼左通政司刘宗周"。

另一阉党干将卢承钦以为仅仅整肃一百零八人太少，仿照宋朝"元祐党籍碑"，炮制三百零九人的《东林党人榜》，企图彻底肃清异己分子。文秉《先拨志始》说：御史卢承钦建议魏忠贤宜将一切党人，不论曾否处分，一概将姓名榜示天下，因此，人们都说这份黑名单无异于"元祐党籍碑"的再版。

在《东林党人榜》中，刘宗周名列第四十位。他的政治命运岌岌可危，好在风云突变，躲过一劫。

二、"八年之间谁秉国成而至于是"

朱由检即位后，不动声色逐元凶、处奸党，清查阉党逆案，先前遭到诬陷的正人君子得以平反昭雪。

崇祯元年 (1628)，刘宗周应召出山，担任顺天府尹——京畿的地方长官。这片天子脚下之地，王公贵族、官僚豪绅盘根错节，一向号称难治。刘宗周向朝廷请求授予更大的事权、更久的任期，以便从长计议，用铁腕手段拨乱反正。成效是明显的："延三老、啬夫，咨地方疾苦，发奸吏干没，置之法。又捕勋贵家人豪横不法，及舞文犯禁者，按治如律。颁布文公四礼，俾乡鄙服习。遇中贵梨园什具，责而焚之，辇毂一清。"

中国传统士大夫以治国平天下为抱负，喜欢议论朝廷大政，刘宗周也不例外，眼光不会局限于顺天一府之地，不断向皇帝进谏，坦陈政见。

崇祯二年 (1629) 六月，酷旱不雨，皇帝朱由检焦虑不安，向群臣表示，自己要到文华殿斋宿，希望大小臣工竭诚祈祷，然后话锋一转，指责大小臣工办事不力，应该深刻检讨。刘宗周认为问题的症结不在臣工而在皇帝本身："今陛下圣明天纵，卓绝千古，诸所擘画，动出群臣意表，遂视天下以为莫己若，而不免有自用之心。"批评皇帝刚愎自用，旨意出乎群臣意料，救过不给，谗谄猜忌之风随之而起。他反问道：依仗一人之聪明，凭借一己之英断，能治理天下吗？陛下不近声色，不爱宴游，勤于朝政，但是求治之心，操之过急，带来一系列问题：功利、刑名、猜忌、壅蔽。请看他的议论：

> 而至于求治之心，操之过急，不免酝酿为功利；功利不已，转为刑名；刑名不已，流为猜忌；猜忌不已，积为壅蔽。正人心之危，所潜滋暗长，而不自知者。

因此他的意见是，"陛下亦宜分任其咎"。

皇帝认为他的议论过于迂阔，鉴于他的忠鲠，不与计较。刘宗周再接再厉，请求皇帝取消凌驾于三法司（刑部、大理寺、都察院）之上的东厂和锦衣卫，蠲免新近加派的军饷。皇帝责备他"不修实政，徒事空言"。他又纠弹皇帝倚为股肱之臣的周延儒、温体仁"倾侧事上"——打击排挤同僚，邀宠于皇上。

赤胆忠心，为国为民，却遭到皇帝严厉谴责，刘宗周心灰意冷，连上三本乞休奏疏，辞官归乡。出京时，随身携带的行李，只有两个竹编的箱笼。官员见了大为惊讶，赞叹道："真清官也！"

对于进与退，刘宗周一向看得很淡，回归书生本色，与好友陶奭龄一起聚会讲学，阐释"人人可以为圣人"的修身之道。

崇祯八年（1635），为了选拔大臣，皇帝命吏部推举在籍官员作为阁臣候选人。吏部上报孙慎行、林钎、刘宗周，供皇帝圈点。

次年正月，孙慎行病逝，刘宗周与林钎进京，觐见皇帝。朱由检征询关于朝政的见解，刘宗周侃侃而谈，仍然坚持几年前的观点，批评皇帝求治太急，措辞比先前更加尖锐："陛下求治太急，用法太严，布令太烦，进退天下士太轻。"因此之故，诸臣畏罪饰非，不肯尽职尽责，有人而无人之用，有饷而无饷之用，有将不能治兵，有兵不能杀贼。当务之急应当收拾人心，首先必须放宽官员的责罚。道理是很显然的，责罚苛重则吏治败坏，吏治败坏则民生困难，民生困难则盗贼日繁。

他的这一席话，实质是在谴责内阁首辅温体仁。朱由检是信赖温体仁的，认为刘宗周的意见过于迂执，已经觉察到刘宗周与温体仁的政见分歧，没有起用刘宗周入阁，出乎意料地任命他为工部左侍郎，让这位喜欢议论朝政的儒臣去处理烦琐的营造事务，让没有才干和锋芒的林钎入阁辅助温体仁。

刘宗周到了工部，目光依然盯着朝廷积弊不放，不断议论时艰。他最不能容忍的是，特务机构东厂和锦衣卫，特别是直接听命于皇帝的诏狱，越过三法司恣意妄为，不经过司法程序，逮捕惩处官员。他的谴责锋芒凌厉，用一连串排比句直击要害：

　　　　自厂卫司讥防，而告讦之风炽；
　　　　自诏狱及士绅，而堂帘之等夷；
　　　　自人人救过不给，而欺罔之习转盛；
　　　　自事事仰承独断，而谄谀之风日长；
　　　　自三尺法不伸于司寇，而犯者日众；
　　　　自诏旨杂治五刑，岁躬断狱以数千计，而好生之德意泯；
　　　　自刀笔治丝纶，而王言亵；
　　　　自诛求及琐屑，而政体伤。

出现这些弊端，内阁首辅温体仁难辞其咎。他说，皇上得到一位贤臣文震孟，立即被排挤出局，使大臣失去和衷之谊；得到一位忠臣陈子壮，又以过憨而罢官，使朝廷无吁咈之风。这一切，都是温体仁精心策划的。

朱由检再三阅读这本奏疏，怒气渐消，拿起朱笔批示："宗周素有清名，亦多直言，但大臣论事，宜体国度时，不当效小臣，归过于朝廷为名高。"

既然皇帝嘉奖他"有清名，亦多直言"，他索性清直到底，再次上疏，申论三点：一是皇上终日用阁臣而不足，二是皇上终日用九卿而不足，三是皇上不得一言之效。结果是，始则皇上出言以为是，辅臣莫敢矫其非；继而辅臣出言以为是，部院诸臣莫敢矫其非。即使间或有矫其非者，皇上也无从得知是非之实，国是终于不可问。

刘宗周目光犀利，揭示朝政积弊的症结——从上到下的一言堂，导致国家每况愈下。

朱由检不予理睬，刘宗周继续进谏，依然不予理睬。一气之下，他索性掼纱帽——乞休。朱由检乐得放他走，免得听他那些逆耳之言。哪里晓得辞官离京之际，他又呈进一本奏疏，措辞更加严厉，矛头直指皇帝宠信的内阁首辅温体仁。

早在此前，他写了一封私信，批评温体仁："阁下身秉国成，故有进退人才之责者也。苟天下有一贤之未进，与一不肖之未退，必责之阁下，而阁下所为进退天下士，殊有不可解者。自皇上御极以来，所废置天下士百余人，多天下贤者，而阁下不闻出一语救正，时有因而下石者。"他列举若干事例：内阁同僚王应熊遭到弹劾，不能正言相告，而以其家奴之故发配充军，"近于卖友"；皇上特简文震孟入阁辅政，未见其有可摘之过，温体仁竟借许誉卿事件，激怒皇上，导致罢官，"近于罔上"；内阁同僚何吾驺因与文震孟同调，温体仁诬陷其"腹诽"，致使罢官，"近于诬下"；至于同僚钱士升以言得罪，则"近于阴挤"。总而言之，"自此人人树敌，处处张弧，人之所以议阁下者日多，而阁下亦积不能堪。一朝发难，明借皇上之宠灵，为驱除异己之地"。对于这些忠告，温体仁置若罔闻，一意孤行。

刘宗周忍无可忍，在奏疏中厉声责问道："八年之间谁秉国成而至于是？臣不能为首辅温体仁解矣！"

无官一身轻，他终于可以向温体仁摊牌了，文章写得纵横恣肆，酣畅淋漓，从"小人之祸国无已时"入手，揭露温体仁"大奸似忠，大诈似信"的真面目，以及种种祸国行径：

> 臣观频年以来，皇上恶私交，而臣下多以告讦进；皇上录清节，而臣下多以曲谨容；皇上崇励精，而臣下奔走承顺以为恭；皇上尚综核，而臣下琐屑吹求以示察。凡若此者，正似忠似信之类。窥其用心，无往不出于身家利禄，而皇上往往不察而用之，则聚天下之小人立于朝，而皇上亦有所不觉矣。

刘宗周一举击中要害——"崇祯皇帝遭温了"。

劣迹昭彰的温体仁得到皇帝重用，舆论为之哗然，京师民谣"崇祯皇帝遭温了"，集中体现了舆论动向。遭温之"温"，与瘟疫之"瘟"谐音，讥讽崇祯皇帝受温体仁蒙蔽而不自知。温体仁担任内阁首辅之后，推行"没有魏忠贤的魏忠贤路线"，以蛊惑皇帝、残害忠良为能事，刘宗周较早察觉温体仁祸国的苗头。直到明朝灭亡以后，才有人恍然大悟。王世德《崇祯遗录》写道："上初即位，事事宽大。自温体仁入阁，票拟务从深刻，由此遂失人心。论者谓：亡国之祸，体仁酿之。良然！"《明史》把他列入"奸人传"，绝非偶然。

由此去看刘宗周《痛切时艰疏》的结尾，就可以领略内在的分量了："八年之间谁秉国成而至于是？臣不能为首辅温体仁解矣！语曰'谁生厉阶，至今为梗'，体仁之谓也。"

这是迄今为止对于温体仁最为严厉的批判。温体仁一面为自己辩解，一面百般诋毁刘宗周。朱由检此时正在"遭瘟"，站在温体仁一边，怒斥刘宗周"比私乱政"，把他革职为民。

三、"厂卫是朝廷私刑"

崇祯十四年 (1641)，朱由检想起了这位耿介之臣，起用为吏部左侍郎，旋即晋升为都察院左都御史——监察部门的首席大臣，企图借助他的铁腕作风，整顿吏治，提振士气。

果然不负所望，刘宗周一上任就大力整顿腐败的吏治，在《条列风纪疏》中说："惟是官不得人，则法久而弛，令熟而玩，种种受弊之端，遂开天下犯义犯刑之习……"为此制定了风纪条例，涉及各个方面：

一是建道揆——提倡书院讲学，端正士风；

二是贞法守——案件一概由三法司专断，不必另下锦衣卫；

三是崇国体——杜绝官员"朝升堂而受事，夕系囹圄"的反常现象；

四是清伏奸——慎防外奸内宄；

五是惩官邪——官员之失德由贿赂始，屡禁不止，必须严厉惩罚；

六是饬吏治——吏治关乎国计民生，必须大力整饬。

这时发生了姜埰、熊开元之狱，刘宗周本着都察院的职责，仗义执言，卷入了权力斗争的漩涡之中。

礼科给事中姜埰弹劾内阁首辅周延儒，为了钳制言官，故意激怒皇上，谴责言官持论太急。朱由检看了姜埰的奏疏，勃然大怒，下令逮送锦衣卫诏狱严刑拷打，一时舆论哗然。

行人司副行人熊开元认为周延儒难脱干系，弹劾他欺君误国，也被关进锦衣卫诏狱惩处。

姜埰、熊开元之狱，激起正直官员强烈不满，议论蜂起，刘宗周说得尤其尖锐：

　　——而矫枉不无太过，至以卫狱（锦衣卫诏狱）处言官，自今日始，所伤国体似非细故。臣犹记枚卜会推之役，干触圣怒，诸臣各得罪以去。
　　——臣愿皇上姑宽此二臣，以彰圣度，改敕法司勘问，少存言官之体，以作将来怒蛙之气，则圣德于此益著，而以之为匡济时艰之本，亦有余裕矣。

崇祯十五年（1642）闰十一月二十九日，皇帝在中左门召见群臣，讨论如何抵御清军，任用得力督抚等问题。临近结束时，吏科都给事中吴麟徵作为六科的"科长"，责无旁贷地为同僚吏科给事中姜埰求情："如同官姜埰干犯天威，亦皆臣等之罪。但姜埰作令清苦，居官勤饬，身体孱弱多病，伏望圣恩宽宥。"

朱由检拒不接受，训斥道："尔言官为朝廷耳目，自己不正，何能正人？"

吴麟徵申辩道："言官只管言，即言之当否，与称职不称职，自听朝廷处分。"他又把话题转移到熊开元身上，说道："顷熊开元亦以奏诘辅臣周延儒得罪，虽是出位妄言，第谚曰：'家贫思贤妻，国乱思贤相。'封疆事败坏至此，岂得不责备首辅？"

朱由检反驳道："熊开元假托机密，阴行谗谮，小加大，贱凌贵，渐不可长。"

一向敢于犯颜直谏的刘宗周挺身而出，请求释放姜埰、熊开元。他说："朝廷待言官有体，言官进言，可用则用之，不则置之。即有应得之罪，乞敕下法司原情定案。今熊开元、姜埰狂躁无知，不能无罪。但以皇上急切求言，而二臣因言下诏狱，大于圣政国体有伤，恐非皇上求言初意。臣愿皇上俯念时事艰危，扩圣度于如天，以开诸臣诤谏之路。"他越说越起劲，列举黄道周的事例为证，说道：黄道周言语激烈，有朋友不能堪者，我皇上不但待之以不死，而且得以起用。为何黄道周幸而受到破格之恩，姜、熊二臣不能蒙受法外之宥？

对于刘宗周咄咄逼人的责问，朱由检显得理屈词穷，勉力强辩："人臣见有无礼于君者，即当纠劾，三法司、锦衣卫俱是朝廷衙门，你说言官有体，假使贪赃坏法，欺君罔上，混乱纪纲的，通是不该问了？"

刘宗周毫不退缩："陛下方下诏求贤，姜埰、熊开元二臣遽以言得罪。国朝无言官下诏狱者，有之，自二臣始。"

他愈说愈激动，无所顾忌地反驳皇上所说"三法司、锦衣卫俱是朝廷衙门"，大声喊道："厂卫不可轻信，是朝廷有私刑！"

石破天惊之论，竟敢直言厂卫是朝廷的私刑，需要何等的魄力和勇气！毫无疑问，都察院、刑部、大理寺是国家的"公刑"，而东厂和锦衣卫确实是皇帝的"私刑"，刘宗周揭露了事情的真相。

听到如此蔑视厂卫的言论，朱由检顿时肝火大旺，厉声申斥道："东厂、锦衣卫俱为朝廷问刑，何公何私？"

刘宗周见龙颜大怒，立即伏地叩头，连声请罪。

朱由检怒气未消，谴责道："似尔愎拗偏迁，成何都察院？卿等起来，刘宗周候旨处分！"

刑部尚书徐石麒请求皇上宽宥刘宗周，由他来承担罪责："臣在直房与同召诸臣商议，熊开元、姜垛有罪，仰干圣怒，臣等宜代为请罪，叩头乞恩，俟圣俞始起。不意臣需次未言，刘宗周随即申救，语言憨直。若论起事，罪实由臣，伏乞皇上将臣处分，宽宥宗周，不胜感激。"不仅甘愿代替熊、姜二人请罪，而且当廷主动承担责任，使刘宗周免予处分，真正是君子坦荡荡。

都察院左佥都御史金光辰，冒着风险表扬自己的上司治理都察院的卓越业绩，希望皇上优容："都察院激浊扬清，纪纲之地，自陛下召用刘宗周，宗周正己率属，大著风采，诸御史凛凛饬法，都察院最为得人，望赐优容。"

在朱由检心目中，刘宗周"愎拗偏迁"，金光辰却表扬刘宗周治理有方，越发愤怒，大喝一声："金光辰亦候处！"

金光辰无所畏惧，回应道："宁处臣，不可不留宗周。"

兵部尚书张国维不顾皇上愤怒，也乞求宽恕："刘宗周清执素著，即如臣受事之初，宗周相会，即以操持砥砺，谓欲整厘部务，在端本澄源。臣服膺其语，但于朝班相遇，一切调度，每多商略。方今多事之时，老成当惜，伏乞圣明宽宥。"

朱由检固执己见，不但不接受大臣的请求，而且武断地认定熊开元是受刘宗周主使的。

金光辰立即反驳皇上的主观揣测："顷臣闻皇上谕：'熊开元疏想是刘宗周主使。'臣以宗周赋性砭直，客也不会，与熊开元实不相往来。宗周与臣同官，臣极知他。"

内阁辅臣吴甡也从旁劝解："宗周清直，陛下素所鉴知。起之废籍，畀以台纲，倚任甚重。今以申救言官，致触圣怒。然申救言官，亦自古大臣常事，非有党也。望霁威宽怒。"

竟然没有一名大臣支持皇帝的决定，令朱由检颇为尴尬，很不高兴地停止了御前会议。退回勤政殿，写了一道手谕："宗周愎拗偏迁，着革职，刑部议处。光辰降二级调外。"命太监送到内阁，传出执行。

看了皇上的手谕，吴甡与周延儒商量，当面请求从宽发落。周延儒和吴甡等人进入勤政殿，耐心劝导，朱由检面色稍微缓和，随即在手谕上抹去"刑部议处"四字，以示从宽，还不忘补充一句："故辅温体仁曾言其愎拗偏迂，果然！"一句话泄露了天机，原来朱由检说刘宗周"愎拗偏迂"，源出于温体仁。隔了多年，"崇祯皇帝遭温了"，依然如故。

次日，六十四岁的刘宗周骑着驴子，后面跟着一名肩扛包袱的仆人，两袖清风离京南下。堂堂都察院首席大臣竟然如此凄凉落寞，旁人感叹不已，他却淡然赋诗一首：

> 望阙陈情泪满袪，孤臣九死罪何如。
> 止因报主忧逾切，却愧匡时计转疏。
> 白发萧萧清禁外，丹心耿耿梦魂余。
> 自怜去国身如叶，毕罢朝参返故庐。

四、"决此一朝死，了我平生事"

崇祯十七年（1644）三月十九日，崇祯皇帝朱由检在煤山自缢，南京政府衮衮诸公直至四月二十五日才"北报确信"，商讨善后事宜。五月，福王朱由崧在南京监国，起用刘宗周，官复原职——都察院左都御史。他看到小朝廷内部的种种腐败迹象，坚决推辞，未蒙恩准，立即前往南京就任。

南明小朝廷一开张，就是一派亡国之象。福王朱由崧毫无帝王的样子，《明季甲乙汇编》说他"深拱禁中，惟渔幼女，饮烧酒，杂伶官演戏为乐"，听凭马士英摆布。

马士英窃取内阁首辅兼兵部尚书大权，起用阉党余孽阮大铖、杨维垣之流，排斥正直大臣，卖官鬻爵不遗余力，民间歌谣讥讽道：

> 中书随地有，都督满街走。
> 监纪多如羊，职方贱如狗。
> 荫起千年尘，拔贡一呈首。
> 扫尽江南钱，填塞马家口。

与马士英沆瀣一气的江北四镇——刘泽清、刘良佐、高杰、黄得功，拥兵自恣，根本无意于光复大业。小朝廷从上到下，浑浑噩噩，醉生梦死。正如兵科给事中陈子龙所说："中兴之主，莫不身先士卒，故能光复旧物。陛下入国门再旬矣，人情泄沓，无异升平之时，清歌漏舟之中，痛饮焚屋之下。臣诚不知所终矣！"

刘宗周先后呈进《草莽孤臣上痛哭时艰疏》和《追发大痛疏》。有鉴于封疆大吏与统兵将领畏缩不前，致使淮北大片国土失守，主张发兵征讨，以图光复。他提出四点意见：

一是据形胜以规进取——江南非偏安之地，请进而图江北，尤其应当重视中都凤阳，驻扎陛下亲征之师，以此渐恢渐进。

二是重藩屏以资弹压——犹可恨者，路振飞坐守淮安，借口家眷在外地，倡先逃跑。于是总兵刘泽清、高杰相率借口家眷寄籍江南，尤而效之。按照军法，临阵脱逃者斩。

三是慎爵赏以肃军情——高杰、刘泽清败逃，不追责，反而加官晋爵。武臣既滥，文臣从之；外廷既滥，宦官从之。臣恐天下因而解体。应当综核军功，申严军法。

四是核旧官以立臣纪——为邦本之计，贪官当逮，酷吏当诛。循良卓异之官当破格奖励。臣更有不忍言者，当此国破君亡之际，普天臣子皆当致死。幸而不死，反膺升级，能无益增天谴？

顾炎武《圣安本纪》把刘宗周的主张概括为"请上亲征"和"四镇不宜封"，意思是，敦请福王朱由崧率军出征江北，刘泽清、高杰、刘良佐、黄得功四名总兵不应加官晋爵。张岱《石匮书后集》进一步点明，刘宗周大谈"慎封爵""核旧官"诸事，其实是在纠弹马士英，因此，"(马)士英恨宗周次骨，嗾刘泽清、高杰公疏劾宗周"。

刘泽清、高杰本来就对刘宗周指责他们逃跑耿耿于怀，经马士英嗾使，刘、高二人立即弹劾刘宗周：劝上亲征以动摇帝祚，夺诸将封以激变军心，不仅仅是不仁不智，简直是心怀"逆谋"。

朱由崧大为恼怒，要他御驾亲征，显然有"谋危社稷"之嫌，勒令刘宗周致仕。于是乎，仅仅担任四十九天都察院左都御史的刘宗周，罢官而去。

正当南明君臣忙于内斗之际，清军大举南下，南京、杭州相继沦陷，国祚大势已去。弘光元年 (1645) 六月二十二日，门人王毓蓍投水自尽，致书老师："门生毓蓍已得正命，伪官俱已受事，此一块土非大明有矣，愿先生早自决。"刘宗周见信赞叹死得其所，随即写信给女婿秦祖轼，表示以身许国之意：

> 信国不可为，偷生岂能久！
> 止水与叠山，只争死先后。

其实此前他已有殉国的意愿，在"哭殉难十公"诗中有所流露。其中哭倪元璐诗写道：

> 台阁文章星斗寒，风期与俗异咸酸。
> 回澜紫海皆通汉，照乘明珠只走盘。
> 拟绝韦编年待假，争先殉节死逾安。
> 读书所学知何事，蒙难坚贞许尔般。

诗前的小序对倪元璐的敬仰之情溢于言表："公官大司农（户部尚书），知国事不可为，时怀一锐于袖中，曰：'时至即行。'及三月十九日之变，公即以巳刻死。自此遂有继公而起者。"自己也有继他而去之意，故而说"读书所学知何事，蒙难坚贞许尔般"。

二十五日，他外出投水自尽，被随从救起，暂息灵峰寺。儿子刘汋拿了清朝请他出来做官的公文，他闭目不看，开始绝食。亲人问他心境如何，他回答："他人生不可对父母妻子，吾死可以对天地祖宗；他人求生不得生，吾求死得死；他人终日忧疑惊恐，而吾心中泰然。如是而已。"

黄宗羲《弘光实录钞》说，刘宗周此时早已下定求死得死之心："宗周不食久，渴甚，饮茶一杯，精神顿生，曰：'此后勺水不入口矣。'宗周谓门人曰：'吾今日自处无错否？'门人曰：'虽圣贤处此，不过如是。'宗周曰：'吾岂敢望圣贤哉，求不为乱臣贼子而已矣！'"

张岱《石匮书后集》描述六十八岁刘宗周生命最后时刻的文字，读来令人泪目：

> 廿九日，作绝命词曰："留此旬日死，少存匡济意。决此一朝死，了我平生事。慷慨与从容，何难复何易。"嗣后，止闭目端坐，不出一言。(闰)六月六日，命家人扶掖南向坐，有顷，迁北向。息奄奄欲绝，犹捉笔书一"鲁"字。至八日戌时乃绝。……刘中丞绝食者两旬日，勺水不入口者十有三日，有骨如柴，骑箕始去。呜呼，烈矣！

"人世事，几完缺"
——读《梅村家藏稿》札记

　　崇祯四年 (1631)，二十三岁的吴伟业，以会试第一名、殿试第二名的佳绩，获得皇帝御批"正大博雅，足式诡靡"嘉奖，钦赐假期，归乡婚娶，一时荣耀至极。康熙十年 (1671) 病危时，回顾六十三年生涯，感慨中透着凄凉："吾一生遭际万事忧危，无一刻不历艰难，无一境不尝辛苦，实为天下大苦人。"名闻遐迩的梅村先生为什么要说自己是"天下大苦人"呢？晚年有一所颇具江南园林风格的别墅，生活并不艰苦。其实是内心痛苦，灵魂煎熬之苦，一再写诗感叹："憔悴而今困于此，欲往从之愧青史。"他在临终前要再三叮嘱，给他穿上僧装，墓前立一圆石，题曰"诗人吴梅村之墓"，不要写墓志铭。后辈顾湄为他写"行状"至此，感叹：先生之心事可悲也！这又是为什么呢？

　　《梅村家藏稿》向后人透露的信息丰富多彩，既要面对金戈铁马的腥风血雨，又要面对进退出处的艰难抉择，透过这样的视角洞察明清鼎革之际江南的政治氛围与文化生态，或许别有一番意味。

一、"福过其分，实切悚栗"
——权臣倾轧中的复社才子

1. 张溥的入室弟子

吴伟业天资聪明，少年即有才名，张溥见到他十四岁所写的文章，大为惊叹，"文章正印，在此子矣"，随即收他为入室弟子。顾湄《吴梅村先生行状》说："先生有异质，少多病，辄废学，而才学辄自进，迨为文，下笔顷刻数千言。时经生家崇尚俗学，先生独好三史。西铭张公溥见而叹曰：'文章正印，其在子矣。'因留受业，相率为通经博古之学。"陈廷敬提供了一个细节："(吴梅村)先生少聪明，年十四能属文。里中张西铭先生以文章提倡后学，四方走其门，必投文为贽，不当意即谢弗内。有嘉定富人子，窃先生塾中稿数十篇，投西铭。西铭读之大惊，后知为先生作，固延至家。同社数百人，皆出先生下。"

此处所说的"同社"云云，指应社与复社。应社成立于天启四年(1624)，创立者是杨廷枢和张溥等文士，宗旨是提倡尊经复古。张溥后来回忆道："应社之始立也，所以志于尊经复古者，盖其志。是以五经之选，义各有托，子常杨彝、麟士顾梦麟主《诗》，维斗杨廷枢、来之吴昌时、彦林钱旆主《书》，简臣周铨、介生周钟主《春秋》，受先张采、惠常王启荣主《礼》，溥与云子朱隗则主《易》。"

之后张溥创建复社，影响远超应社，由一个地域性文社，发展为全国性文社。因此，复社有狭义和广义之分，前者是指众多文社之一，后者是指众多文社的联合体。朱彝尊说"复社始于戊辰，成于己巳"，就是这个意思，亦即复社作为众多文社之一，始于崇祯元年（1628）；作为众多文社的联合体，成于崇祯二年。

吴伟业作为张溥的及门弟子，追随老师参加复社活动，研习经学，奠定坚实的学问基础。复社的早期名单中，年轻的吴伟业赫然在列。崇祯二年（1629）的尹山大会、崇祯三年的金陵大会，他都躬逢其盛。关于尹山大会，《复社纪略》写道："吴江令楚人熊鱼山开元，以文章经术为治，知人下士，慕天如名，迎至邑馆……于是为尹山大会，茗、雪之间，名彦毕至。

未几，臭味翕集，远自楚之蕲、黄，豫之梁、宋，上江之宣城、宁固，浙东之山阴、四明，轮蹄日至。"张溥在大会上针对"士子不通经术"的习气，提出"规条"与"课程"，以期达到"兴复古学""务为有用"之目的，道出了之所以命名为复社的原因。

吴伟业在《复社纪事》中说：

> 初，先生起里中，诸老生颇共非笑其业以为怪。一时同志，苏州曰杨维斗廷枢，曰徐九一汧，松江曰夏彝仲允彝，曰陈卧子子龙；而同里最亲善曰张受先采，读书先生七录斋，海内所目为娄东两张者也。受先举戊辰会试第三人，九一进史馆，是为崇祯改纪之初年。先生以贡入京师，纵观郊庙辟雍之盛，喟然太息曰："我国家以经义取天下士，垂三百载，学者宜思有表章微言，润色鸿业。今公卿不通六艺，后进小生剽耳佣目，幸弋获于有司……诗书之道亏，而廉耻之途塞也。新天子即位，临雍讲学，丕变斯民。生当其时者，图仰赞万一，庶几尊遗经、贬俗学，俾盛明著作，比隆三代，其在吾党乎？"乃与燕、赵、卫之贤者为文言志，申要约而后去。

参加尹山大会的人数之多，一般文社难以与之比肩。日本学者小野和子《明季党社考》统计，一共有六百八十人。

崇祯三年 (1630)，适逢应天乡试，江南士子前往金陵参加科考，复社成员吴伟业和杨廷枢、张溥、吴昌时、陈子龙等高中举人，复社声誉一时高涨。在这种背景下，张溥在金陵召开第二次大会。吴伟业写道："三年庚午省试，胥会于金陵，江淮宣歙之士咸在，主江南试为江西姜燕及 (曰广) 先生。榜发，维斗褒然为举首，自先生以下，若卧子及伟业辈，凡一二十人，吴江吴来之昌时亦与焉，称得士。"

2. 天子门生："正大博雅，足式诡靡"

荣耀接踵而来。崇祯四年 (1631) 辛未会试，吴伟业考取第一名，座主是内阁首辅周延儒和内阁次辅何如宠。接下来的殿试，获得了一甲第二名 (第一名是陈于泰)。他的答卷自然引人注目，这篇《辛未廷试策》确实不同凡响。

一则说："臣闻之：人主之立法也，知明意美，道高德厚，设诚于内，而制行之，仁义礼乐皆其具也。然非选温良上德之士，以因能而责治，经常何自而修焉？"

再则说："人主之立法也，事为之制，曲为之防，随俗之宜而通变之政，文章皆其效也。然非举通道进善之人，以分职而效官，典章何自而备焉？"

三则说："故必因物以识物，因人以知人，使教化自内以达外，道法自略以及详，则智者献明，能者效力，皆从此始也。"

四则说："君之所以养士者禄也，厚其爵予以彰有德，则冀念不生，所以成养廉之德至矣。而风气未更，其何以劝焉？惟以贵谊贱利为先，而见贤不居其上，受禄不过其量，廉法所自见也。"

用科举考试的标准来衡量，堪称言之有物的佳作，录取为会试第一名、殿试一甲第二名，应在情理之中。由于内阁中排名第四的温体仁与内阁首辅周延儒的权力倾轧，引出了麻烦。温体仁的亲信党羽薛国观在朝廷中散布流言蜚语：周延儒意欲收罗名士，秘密叮嘱各分房考官，在阅卷时拆封窥探考生姓名。分房考官李明睿录取旧交吴禹玉之子吴伟业，周延儒也喜欢吴伟业，因此录取。御史袁鲸根据流言蜚语，准备向朝廷揭发。周延儒抢先一步，把吴伟业的考卷呈送皇帝御览，朱由检阅后批示："正大博雅，足式诡靡。"皇帝明白无误的赞誉，令温体仁、薛国观、袁鲸之流哑口无言，一场波澜始告平息。

看似平淡的事件，内中却大有玄机。按照惯例，内阁首辅政务繁重，主持会试之事应由内阁次辅担任，周延儒以首辅身份主持会试是破例的行为。科举考试与官场人事关系密切，考生与主考官之间原先并无师生关系，一旦跃登龙门，就构成门生与座主的关系，进而发展成政坛的派系。周延儒亲自出马，意图搜罗名士作为门生，巩固自己在朝廷的权力基础。温体仁抓住把柄大做文章，意在攻倒周延儒取而代之。因此之故，陆世仪《复社纪略》把此事定性为"温周相轧之第一事"：

崇祯庚午（三年，1630）乡试，诸宾兴者咸集，天如又为金陵大会。是科主裁为江右姜居之曰广，榜发，解元为杨廷枢，而张溥、吴伟业皆魁选。陈子龙、吴昌时俱入彀，其他省社中列荐者复数十余人。明年辛未会试，伟业中会元，溥与夏日瑚又联第。江西杨以任，武进马世奇、盛德，长洲管正传，闽中周之夔，粤东刘士斗并中式。主试为周延儒首相也。旧例，会试主裁，元老以阁务为重，应属次辅。乃周以越例得之，大非次辅温体仁意，是以会元几挂吏议。盖延儒诸生时，游学四方，曾过娄东，与伟业之父禹玉相善；而伟业本房师乃南昌李明睿，李昔年亦游吴，馆于邑绅大司马王在晋家，曾与禹玉相善。是科延儒欲收罗名宿，密嘱诸分房于呈卷前，取中式封号，窃相窥视。明睿头卷即伟业也。延儒喜其为禹玉之子，遂欲中式。明睿亦知为旧交之子，大喜悦，取卷怀之，填榜时至末而后出以压卷。伟业由此得冠多士，为乌程（温体仁）之党薛国观泄其事于朝，御史袁鲸将具疏参论。延儒因以会元卷进呈御览，烈皇帝亲阅之，首书"正大博雅，足式诡靡"八字，而后人言始息。此温周相轧之第一事也。

3. "人间好事皆归子"

　　这一波折对于初出茅庐的吴伟业而言，吃惊不小。他去世前写给长子吴暻的遗书，提及此事仍心有余悸："吾少多疾病，两亲护惜，十五六不知门外事。应童子试，四举而后入彀。不意年逾二十，遂掇大魁，福过其分，实切悚栗。时有攻宜兴（周延儒）座主，借吾为射的者，故榜下即多危疑。赖烈皇帝保全，给假归娶先室郁氏。"初涉政坛就体验到政治的险恶，温体仁把他当作攻击周延儒的箭垛，他自己则有"福过其分"之感，因而悚栗不已。令他转忧为喜的是皇帝钦赐假期，回乡婚娶，士人以为无上荣耀。同时高中进士的张溥，也沾到喜气，写诗祝贺：

> 孝弟相成静亦娱，遭逢偶尔未悬殊。
> 人间好事皆归子，日下清名不愧儒。
> 福贵不忘家室始，圣贤可学友朋须。
> 行时襆被犹衣锦，偏避金银似我愚。

"人间好事皆归子"，连他这位老师也自叹不如。然而吴伟业一生都对老师尊敬有加，高度评价老师的学问："西铭先生以教化兴起，云间夏彝仲、陈卧子从而和之，两郡之文遂称述于天下。人止见其享盛名、掇高第，奉其文为金科玉条，不知西铭之书，羽翼经传，固非沾沾于一第已也。"

奉旨归娶，是吴家的莫大喜事，举行了盛大的婚礼，那一年祖母汤太夫人七十四岁，父亲吴禹玉四十九岁。张溥描述道："骏公试南宫第一，时未娶妇，告之，天子赐驰节还里门。太夫人拥孙襕笏甚欢，为问都中起居，龋然而笑，于是绾其发，饮以醇酒。明年（崇祯五年，1632），骏公成婚礼，一城聚送致贺。太夫人凭高轩望新妇入门，灯火夹市。"

二、"立朝以正直忠厚为本"
——从翰林院到南京国子监

1. 复社的政治风波

却说张溥与吴伟业同时得中进士，张成为庶吉士，吴成为翰林院编修。温体仁对张溥的名士气派颇有意见，扬言庶吉士可进可退，如果不成才可以黜退。张溥获悉后，写了弹劾温体仁的疏稿，揭发他"通内结党""援引同乡"诸事，要求吴伟业抄写后，用翰林院编修名义呈进朝廷。吴伟业为人一向谨慎，考虑到立朝未久，不熟悉朝廷人事，犹豫不决，又难以拒绝师命，就把疏稿稍加增删，避重就轻，改为纠弹温体仁亲信蔡奕琛"主持门户""操握线索"。温体仁得知内情，大为恼怒，打算严惩张溥，周延儒从中调解才得以化解。不过从此温体仁、蔡奕琛对张溥侧目相待。

崇祯五年（1632），张溥以"葬亲"为由，向朝廷请假，回到太仓，筹备明年的复社虎丘大会。陆世仪认为，崇祯六年的复社虎丘大会，声势之浩大，为三百年来所未有。

他的文字很有气势：

> 伟业以溥门人，联捷会元鼎甲，钦赐归娶，天下荣之。远近谓士子出天如门者必速售，大江南北争以为然……比溥告假归，途中鹢首所至，挟策者无虚日。及至里，四远学徒群集。癸酉（崇祯六年）春，溥约社长为虎丘大会。先期传单四出，至日，山左、江右、晋、楚、闽、浙以舟车至者数千余人。大雄宝殿不能容，生公台、千人石鳞次布席皆满。往来丝织，游于市者，争以复社命名，刻之碑额。观者甚众，无不诧叹：以为三百年来从未一有此也！

就在这一年，温体仁终于抓住机会，把周延儒赶下台，顺利升任内阁首辅。为了把周延儒的复社门生拉到自己麾下，想出了绝妙主意，乘虎丘大会召开之机，指使其弟温育仁申请加入复社。张溥严词拒绝，温育仁恼羞成怒，依仗兄长的权势，雇人撰写《绿牡丹传奇》，对复社极尽讽刺挖苦之能事。

温体仁执政以后，推行“没有魏忠贤的魏忠贤路线”，打击东林人士不遗余力，钱谦益、钱龙锡、文震孟、郑鄤都是被他整肃的；复社以“小东林”自诩，自然难逃厄运。正如吴伟业所说：“乌程（温体仁）窃国柄，阴鸷惨核，谋于其党刑部侍郎蔡奕琛、兵（科）给事中薛国观，思所以剚刃于东南诸君子。先生（张溥）扼腕太息，蚤夜呼愤。

其门弟子从茗、雪间来者，具得相温阴事，名为廉洁奉法，实纵子弟暴横乡里，招权利，通金钱。先生引满听之，以为笑谑。语稍稍流闻相温。时盛修隙虞山（钱谦益），思一举并中之，未得间也。"

　　于是便有策动陆文声、周之夔之流诬陷复社的政治操弄。太仓望族王时敏是前内阁首辅王锡爵的后人，与温体仁有两世通家之谊，深受温体仁倚重，蓄怨于复社。对张采怀恨在心的陆文声，找到王时敏，准备入京告状，攻讦早已辞去临川知县、回家养病的张采，"交通上官，把持武断"。王时敏面授机宜：相君（温体仁）仇恨复社，参之正当其机，可以找蔡奕琛商量。陆文声随即拜访蔡奕琛，送上疏稿。温体仁看了疏稿，问道：

▶ 清吴伟业行书七言诗扇面
浙江省博物馆藏

谁为张采？不过是三家村兔园学究，不值一提，如今朝廷所急者是张溥。陆文声随即修改疏稿，把矛头指向张溥，妄称其"借端筹饷，历陈奸弊"。很快圣旨下达，命江南提学御史倪元珙查究复社"结党恣行，把持武断"之事。倪元珙根据苏松兵备道冯元飏、苏州知府陈洪谧调查结果，向朝廷据实回奏：陆文声为泄私愤诬告复社。

吴伟业写道："倪（元珙）公贤者，即苏松道慈溪冯公元飏所谳以奏曰：'臣奉诏董诸生，而复社多高材生，相就考德问业，不应以此问罪。文声挟私憾，瞒谰诋毁，荧惑上听，所奏姑不以实，昧死闻。'"

案件并未就此了结，蔡奕琛用官职为诱饵，催促陆文声再上第二疏，陆文声没有答应，离开了这个是非之地。蔡奕琛不肯罢休，策动前任苏州府推官周之夔再次挑起事端。于是乎，周之夔炮制《复社首恶紊乱漕规、逐官杀弁、朋党蔑旨疏》，调子逐步升级。为了激起皇帝的怒气，他在奏疏中诬陷张溥和张采，有"四配""十哲""常侍""天王"之类称呼，狂妄僭越之极，乞求皇帝"斩溥、采以谢朝廷"，竟欲置张溥、张采于死地，用心极其险恶。不巧的是，幕后主使者温体仁于这年六月罢官而去，案件悬而未决。

2.《劾元臣疏》

继任内阁首辅张至发，传承温体仁衣钵，奉行"没有温体仁的温体仁路线"，复社的危险仍然存在。由翰林院编修充任东宫讲读官的吴伟业挺身而出，写了《劾元臣疏》，弹劾张至发。

一则说："首臣张至发者，遭逢隆遇，致位孤卿，今复总辑群司，具瞻朝宁。臣以为新猷方始，治忽攸关，其能回心易虑，从善图功，改比周之积非，谋公忠之实效，臣之所厚幸也。若复怀私徇庇，固陋因循，滋巧伪以为工，视忠贞为罔益，臣之所大恐也。"

再则说："语曰：'前事不忘，后事之师。'首臣今日之鉴，取之去辅温体仁足矣。体仁学无经术，则当讲求仁义，练达朝章；体仁性习险诐，则当矢志光明，立身公正；体仁比昵宵人，则当严杜噆讪之辈；体仁护持悍党，则当力维忠孝之经。专精神以图平治，毋如体仁之泄沓偷容；书可否以决危疑，毋如体仁之游移饰诈。如此，而圣恩庶可副，众望庶可塞也。"

三则说："臣之所忧者，首臣积习未化，故辙犹存。臣读其近日辨揭，盛称体仁之美，一曰孤执，一曰不欺。夫体仁之当国也，有唐世济、闵洪学、蔡奕琛、吴振缨、胡钟麟之徒参赞密谋，有陈履谦、张汉儒、陆文声之徒驱除异己，何谓孤？庇枢贰，则总理可不设，而事败乃设；徇凤抚，则镇可不移，而事败乃移，何谓执？皇上之决去体仁，正为其善欺耳。家窝巨盗，产遍苕溪，自诡曰清；孽子招权，匪人入幕，自诡曰谨，何谓不欺？"

不愧为会试第一名的复社才子，文章写得逻辑严密，气势逼人。全文围绕张至发称颂温体仁"孤执""不欺"，层层批驳，揭露温体仁"学无经术""性习险诐""比昵宵人""护持悍党""泄沓偷容""游移饰诈"，与"孤执""不欺"相差十万八千里。鞭挞温体仁的同时，暴露张至发继承温体仁衣钵的真面目，推动了弹劾张至发，清算温体仁的浪潮。

劣迹昭彰的温体仁专擅朝政八年，成为舆论的焦点，京师民谣唱道"崇祯皇帝遭温了"，取温体仁之"温"与瘟疫之"瘟"谐音，讥刺皇帝受温体仁蒙蔽而不自知，犹如遭瘟一般。早在崇祯八年（1635），工部侍郎刘宗周就弹劾内阁首辅温体仁，执政八年一无是处，从上到下形成一言堂，皇帝以为是，辅臣不敢以为非；辅臣以为是，九卿不敢以为非。结局是，"国事遂不可问"。他目光犀利地指出："皇上恶私交，而臣下多以告讦进；皇上录清节，而臣下多以曲谨容；皇上崇励精，而臣下奔走承顺以为恭；皇上尚综核，而臣下琐屑吹求以示察。"一言以蔽之："八年之间谁秉国成而至于是？臣不能为首辅温体仁解矣！"

对于这样一个奸臣，张至发誉之为"孤执""不欺"，可见也不是什么好货色。此人不知"涤心改行"，不久就罢官而去。继任的内阁首辅薛国观也是温体仁的党羽，传承衣钵，亦步亦趋，一年以后遭到削籍处分，最终被皇帝赐死。

崇祯十四年（1641），张溥病逝于家。温体仁的死党蔡奕琛因贿赂薛国观被捕入狱，还不忘诬陷复社。已经杜门养病多年的张采忍无可忍，写了《具陈复社本末疏》，为复社辩白。他强调复社是为了科举而成立的文社，宗旨是"楷模文体，羽翼经传"，没有一丝一毫"出位跃冶之思"，陆文声、周之夔罗织虚无，托名徐怀丹者"假名巧诋"，纯属捏造，表示愿意和他们对簿公堂。

正直官员为复社主持正义，给事中姜埰仗义执言："自古文章兴狱，事不多见。臣闻东南久学之士，彬彬盛美，爰有复社之名，敢云人尽才能。要而论之，阐明经史，锐情讲诵。其间即有二三之士，怀古忧时，慷慨持言，扶进正论，嗤犯盛者，或亦规免大义，匡翊明时，非盛世所宜讳也。……乃自罪辅密承衣钵，事类坑儒，不曰诽谤，即曰结党，一事而株连无尽，一人而毛疵必求。嗟乎，罪辅固未之深思耳。"御史金毓峒向皇帝呼吁："复社一案，其人尽缝掖，不可以一夫私怨开祸端。"皇帝了解事实真相后，连发两道圣旨，一则说："书生结社，不过倡率文教，无他罪，置勿问。"再则说："朝廷不以语言文字罪人，复社一案准注销。"崇祯皇帝朱由检或许有这样那样的过错，对于复社一案的处理是公正的，敢于直言"朝廷不以语言文字罪人"，了不起！

吴伟业在这一事件中发挥了独特的作用，正如他自己所说："先是，吴下有陆文声、张汉儒之事。吾以复社党魁，又代为营救，世所指目。淄川（张至发）传乌程（温体仁）衣钵，吾首疏攻之。"顾湄《吴梅村先生行状》据此写道："吾吴有奸民张汉儒、陆文声之事，乌程（温体仁）阴主之，欲剚刃东南诸君子。先生以复社著名，为世指目。淄川（张至发）传乌程衣钵，先生首疏攻之，直声动朝右。"

吴伟业少年时接受张溥的教育，影响至深。张溥对学生灌输正直忠厚之论，强调"人臣之自立，在内断于心，而不期乎上之遇合；行己之所学，以求自得，而不必虑人之我非"。"如此，然后知忠厚正直，乃一共之辞，非偏方之说也。世有曲木焉，就而观之，其根必疏，疾风不能摇劲草，得土力深也。由斯而观，凡人之刻薄残削、见欲而动者，皆曲木之类也。凡人之和平乐易、神之景福者，皆劲草之类也。"秉承师教，吴伟业始终不忘立朝以正直忠厚为本，弹劾内阁首辅张至发是突出事例，为遭受不公正处分的黄道周表示道义上的支持，是另一事例。

3."如今公卿习唯唯"

面对内忧与外患的两难境地，皇帝朱由检想起了丁忧在家的宣大总督杨嗣昌，任命他为兵部尚书。崇祯十年（1637）三月，杨嗣昌抵京赴任。皇帝召见时，他侃侃而谈，才思阔达，与前任兵部尚书那种木讷卑微，截然不同。令朱由检刮目相看，拍案叫绝，感叹："恨用卿晚！"杨嗣昌当即提出详细的施政纲领，论述"安内"是当前第一要务，概括为"必安内方可攘外"七个字。得到皇帝首肯后，为了集中全力平定内忧，他决定向东北虎视眈眈的满洲释放和谈的意图，以便把关宁铁骑调到中原去平定内

▶ 杨嗣昌(谥文弱)像

乱。辽东巡抚方一藻和监军太监高起潜遵循他的指示，派遣算命先生周元忠，到满洲去试探口风。消息泄露后，舆论哗然。杨嗣昌写了奏疏为自己辩护：如果策划一事，局外人怀疑，局内人也怀疑，还有什么成功的希望？朱由检为了表示对他的支持，提名他进入内阁，于是乎杨嗣昌由兵部尚书一跃而为内阁大学士。这一下把杨嗣昌推向了风口浪尖，反对声音一浪高过一浪，其中影响最大的声音，来自刚直不阿的儒臣黄道周。

黄道周连上三封奏疏，其一是杨嗣昌不当夺情入阁，其二是辽东巡抚方一藻不当"封赏"满洲，其三是不当夺情起用陈新甲。虽然是三封奏疏，矛头集中在杨嗣昌身上，因为方一藻与满洲议和是执行杨嗣昌的指示，杨嗣昌有意起用陈新甲出任兵部尚书，以执行"必安内方可攘外"方针。

围绕是否与满洲议和，朝廷中对立的两派已经剑拔弩张，皇帝无法再沉默，七月五日在平台中左门召开御前会议，统一思想。听取各部尚书汇报以后，话锋一转，命黄道周出列跪下。

朱由检批评黄道周连上三封奏疏动机不

纯，此次廷推内阁成员，黄道周没有被点用，而发泄怨气。黄道周一向淡泊名利，申辩道：臣三疏皆是为天下国家、纲常名教，不曾为一己之功名爵禄。

朱由检反问他为什么早不上疏，偏偏要在未蒙点用之后才上疏？黄道周解释：五月中旬，南京御史林兰友、工科给事中何楷先后上疏，反对杨嗣昌议和主张，指责他忠孝两亏。当时如果上疏，恐涉嫌疑。今日不言，后将无及。假如臣缄默，亦可滥叨升斗，但所惜者陛下之纲常名教。

机敏过人的杨嗣昌见皇上与黄道周辩论伦理纲常，显然不是对手，便插进来跪奏，只字不提议和之事，以攻为守，非议黄道周的品行学术。说道：臣入京闻黄道周品行学术为人所宗，意其必有持正之言，可以使臣终制而去。不料其自谓不如郑鄤，臣始叹息绝望。人言禽兽知母而不知父，今郑鄤杖母，禽兽不如，道周又不如彼，还讲什么纲常！

黄道周立即反唇相讥：大臣闻言应当退避，士人得毕其言。未有大臣跪在上前争辩，不容臣尽言者。他气愤地把杨嗣昌比作猪狗、人枭，接着说：凡人心正则行正，心邪则行邪。嗣昌以己夺情，又推新甲，呼群引类，使成夺情世界，亦今日之耻也。

朱由检指责他无端诬诋大臣，他拒不接受，高喊："今日臣不尽言，则臣负陛下；陛下今日杀臣，则陛下负臣。"朱由检气得厉声喝道："你都是虚话，一生学问，止学得这佞口。"说到"佞口"二字，加重语气，重复道："佞口！"

边上的锦衣卫官员以为皇帝要把黄道周逮捕惩治，不料皇帝止住怒气，命黄道周退回官员行列中去。

参加此次御前会议的吴伟业写了一首《殿上行》，表达自己旁听"召对"的感想：

> 殿上云旗天半出，夹陛无声手攀直。
> 有旨传呼召集贤，左右公卿少颜色。
> 公卿由来畏廷议，上殿叩头辄心悸。
> 吾丘发策诎平津，未斥齐人渐汲尉。
> 先生侍从垂金鱼，退直且上庖西书。
> 况今慷慨复遑惜，不尔何以乘朝车。
> ……
> 如今公卿习唯唯，长跪不言而已矣。
> 黄丝历乱朱丝直，秋虫蹢曲秋雕起。
> 呜呼，拾遗指佞乃史臣，优容愚戆天王仁。

用"公卿由来畏廷议""如今公卿习唯唯"，反衬黄道周敢于抨击青云直上的杨嗣昌，敢于和皇帝当廷辩论是非曲直，这种刚直不阿的气节令他敬佩不已。

然而，朱由检不能容忍这样的耿介之士，亲自下旨：黄道周降六级调外任。

所谓降六级调外任，就是调任江西布政司都事，当一名办事员。遭受如此羞辱，黄道周心灰意冷，临行前向皇帝乞求退休："臣通籍十七载，犹然书生；立朝五百日，未酬犬马。倘淹忽半途，流播他土，将使千古上下，不知陛下忧恫之恩、仁悯之泽。恳乞还山，以就医药。苟残喘之尚存，何余年之足惜。"朱由检不批准，坚持要他前往江西当差。

为了表示对黄道周的同情，吴伟业写诗送行：

> 旧学能先天下忧，东西国计在登楼。
> 十年流涕孤臣事，一夜秋风病客舟。
> 地近诗书防党禁，山高星汉动边愁。
> 匡庐讲室云封处，莫向长江日夜流。

崇祯十三年（1640）春，江西巡抚解学龙即将调任南京兵部侍郎，解任前，按照惯例可以举荐下属，他毫不犹豫向朝廷举荐黄道周。内阁大学士魏炤乘厌恶黄道周，拟旨谴责解学龙滥荐。朱由检勃然大怒，"黄道周降六级调外任"，原本是自己的决定，解学龙竟然如此狂妄，敢唱反调，立即下旨逮捕解学龙和黄道周。黄、解二人押入刑部监狱，以"党邪乱政"罪，廷杖八十。显然是意气用事！何谓刚愎自用？这就是一个典型事例。

刚刚调任南京国子监司业的吴伟业出于正义感，立即派遣太学生涂仲吉进京，为黄道周讼冤。按照老师的指示，涂仲吉向皇帝进言："黄道周通籍二十载，半居坟庐，稽古著书，一生学力，止知君亲。虽言尝过戆而志实忠纯。今喘息仅存，犹读书不倦。此臣不为道周惜，而为陛下天下万世惜也。昔唐太宗恨魏徵之面折，至欲杀而终不果；汉武帝恶汲黯之直谏，虽远出而实优容。陛下欲远法尧舜，奈何出汉唐主下？"

派涂仲吉讼冤是需要有一点勇气的，如果皇帝恼怒，追究主使人，吴伟业很有可能步解学龙的后尘。他在给长子的遗书中回忆道："既升南中少司成，甫三日，而黄石斋予杖信至，吾遣涂监生入都具橐饘。涂上书触圣怒，严旨责问主使。吾知其必及；既与者七人，而吾得免。"《吴梅村先生墓表》说出了"得免"的原因："时黄道周以事下狱，先生遣监生涂某赍表至京，涂伏阙上疏，申理道周党人。当轴者以为先生指使，将深文其狱，以中先生。会其人死，乃已。"

吴伟业一向敬佩黄道周刚直不阿的风格，敢于冒险派涂仲吉讼冤，决非偶然之举，由此也反映他为官的正直忠厚。

三、"山川之胜，文章之乐，生平所未有"
——红颜知己卞玉京

1. 投闲置散

崇祯十二年 (1639)，吴伟业调任南京国子监司业，明升暗降，远离权力中心，投闲置散。李继贞写给吴禹玉的信函，流露了"大为扼腕"之意。信中写道："令长公南司成之推，大为扼腕。要之，饶山水、多高贤、宜诗酒，有此三快，三公不易矣。"

虽然投闲置散，却给了他为官生涯中最为愉快的一段时光，正如李继贞所说"饶山水、多高贤、宜诗酒"，这三大快乐胜过高官多多。吴伟业对南京生活非常满意——"山川之胜，文章之乐，生平所未有也"。请看他的漂亮文章：

> 往者余叨贰陪雍，云间宋子建偕其友来游太学。当是时，江左全盛，舒桐淮楚衣冠人士避寇南渡，侨寓大航者且万家。秦淮灯火不绝，歌舞之声相闻。子建雅结纳，擅声誉，天才富捷，能为歌诗，胜游广集，名彦毕会。每子建一篇出，无不人人嗟服。余讲舍在鸡笼山南，远睨覆舟，近揽灵谷，俯瞰玄武，陵树青葱，觚棱紫气，皆浮光荡日，照耀乎吾堂之内。有池十亩，为亭五楹，树以桐梓杉楮，被以芙蕖菱芡。凡四方宾客之过者，图书满架，笙镛在列，招延谈咏，殆无虚晷。子建至，则相与讲德论艺，命酒赋诗，极昼夜勿倦。盖山川之胜，文章之乐，生平所未有也。

当时中原战乱不断，衣冠人士纷纷避难渡江，把六朝金粉之地的南京视为安乐窝，一时间秦淮河畔人声鼎沸，摩肩接踵。《板桥杂记》把这种气氛渲染到极致。

一则说："金陵为帝王建都之地，公侯戚畹甲第连云，宗室王孙翩翩裘马。以及乌衣子弟、湖海宾游，靡不挟弹吹箫。经过赵李，每开筵宴，则传呼乐籍，罗绮芬芳，行酒纠觞，留髡送客，酒阑棋罢，堕珥遗簪。真欲界之仙都，升平之乐园也。"

再则说："秦淮灯船之盛，天下所无。两岸河房，雕栏画槛，绮窗丝障，十里珠帘。客称既醉，主曰未归。游楫往来，指目曰某名姬在某河房，以得魁首者为胜。薄暮须臾，灯船毕集，火龙蜿蜒，光耀天地。扬槌击鼓，蹋顿波心。自聚宝门水关至通济门水关，喧阗达旦，桃叶渡口，争渡者喧声不绝。"

其中也不乏吴应箕（次尾）、侯方域（朝宗）、冒襄（辟疆）等复社名士，然而他们在南京的活动，却另有一番轰轰烈烈的事业。复社后期领袖吴应箕与同乡刘城带领复社成员成立"国门广业之社"，参加金陵乡试的生员，逢大比之年，在南京国子监的广业堂论文考艺，崇祯三年（1630）、崇祯六年、崇祯九年先后举行三次复社大会。复社青年才俊与那些公子哥儿截然不同，正如吴应箕所说："南京，故都会也，每年秋试，则十四郡科举士及诸藩省隶国学者咸在焉。衣冠阗骈，震耀衢街，豪举者挟资来，举酒呼徒，征歌选伎，岁有之矣。而号为有气志、能文章者耻之，键户若无闻，遇则逡巡从道旁避去。"

2. 复社名士与秦淮佳丽

崇祯九年（1636）金陵乡试，国门广业之社在南京举行第三次大会,与会者有吴应箕、冒襄、陈贞慧(定生)、顾杲(子方)等人。会后,冒襄在秦淮河桃叶渡寓所,招待天启死难烈士魏大中、左光斗、缪昌期、周顺昌、高攀龙、黄尊素、李应昇遗孤十三人。魏学濂向社友出示血书与疏稿,提及其父魏大中之死与阮大铖有关。与会众人义愤填膺,齐声痛骂阉党余孽阮大铖,开始酝酿"留都防乱"之议。而后吴应箕与陈贞慧、顾杲商议,起草《留都防乱公揭》。

崇祯十二年(1639),又逢金陵乡试,吴应箕召集复社成员,正式发布他起草的《留都防乱公揭》,在上面签名的有一百四十二人,领衔的是顾宪成之孙顾杲、黄尊素之子黄宗羲。这篇檄文揭露阮大铖阉党逆案的老底——"献策魏珰,倾残善类",钦定逆案名单颁布以后,图谋翻案。复社诸君子誓与阮大铖不共戴天:"杲等读圣人之书,附讨贼之义,志动义慨,言与愤俱,但知为国除奸,不惜以身贾祸。若使大铖罪状得以上闻,必将重膏斧锧,轻投魑魅。即不然,而大铖果有力障天,威能杀士,杲亦请以一身当之,以存此一段公论,以寒天下乱臣贼子之胆,而况乱贼之必不容于圣世哉!"

阮大铖迫于舆论压力,躲进南门外牛首山,暂避锋芒,派遣心腹四出收购《留都防乱公揭》文本,孰料越收集越多,传布越广。彷徨无计之时,想到了刚来到南京的侯方域,企图利用他来缓和与复社的关系,派遣王将军做说客,用重金撮合侯公子与秦淮美女李香君的好事。李香君大义凛然，敦促侯公子拒绝阮大铖的收买，说道："妾少从假母识阳羡君（陈贞慧），其人有高谊；闻吴君（应箕）尤铮铮，今与公子善，奈何以阮公负至交？"侯公子接受李香君的意见，与阮大铖断绝来往。夏燮《忠节吴次尾先生年谱》说，王将军代阮大铖做说客一事，成为《桃花扇》"却奁"一出的蓝本，所不同的是，做了文学性的虚构——王将军变成了杨文骢。在孔尚任的演绎下，李香君的气节显得更加贞烈：

> 李香君："官人是何说话，阮大铖趋附权奸，廉耻丧尽，妇人女子无不唾骂。他人攻之，官人救之，官人自处于何等也？不思想，把话儿轻易讲。要与他消释灾殃，要与他消释灾殃，也提防旁人短长。官人之意，不过因他助俺妆奁，便要徇私废公，那知道这几件钗钏衣裙，原放不到我香君眼里。脱裙衫，穷不妨；布荆人，名自香。"

围绕《留都防乱公揭》的活动，发生在崇祯十二年（1639），也就是吴伟业担任南京国子监司业的时期。他是否参与其事，不得而知，不过从他同情东林，鄙夷阉党的一贯立场，以及讥刺阮大铖的诗作来看，对于复社后辈抨击阉党余孽阮大铖的运动，乐观其成，大致是可以推定的。他所津津乐道的"山川之胜，文章之乐，生平所未有也"，与此大有关系。

3.《听女道士卞玉京弹琴歌》

另一赏心乐事，便是和红颜知己卞玉京的交往。吴伟业崇祯十二年 (1639) 出任南京国子监司业，次年，嗣父文玉公病逝，他回乡丁忧守制三年；弘光元年 (1645)，南明小朝廷任命他为少詹事，由于不满马士英和阮大铖胡作非为，旋即辞官而去，直到顺治十年 (1653) 出任清朝国子监祭酒；在这十几年中，没有担任官职，逍遥自在，有充裕的时间和卞玉京交往。

秦淮佳丽大多精通琴棋书画，卞玉京是其中的佼佼者。余怀《板桥杂记》写道："卞赛，一曰赛赛，后为女道士，自称玉京道人。知书，工小楷，善画兰、鼓琴，喜作风枝袅娜，一落笔画十余纸。年十八，游吴门，居虎丘，湘帘棐几，地无纤尘。见客初不甚酬对，若遇佳宾，则谐谑间作，谈词如云，一座倾倒。寻归秦淮。遇乱，复游吴门。吴梅村学士作《听女道士卞玉京弹琴歌》赠之。"余怀的这段文字，沿用了吴梅村为卞玉京写的小传："玉京道人，莫详所自出，或曰秦淮人，姓卞氏。知书，工小楷，能画兰，能琴。年十八，侨虎丘之山塘，所居湘帘棐几，严净无纤尘。双眸泓然，日与佳墨良纸相映切。见客初亦不甚酬对，少焉谐谑间作，一座倾靡。与之久者，时见有怨恨色，问之，辄乱以他语，其警慧虽文士莫

▶ 卞玉京道服像

及也。"

与卞玉京交往的男士无不倾倒，而梅村尤其称赞有加——"警慧虽文士莫及"，当然也包括他自己。

《听女道士卞玉京弹琴歌》是吴梅村写的抒情长诗，第一段由听弹琴入手，介绍卞玉京：

驾鹅逢天风，北向惊飞鸣。
飞鸣入夜急，侧听弹琴声。
借问弹者谁，云是当年卞玉京。
玉京与我南中遇，家近大功坊底路。
小院青楼大道边，对门却是中山住。

第二段听卞玉京自述，福王朱由崧登上宝座后，立即广选淑女，中山王徐达的后人明眸皓齿，娇媚无双，列入候选名单，秦淮佳丽也未能幸免。卞玉京乘乱化装成女道士出走避祸：

万事仓皇在南渡，大家几日能枝梧。
诏书忽下选娥眉，细马轻车不知数。
中山好女光徘徊，一时粉黛无人顾。
艳色知为天下传，高门愁被旁人炉。

尽道当前黄屋尊，谁知转盼红颜误。

南内方看起桂宫，北兵早报临瓜步。

……

我向花间拂素琴，一弹三叹为伤心。

暗将别鹄离鸾引，写入悲风怨雨吟。

昨夜城头吹觱篥，教坊也被传呼急。

碧玉班中怕点留，乐营门外卢家泣。

私更装束出江边，恰遇丹阳下渚船。

剪就黄绦贪入道，携来绿绮诉婵娟。

"女道士"云云，只是一种习惯说法，其实并非真正的道士，而更类似皈依佛门的女居士。梅村写的《卞玉京传》说："道人持课诵戒律甚严，生于保御，中表也，得以方外礼见。道人用三年力，刺舌血为保御书《法华经》。既成，自为文序之，缁素咸捧手赞叹。"余怀写的《卞玉京传》也如此说："长斋绣佛，持戒律甚严，刺舌血书《法华经》以报保御。"足以证明她并非入道而是入佛。

南京弘光小朝廷，是绝对权力导致绝对腐败的典型。正如陈子龙所说："人情泄沓，无异升平之时，清歌漏舟之中，痛饮焚屋之下。"马士英专擅朝政，排斥正人君子，起用阉党余孽阮大铖为兵部右侍郎。阮大铖大权在握，炮制《蝗蝻录》，大肆报复复社诸君子，逮捕周镳、陈贞慧、黄宗羲，吴应箕、侯方域逃亡。新任漕抚田仰在阮大铖怂恿下，企图乘机霸占李香君。侯方域《李姬传》写道："侯生去后，而故开府田仰者，以金三百镪，邀姬一见。姬固却之，开府惭且怒，且有以中伤姬。姬叹曰：'田公宁异于阮公乎？吾向之所赞于侯公子者谓何？今乃利其金而赴之，是妾卖公子矣。'卒不往。"《李姬传》写到此为止，下面的情节究竟如何，没有写。孔尚任《桃花扇》写了李香君出家，连带写到了卞玉京的下落。

据顾师轼《吴梅村先生年谱》，听女道士卞玉京弹琴歌，发生在顺治七年（1630）八月，地点在常熟县。《梅村诗话》写道：

> 女道士卞玉京，字云装，白门人也。善画兰，能书，好作小诗。曾题扇送余兄志衍入蜀一绝云："剪烛巴山别思遥，送君兰楫渡江皋。愿将一幅潇湘种，寄与春风问薛涛。"后往南中，七年不得消息。忽过尚湖，寓一友家不出。余在东涧（钱谦益）宗伯座，谈及故人。东涧云："力能致之。"呼舆往迎，续报至矣。已而登楼，托以妆点始见。久之，云："痁疾骤发，请以异日访余山庄。"余诗云："缘知薄幸逢应恨，恰便多情唤却羞。"此当日情景实语也。

4．"多情唤却羞"

"缘知薄幸逢应恨，恰便多情唤却羞"，话里有话，显示吴梅村与卞玉京关系非同一般。为何要说"薄幸逢应恨""多情唤却羞"？原来多年之前，卞玉京曾经向吴梅村求爱，愿意以身相许，吴梅村优柔寡断，支支吾吾，没有答应，成为彼此间难以释怀的心结。

为什么吴梅村不敢接受卞玉京的求爱呢？原因就在于他过于爱惜自己的羽毛，珍视自己头顶上的光环。崇祯皇帝在他的卷子上用红笔御批"正大博雅，足式诡靡"，给了他天子门生的无上荣誉。皇恩浩荡，奉旨归娶，他的婚礼非同寻常，皇帝成为主婚人，使得他与原配夫人的婚姻带有浓烈的政治色彩。他不敢逾越这条红线。然而他和卞玉京之间相识、相知、相恋的感情，始终挥之不去。

这一秘密，直到卞玉京去世，吴梅村前往无锡惠山扫墓时才透露出来。在为她写的小传中提及："（卞玉京）与鹿樵生（梅村自称）一见，遂欲以身许。酒酣拊几而顾曰：'亦有意乎？'生固为若弗解者，长叹凝睇，后亦竟弗复言。寻以乱别去，归秦淮者五六年矣。"此处所说"归秦淮者五六年"，与顺治七年（1650）八月听卞玉京弹琴歌时说，此前已有七年"不得消息"，可以推测，卞玉京向吴梅村表示"欲以身许"，当在崇祯年间，极有可能是梅村担任南京国子监司业期间。

时过境迁，吴梅村来到常熟，与钱牧斋提起卞玉京，牧斋把她请来，她却拒绝见面，梅村怅然若失，感叹道："屡呼之，终不肯出，生（梅村自称）悒怏自失，殆不能为情，归赋四诗以告绝。已而叹曰：'吾自负之，可奈何！'"

顺治八年 (1651) 初春，吴梅村驾一叶扁舟前去会晤卞玉京，两人共载横塘，梅村将此前写好的四首诗送给她留作纪念：

白门杨柳好藏鸦，谁道扁舟荡桨斜。
金屋云深吾谷树，玉杯春暖尚湖花。
见来学避低团扇，近处疑嗔响钿车。
却悔石城吹笛夜，青骢容易别卢家。

油壁迎来是旧游，尊前不出背花愁。
缘知薄幸逢应恨，恰便多情唤却羞。
故向闲人偷玉箸，浪传好语到银钩。
五陵少年催归去，隔断红墙十二楼。

休将消息恨层城，犹有罗敷未嫁情。
车过卷帘劳怅望，梦来携袖费逢迎。
青山憔悴卿怜我，红粉飘零我忆卿。
记得横塘秋夜好，玉钗恩重是前生。

长向东风问画兰，玉人微叹倚阑干。
乍抛锦瑟描难就，小叠琼笺墨未干。
弱叶懒舒添午倦，嫩芽娇染怯春寒。
书成粉簏凭谁寄，多恐萧郎不忍看。

钱牧斋读了这四首诗有感，写了四首诗回应，把吴梅村写给卞玉京的诗称为"艳体诗"。他在《读梅村宫詹艳诗有感书后四首》的序言中写道："顷读梅村宫詹艳体诗，见其声律妍秀，风怀恻怆，于歌禾赋麦之时，为题柳看花之句，彷徨吟赏……河上之歌，听者将同病相怜，抑或以同床各梦而辗尔一笑也。"

吴梅村自然不承认是"艳体诗"，说："余有《听女道士弹琴歌》，及《西江月》《醉春风》填词，皆为玉京作，未尽如牧斋所引杨孟载语也。此老殆借余解嘲。"回顾吴、卞两人的感情交往，写点艳体诗不足为外人道，梅村的话何尝不是自我解嘲呢？看他写的《琴河感旧序》便可明白："枫林霜信，放棹琴河，忽闻秦淮卞生赛赛到自白下。适逢红叶，余因客座，偶话旧游，主人命犊车以迎来，持羽觞而待至。停骖初报，传语更衣，已托病痁，迁延不出。知其憔悴自伤，亦将委身于人矣。予本恨人，伤心往事。江头燕子，旧垒都非；山上蘼芜，故人安在？久绝铅华之梦，况当摇落之辰。相遇则唯看杨柳，我亦何堪；为别已屡见樱桃，君还未嫁。听琵琶而不响，隔团扇以犹怜，能无杜秋之感、江州之泣也！"

多年之后，卞玉京去世，安葬在无锡惠山下祇陀庵锦树林，吴梅村前往扫墓，写诗吊唁：

> 龙山山下茱萸节，泉响琤琮流不绝。
> 但洗铅华不洗愁，形影空潭照离别。

离别沉吟几回顾，游丝梦断花枝悟。
翻笑行人怨落花，从前总被春风误。
金粟堆边乌鹊桥，玉娘湖上蘼芜路。
油壁曾闻此地游，谁知即是西陵墓。
……

四、"通侯青史姓名高"
——缅怀杀身成仁的瞿式耜

1. 苦苦挣扎的南明

南明福王政权寿终正寝，继起的唐王政权、鲁王政权，有如昙花一现。两广总督丁魁楚和广西巡抚瞿式耜迎立朱由榔建立的桂王政权，仍在苦苦挣扎。毕竟大势已去，挽狂澜于既倒几无可能，君臣们明知不可为而为之，精神可嘉，瞿式耜就是其中的一面旗帜。在清军猛烈的攻势下，南明守军节节败退。顺治七年（1650）十一月，桂王奔向临桂，内阁大学士瞿式耜困守桂林，统兵将领无心恋战，卫国公胡一青、武陵侯杨国栋、绥宁伯蒲缨、宁武伯马养麟纷纷逃跑，宁远伯王永祚投降，桂林成了不设防的空城。

瞿式耜危坐府中，总兵戚良勋带了两匹马，跪着请求："公为元老，系国安危。身出危城，尚可号召诸勋，再图恢复。"

瞿式耜已经决定以身殉国："四年忍死留守，其义谓何？我为大臣，不能御敌，以至于此，更何面目见皇上提调诸勋乎？人谁不死，但愿死得明白耳。"

家人泣请："次公子从海上来，一二日即至，乞忍死，须臾一面诀也。"

瞿式耜回答："毋乱我心。我重负天子，尚念及儿女邪！"

俄顷，兵部侍郎兼翰林院学士张同敞（张居正曾孙），从灵州赶来，瞿式耜对他说：你没有留守之责。张同敞回应道：要死一起死。于是呼酒酣饮，四顾茫然，只有一名老兵随侍。入夜，大雨不止，城中寂然无声。

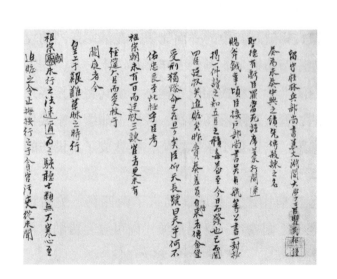

南明永历四年二月二十一日留守桂林兵部尚书兼文渊阁大学士瞿式耜题本（局部）
中国国家博物馆藏

黎明，瞿、张二人被清军俘虏，定南王孔有德前来劝降："甲申之变，大清国为明复仇，葬祭成礼。今人事如此，天意可知，吾断不杀忠臣。阁部毋自苦，吾掌兵马，阁部掌粮饷，一如前朝事。何如？"

瞿式耜断然拒绝："我明之大臣，岂与汝供职邪！"

孔有德说："我先圣后裔，势会所迫，以至今日。阁部何太执！"

张同敞厉声说："汝不过毛文龙家提溺器奴耳，毋辱先圣。"

孔有德怒批其颊，瞿式耜大声叱责："此宫詹张司马，国之大臣。死则同死耳，不得无礼。"针对孔有德的自我辩白，瞿式耜说："汝为丈夫，既不能尽忠本朝，复不能自起逐鹿称孤，为人鹰犬，尚得以俊杰时务欺天下男子邪？……本阁部受累朝大德，位三公，兼侯伯，常愿殚精竭力，扫清中原。今大志不就，自痛负国，刀锯鼎镬，百死莫赎，尚何言邪！"

2.《临难遗表》与《浩气吟》

关押期间，瞿式耜写了《临难遗表》，向永历皇帝表示视死如归的决心："当年拥戴，一片初心，惟以国统继绝之关，系乎一线，不揣力绵，妄举大事。四载以来，虽未竖有寸功，庶几保全尺土。岂知天意难窥，人谋舛错，岁复一岁，竟至于斯。即寸磔臣身，何足以蔽负君祸国之罪！然累累诸勋，躬受国恩，敌未临城，望风逃遁，大厦倾圮，固非一木所能支也！……至于臣等罪戾，自知青史难逃，惟有坚求一死，以报皇上之隆恩，以尽臣子之职分。"

瞿式耜和张同敞对酒赋诗，一唱一和。瞿式耜吟道：

藉草为茵枕块眠，更长寂寂夜如年。
苏卿绛节惟思汉，信国丹心止告天。
九死如饴遑惜苦，三生有石只随缘。
残灯一室群魔绕，宁识孤臣蒙坦然。

张同敞和道：

棱棱瘦骨不成眠，祖德君恩四十年。
腰膝尚存堪作鬼，死生有数肯呼天。
叠山欲附文山烈，苏武休思汉武缘。
蹈镬撩衣谈笑里，何须血泪更潸然。

瞿式耜吟道：

拘幽土室岂偷生，求死无门虑转清。
劝勉烦君多苦语，痴愚叹我太无情。
高歌每羡骑箕句，洒泪偏来滴雨声。
四大久拼同泡影，英魂到底护皇明。

张同敞和道：

凛然大义自平生，囊底无钱魄亦清。

二烈双忠原有教，九朝七世岂忘情。

亡家骨肉皆冤鬼，多难师生共哭声。

想见刀头空一切，长宵盼不到天明。

闰十一月十七日，临刑之前，瞿式耜援笔写下绝命词：

从容待死与城亡，千古忠臣自主张。

三百年来恩泽久，头丝犹带满天香。

随即从容赴死，当时情景令人凛然动容："肃衣冠南向
拜讫，步出门，行至独秀岩，曰：'吾平生爱山水，愿死于
此。'遂与同敞并遇害。同敞尸不仆，首坠地，跃而前者
三。顷刻，大雷电，雪花如掌，空中震击者亦三。""吴江
杨艺衰麻跣足，肩背楮钱，跪军门号哭，请殓故主尸……
遂具衣冠，浅葬两人于风洞山之麓。"

吴梅村获悉死讯，读了《临难遗表》和《浩气吟》，
感慨系之，撰写文章追悼亡友。这在当时政治形势下需要
很大勇气，因而这篇悼词值得回味。

3."末路顿殊"，"初心不异"

他写的《梅村诗话·瞿式耜》，首先回顾瞿式耜的坎
坷生涯，以及自己和他的交往："瞿式耜，字稼轩，常熟

人。由进士为兵科给事中，好直谏，为权奸所讦，与其师钱宗伯（谦益）同罢归。筑室于虞山之下，曰东皋，极游观之胜。酷嗜石田翁（沈周）画，购得数百卷，为‘耕石轩’藏之。未几，里中儿飞文诬染，偕宗伯逮就狱。余时在京师，所谓《东皋草堂歌》者，赠稼轩于请室也。后数年，余再至东皋，则稼轩倡义粤西，其子伯升门户是惧，故山别墅皆荒芜斥卖，无复向日之观，余为作《后东皋草堂歌》，盖伤之也。”

接着写瞿式耜与张同敞在桂林遇害，以及感人泣下的《浩气吟》：“又二年，知稼轩以相国留守桂林，城陷不屈，与张别山俱死。别山者，江陵人，故相文忠公曾孙，讳同敞，为督师司马……累囚一月，两人从容唱和。稼轩得诗八首，曰：‘二祖江山人尽掷，四年精血我偏伤。’又曰：‘愿作须臾阶下鬼，何妨慷慨殿中狂。’其末章曰：‘年逾六十复奚求，多难频经浑不愁。劫运千年弹指到，纲常万古一身留。欲坚道力凭魔力，何事俘因学楚因。了却人间生死业，黄冠莫拟故乡游。’……二公死，有旧给事中后出家号性因者，收其骨，义士杨硕父藏其稿。稼轩孙昌文间关归，以其诗与表刻之吴中，为《浩气吟》。”

进而评论道：“若两公者，真可谓杀身成仁者矣。钱宗伯为诗哭之，得百二十韵，其叙《浩气吟》文词伉烈，绝可传。稼轩在囚中亦有频梦牧（斋）师之作，盖其师弟气谊，出入患难数十余年，虽末路顿殊，而初心不异。”

值得注意的是“末路顿殊”“初心不异”八个字。遥想当年，钱谦益受温体仁陷害，瞿式耜挺身为之辩白，竟遭贬谪，后来总算沉冤洗白。此可谓"初心不异"。但是师生之间"末路顿殊"：一个在南京投降，一个在桂林就义。哭瞿式耜诗点明的不仅是钱谦益的尴尬处境，也是吴伟业难以慷慨赴死的愧疚（"我因亲在何敢死"），因而他的诗回避了"末路顿殊"，只谈"初心不异"：

> 万里从王拥节旄，通侯青史姓名高。
> 禁垣遗直看封事，绝徼孤忠誓佩刀。
> 元祐党碑藏北寺，辟疆山墅记东皋。
> 归来耕石堂前梦，书画平生结聚劳。

五、"草间偷活"，"一钱不值"

1."万事今尽废"

甲申、乙酉之际，吴伟业没有投身抗清运动，也没有摇身一变归顺新朝，一直在冷眼旁观。毕竟是前朝旧臣，故国情思难以摆脱。城春草木生，国破山河在，当他重游南京，触景生情，《遇南厢园叟感赋》流露的就是这种心情：

> 寒潮冲废垒，火云烧赤冈。
> 四月到金陵，十日行大航。

平生游宦地，踪迹都遗忘。
道遇一园叟，问我来何方？
犹然认旧役，即事堪心伤。

蓦然回忆起当年南京国子监生涯，这位园叟就是当年国子监的仆役。那时他的讲舍在鸡笼山，旧地重游，既怀念逝去的繁华，更感慨于前朝旧事：

回头望鸡笼，庙貌诸侯王。
左李右邓沐，中坐徐与常。
霜髯见锋骨，老将东瓯汤。
配食十六侯，剑珮森成行。

映入脑海的是开国功臣李善长、邓愈、沐英、徐达、常遇春、汤和。看到孝陵和故宫，联系到自己"承乏忝兼官"，恍如隔世：

高帝遗衣冠，月出修烝尝。
图书盈玉几，弓剑堆金床。
承乏忝兼官，再拜陈衣裳。
南内因洒扫，铜龙启未央。
幽花生御榻，苔涩青仓琅。
离宫须望幸，执戟卫中郎。
万事今尽非，东逝如长江。

字里行间洋溢着遗民情结。这种挥之不去的遗民情结，在顺治十年（1653）的虎丘文社大会，流露得更加淋漓尽致。

2."十年故国伤青史"

崇祯六年（1633）张溥主持复社虎丘大会的盛况记忆犹新：山左、江右、晋楚、闽浙以舟车至者数千余人，誉为三百年来从未有过的盛举。时过境迁，当年的复社名士大多凋零，吴伟业想仿效西铭先生，再搞一次虎丘大会。这就是所谓"癸巳春社"。癸巳即顺治十年（1653），吴中的慎交社和同声社联手操办，推吴伟业为宗主，以文会友，与会人数虽然不能同当年相比，但也堪称盛况空前了。顾师轼《吴梅村先生年谱》记载此事，引用程穆衡《梅村诗笺》，有三点值得注意：

其一是"癸巳春社，九郡人士至者几千人"。

其二是"太仓如王维夏昊、郁计登禾、周子俶肇，则联络两社者，凡以继张西铭虎丘大会"。

其三是"又会日，以大船廿余，横亘中流，每舟置数十席，中列优倡，明烛如繁星。伶人数部，声歌竞发，达旦而止"。

又引王随庵《自订年谱》，也有三点值得注意：

其一是"十年上巳，吴中两社并兴，慎交则广平兄弟执牛耳，同声则素文、韩倬、宫声诸公为之领袖，大会于虎丘，奉梅村先生为宗主"。

其二是"梅翁赋禊饮社集四首，同人传诵"。

其三是"次日，复有两社合盟之举。山塘画舫鳞集，冠盖如云，亦一时盛举"。

此处所谓"梅翁赋禊饮社集四首"，即《癸巳春日禊饮社集虎丘即事》，流露出明显的遗老心态。请看第一首：

> 杨柳丝丝逼禁烟，笔床书卷五湖船。
> 青溪胜集仍遗老，白帢高谈尽少年。
> 笱屐莺花看士女，羽觞冠盖会神仙。
> 茂先往事风流在，重过兰亭意惘然。

再看第二首：

> 兰台家世本贻谋，高会南皮话昔游。
> 执友沦亡惊岁月，诸郎才调擅风流。
> 十年故国伤青史，四海新知笑白头。
> 修禊只今添俯仰，北风杯酒酹营丘。

靳荣藩注释说："诗中'茂先往事''兰台家世'，指西铭（张溥）执友如张受先、陈大士、周介生、杨维斗辈。"其实诗中最值得注意的并非这两句，而是"青溪胜集仍遗老"和"十年故国伤青史"。梅村当时心情由"遗老""故国"四字泄露无遗。

3. "误尽平生是一官"

就在这一年，吴伟业面临命运的大转折，被迫就任清朝官职，令他追悔莫及——"误尽平生是一官"。这是为什么？因为他头顶上有前朝天子门生的光环，有前朝皇帝御批"正大博雅，足式诡靡"的美誉，会试第一名的复社名士。清朝当局要他出来担任国子监祭酒，看中的正是这一点。而吴梅村坚决不愿意出山，在意的也正是这一点。

以苏州为中心的江南是全国的经济中心和文化中心，人杰地灵，具有举足轻重的地位。清朝统治者为了稳定全国，必须首先摆平江南，镇压抗清运动是一手，笼络江南士大夫是另一手。征召吴伟业为代表的知名人士出来做官，可以收买民心，增加对于新政权的认同感。对吴伟业的举荐信纷至沓来，其源盖出于此："本朝世祖章皇帝素闻其名，会荐剡交上……本朝初，搜访天下文章旧德，溧阳、海宁两陈相国共力荐先生。"

江南总督马国柱传达朝廷征召旨意，吴伟业无意于出山，立即以患病为由委婉谢绝。

一则说："伟业少年咯血，久治不瘥。今夏旧患弥增，支离床褥，腰脚挛肿，胸腹膨胀，饮食难进，骨瘦形枯，发言喉喘，起立足僵，困乏之状，难以言悉。岂有如此疾苦尚堪居官效力，趋跄执事者耶？"

再则说："伟业学行一无所取，固不待言，而患病则实迹也，共见共闻者也。伏乞祖台即于确查之中，将伟业患病缘由详列到部。伟业自幸未通籍后，陈情者二，请急者三，归卧凡逾十载，其清羸善病，即今在京同乡诸老共所矜谅。"

马国柱再三敦促，此乃朝廷旨意，于是吴伟业向朝廷请辞。因为真心不想做新朝的官，并非假意谦让，所以这份《辞荐揭》写得入情入理，哀婉动人：

伏惟用人而拔滞塞者，君父之恩；量力而受爵禄者，臣子之分。伟业以草莽孤微，江湖废弃，仰荷圣朝高厚，覆载生成，力田以供公税，鼓腹而歌太平者，十年于兹矣。

恩诏举地方人材，督台马老公祖，过加采择，以伟业姓名入告。旋奉部覆，行督、抚、按各台老公祖，确查乡评品行，学问实迹。伟业行能庸陋，学问迂疏，无当于用，所不必言。而素婴痼疾，万难服官，苟不先事启陈，则私门疾苦，何由上达？为此辄敢具闻。

伟业禀受尪羸，素有咯血之证，每一发举，呕辄数升。药饵支持，仅延残喘。不意今春旧疾大作，竟成虚损，胸膈胀满，腰脚虚寒，自膝以下，支离挛躄。老父病母，年过七旬，衰残风烛，相依为命。日夜涕泣，广求医卜，岂知沉痼已甚，疗治无功。奄奄一息，饮食短少，待尽床褥，不能行立。

夫居官尽职，必须精力强济，岂有患苦如此，尚堪驱策？

如此苦苦哀求，并未奏效，有司一再督促上道。二老惧祸，无可奈何，流泪催促儿子北上。

此前，好友侯方域写信劝他千万不要出山。这篇《与吴骏公书》写得非常漂亮，坚定的意志从彬彬有礼的文字中流淌出来："域再拜致书骏公学士阁下。域凡驽不材，年垂四十，无所表见。然辱学士交游之末者，自甲戌（崇祯七年，1634）以来，今且二十年矣。是时学士方少年，为天子贵近臣，文章、德器倾动天下，议者谓旦夕入相。屈指曾几何时，而学士乃披裘杖藜，栖迟海滨，歌彼黍之油油。人生遭际，信可悲也。然学士身隐而道弥彰，域之羡学士之披裘杖藜也，过于坐玉堂、秉钧轴远甚。近者见江南重臣推毂学士，首以姓名登之启事。此自童蒙求我，必非本愿，学士必素审，无俟鄙言。然而学士之出处，将自此分；天下后世之观望学士者，亦自此分矣。"

侯方域列举三条"不可出"的理由，以及三条"不必出"的理由，然后语重心长地告诫："十年以还，海内典刑沦没殆尽，万代瞻仰仅有学士，而昔时交游能稍稍开口者，亦惟域尚在。故再四踟蹰，卒不敢以不言。万一有持达节之说陈于左右者，愿学士审其出处之义，各有不同，坚塞两耳。幸甚！"

吴伟业辜负了侯方域的厚望，悔恨不已，几年之后吊唁好友时慨叹："朝宗归德人，贻书约终隐不出，余为世所逼，有负夙诺。"写诗向逝者表白自己的苦闷：

> 河洛烽烟万里昏，百年心事向夷门。
> 气倾市侠收奇用，策动宫娥报旧恩。
> 多见摄衣称上客，几人刎颈送王孙。
> 死生终负侯嬴诺，欲滴椒浆泪满樽。

吴伟业带着"为世所逼"的心情，踏上无可奈何的仕途，途中赋诗一首，道尽胸中的郁闷：

> 误尽平生是一官，弃家容易变名难。
> 松筠敢压风霜苦，鱼鸟犹思天地宽。
> 鼓枻有心逃甫里，推车何事出长干。
> 旁人休笑陶弘景，神武当年早挂冠。

"误尽平生是一官"，与"死生终负侯嬴诺"遥相呼应，成为晚年挥之不去的梦魇。

抵京后，经过短暂的秘书院侍读过渡形式，出任国子监祭酒，地位和荣誉比前朝的南京国子监司业高得多了，心情却很苦闷："精锐销夐，辄被病，弗能眠。"顺治十三年 (1656)，嗣母张太孺人病卒，他得以名正言顺地丁忧守制，辞官归家。从此回归一介文人，闭门读书写作，正如陈廷敬所说："先生既无意于时，年力尚强，闭户著数千百

▶《南湖春雨图》
（清）吴伟业绘
上海博物馆藏

言，而尤以诗自鸣，悲歌感激，有不得于中者，悉寓于诗。"

4."忍死偷生廿余载"

吴伟业无意于时，希望安心度过余生，时世并没有放过他。顺治十五年（1658）至十八年接连发生的奏销案、科场案、哭庙案，表面看来似乎都有由头，其实只是借口，目的是制裁不愿与新政权合作、牢骚满腹的江南文人学子，迫使他们就范。以吴伟业的年资，科场案与哭庙案牵连不上，却难逃奏销案。他自己回忆道："吾归里，得见高堂，可为无憾。既奉先太夫人之讳，而奏销事起。奏销适吾所愿，独以在籍，部提牵累，几至破家。"所谓

"适吾所愿"，是指微不足道的赋税拖欠，被纳入奏销案，革去国子监祭酒官衔。明清史宗师孟森说："梅村终身以再出为恨，实出至诚……因奏销案而落职，实在是求之不得。"所谓"破家"，并非因追缴欠税而倾家荡产，而是担心因此遭到逮捕。他的学生王维夏由于奏销案而被捕，他写诗送行，流露的就是"破家"的担忧：

> 晚岁论时辈，空群汝擅能。
> 只疑栎阳逮，犹是济南征。
> 名字供人借，文章召鬼憎。
> 阿戎才地在，到此亦何凭。

为奏销事，他写诗给三弟，依然是莫名的担忧：

> 拙宦真无计，归谋数口资。
> 海田人战后，山稻雨来时。
> 官税催应早，乡租送易迟。
> 荷锄西舍叟，怜我问归期。

靳荣藩注释道："江南奏销之案，梅村亦受其累，故催租之苦屡形吟咏。此云'官税催应早，乡租送易迟'，急公恤佃两得之矣。与其七州郡羞于请门庭简送迎，俱长者之言。"

吴江县举人吴兆骞，受科场案诬陷，流放东北边境荒凉的宁古塔，铸成一大奇冤。吴梅村写诗送行，流露的是惴惴不安的心情：

> 人生千里与万里，黯然销魂别而已。
>
> 君独何为至于此，山非山兮水非水，生非生兮死非死。
>
> 十三学经并学史，生在江南长纨绮。
>
> 词赋翩翩众莫比，白璧青蝇见排抵。
>
> 一朝束缚去，上书难自理，绝塞千山断行李。
>
> 送吏泪不止，流人复何倚。
>
> 彼尚愁不归，我行已定矣。
>
> ……
>
> 噫嘻乎悲哉，生男聪明慎勿喜，仓颉夜哭良有以。
>
> 受患只从读书始，君不见吴季子。

在如此压抑的政治氛围中求生，梅村的郁闷可想而知，只能写诗遣闷："人生岂不由时命，万事忧愁感双鬓。""我因亲在何敢死，憔悴而今困于此。"写诗遣闷之余，寄情于山水，到苏州附近的邓尉探梅，成为他最喜爱的活动。为了把山水引进家园，他购得王氏家族的贲园，拓展成为园林别墅。顾湄写道："先生性爱山水，游尝经月忘反。所居乃故铨部王公士骐之贲园，先生拓而大之，垒石凿池，灌花莳药，翳然有林泉之胜。与士友觞咏其间，终日无倦色。"然而这一切都难以排遣内心的苦闷，"居恒苦，忽忽不乐，拂郁成疾以死"。

康熙十年 (1671) 冬，梅村病重，留下绝命词：

> 忍死偷生廿余载，而今罪孽怎消除？
> 受恩欠债须填补，纵比鸿毛也不如。

还写了"令书"，自叙生平事略："吾一生遭际万事忧危，无一刻不历艰难，无一境不尝辛苦，实为天下大苦人。"特别交代："吾死后，敛以僧装，葬吾于邓尉灵岩相近，墓前立一圆石，题曰：'诗人吴梅村之墓。'勿作祠堂，勿乞铭于人。"不立墓碑，不写墓志铭，只要求在圆石上刻"诗人吴梅村之墓"即可。以诗人始，又以诗人终，官衔于他有如浮云。他希望后人忘记国子监祭酒吴伟业，记得诗人吴伟业。

吴梅村晚年连得三子，去世时长子吴暻年仅十岁，他留给暻儿的遗书，其实是写给世人的公开信，表明自己的心迹：

——"改革后，吾闭门不通人物，然虚名在人，每东南有一狱，长虑收者在门。及诗祸、史祸，惴惴莫保。十年危疑稍定，谓可养亲终身，不意荐剡牵连，逼迫万状，老亲惧祸，流涕催装。同事者有借吾为剡矢，吾遂落彀中，不能白衣而返矣。"

——"今二十年来，得安林泉者，皆本朝之赐。惟是吾以草茅诸生，蒙先朝巍科拔擢，世运既更，分宜不仕。而牵恋骨肉，逡巡失身。此吾万古惭愧，无面目以见烈皇帝（崇祯）及伯祥（杨廷麟）诸君子，而为后世儒者所笑也。"

　　他最在意的是，"不能白衣而返"，"为后世儒者所笑"。

　　诗人吴梅村留下的最后一首诗，是《贺新郎·病中有感》：

> 万事催华发。论龚生、天年竟夭，高名难没。
> 吾病难将医药治，耿耿胸中热血。
> 待洒向、西风残月。
> 剖却心肝今置地，问华佗解我肠千结。
> 追往恨，倍凄咽。
>
> 故人慷慨多奇节。为当年、沉吟不断，草间偷活。
> 艾灸眉头瓜喷鼻，今日须难诀绝。
> 早患苦、重来千叠。
> 脱屣妻孥非易事，竟一钱不值何须说。
> 人世事，几完缺。

　　他给世人的最后留言，竟然是"草间偷活"，"一钱不值"。内中的辛酸与悔恨，欲说还休。靳荣藩注释吴诗，把蕴含于字里行间的诗意点破，要害在于"以一身事二姓"，与他的自叹诗"误尽平生是一官"，可以互相印证。读《梅村家藏稿》至此，仿佛超越时空，听见远方传来一声沉重的叹息：人世事，几完缺！

后　记

　　本书收录的十三篇文章，先后发表于《书城》杂志，时间跨越2006年至2023年。此次结集出版，为了呈现文章的原貌，中华书局上海聚珍建议按照原稿排印。至少有两点需要说明。

　　《魏忠贤崇拜面面观》一文刊发时，《书城》把标题改为《晚明的一出荒诞剧》，与原文旨意相去甚远。我的本意是揭露魏忠贤个人崇拜运动的真相，举国若狂的政治腐败达到令人难以想象的地步，绝非"一出荒诞剧"可以概括。结集排印时，恢复原标题，以免"文不对题"之讥。

　　《"人世事，几完缺"——读〈梅村家藏稿〉札记》一文刊发时，《书城》嫌文章太长，大刀阔斧删削，把原文五章改为三章，删去《"山川之胜，文章之乐，生平所未有"——红颜知己卞玉京》，以及《"通侯青史姓名高"——缅怀杀身成仁的瞿式耜》两章，使作者无法畅所欲言，也让读者产生支离割裂之感。结集成书时没有篇幅限制，恢复原来的五章结构，向读者展示吴梅村立体而鲜活的全貌。

全书借由人物的经历，显示历史本身的丰富多彩，由表及里的深度与广度。本书涉及的人物大多是正人君子，在时代激流中浮沉，波澜起伏，曲折坎坷，折射出历史的复杂性，个人命运的无可奈何。因此，主书名定为"人世事，几完缺"。这六个字，选自吴梅村《贺新郎·病中有感》的最后二句。不独是吴梅村的感慨，也是众多名士的感慨。副书名"啊，晚明"，意在点明本书写的是晚明的人和事，也流露了作者本人的感慨。

樊树志

2024 年 7 月 24 日